rowohlt
BERLIN

PETER R. NEUMANN

Die neue Weltunordnung

Wie sich der Westen selbst zerstört

Rowohlt · Berlin

3. Auflage Dezember 2023
Originalausgabe
Veröffentlicht im Rowohlt · Berlin Verlag, Oktober 2022

Satz aus der Minion 3 bei Dörlemann Satz, Lemförde
Druck und Bindung GGP Media GmbH, Pößneck
ISBN 978-3-7371-0141-7

Die Rowohlt Verlage haben sich zu einer nachhaltigen Buchproduktion verpflichtet. Gemeinsam mit unseren Partnern und Lieferanten setzen wir uns für eine klimaneutrale Buchproduktion ein, die den Erwerb von Klimazertifikaten zur Kompensation des CO_2-Ausstoßes einschließt.
www.klimaneutralerverlag.de

FSC www.fsc.org
MIX
Papier | Fördert gute Waldnutzung
FSC® C014496

Inhalt

Teil IV Krise: 2016 bis heute

Anhang

Einleitung

Dies ist ein Buch über Ideen und ihre Konsequenzen. Es zeigt, wie der Westen, der noch vor dreißig Jahren als «unschlagbar» galt, sich selbst zerstört. Es dokumentiert die Entwicklungen, die dazu beigetragen haben. Und es zeigt, dass sein Niedergang paradoxerweise auf denselben Ideen beruht, die ihn einst so stark machten. Die Schlussfolgerung ist nicht, dass der Westen andere Ideen bräuchte – oder ganz auf sie verzichten sollte. Sondern, dass er sie neu formulieren muss: als nachhaltige, pragmatische Moderne.

Doch was ist «der Westen» überhaupt? Der Westen, so wie ihn dieses Buch versteht, ist keine Himmelsrichtung und keine politische Allianz, er ist – vor allem – eine Geisteshaltung. Sein Ursprung liegt in den Ideen der Aufklärung, die sich ab dem 17. Jahrhundert zuerst in Westeuropa und anschließend in Nordamerika verbreiteten. Zu ihren Pionieren gehören Wissenschaftler und Philosophen wie der Engländer Francis Bacon (1561–1626) und der Franzose René Descartes (1596–1650), die sich mit Fragen der Metaphysik und Erkenntnistheorie beschäftigten. Ihre Antworten, die unter Intellektuellen, in Kaffeehäusern und Freimaurerlogen heftig diskutiert wurden, waren für damalige Verhältnisse revolutionär: Menschen müssten sich nicht ihrem Schicksal fügen; Fortschritt sei möglich; alles lasse sich verstehen, solange der Erkenntnisprozess auf Vernunft beruht und sich an dem orientiert, was logisch und messbar ist.[1]

Diese Ideen waren eine Kampfansage an den Status quo. Dass alle Menschen Vernunft besaßen und ihr Schicksal in die eigene Hand nehmen konnten, ließ sich mit dem Absolutheitsanspruch von Kirche und feudalistischen Herrschern nicht vereinbaren. Aus der wissenschaftlichen Revolution wurde im Laufe der Zeit deshalb eine politische. Hundertfünfunddreißig Jahre nachdem Descartes seinen berühmten Satz «Ich denke, also bin ich» formuliert hatte, proklamierten die Einwohner der britischen Kolonien in Nordamerika ihr Recht auf Leben, Freiheit und «das Streben nach Glück». Und wiederum ein Jahrzehnt später stürmten die Revolutionäre in Frankreich im Namen von Freiheit, Gleichheit und Menschenrechten die Bastille. Dies waren die wichtigsten und bis heute prägendsten Ereignisse, die der liberalen Moderne – und damit dem Westen – ihren Inhalt gaben. Sie schufen die Voraussetzung für das, was der britische Historiker Niall Ferguson als «Killer-Apps» der «westlichen Moderne» beschrieb: die Kombination aus Wissenschaft und Technologie, ökonomischem Wettbewerb, Rechtsstaat und Demokratie.[2]

Einer der entscheidenden Gründe für ihren weltweiten Siegeszug war, dass diese Ideen von Anfang an als universell – das heißt im Prinzip für jeden Menschen gültig – formuliert waren: Alle Menschen, nicht nur Franzosen oder Amerikaner, waren politisch gleich; jeder hatte das Recht auf fundamentale Freiheiten und Würde. Und obwohl Sklaverei und Kolonialismus zeigten, dass Anspruch und Realität oftmals weit auseinanderklafften, war ihre Anziehungskraft enorm und reichte weit über den «christlich-abendländischen Kulturkreis» hinaus. Die Verbreitung westlicher Ideen wurde zur historischen «Mission»: Niemand zweifelte daran, dass eine Welt, in der alle Menschen in den Genuss liberaler und moderner – das heißt westlicher – Werte kämen, gerechter, freier, wohlhabender und friedlicher sein würde.

Heutzutage sind die Ideen der liberalen Moderne so selbstverständlich, dass sich kaum jemand vorstellen kann, wie es anders sein sollte. In Ländern, deren Gesellschaften sich an westlichen

Ideen orientieren, leben die Menschen länger als je zuvor. Krankheiten, die einst Millionen getötet haben, sind ausgerottet. Marktwirtschaft und Wettbewerb haben beispiellosen Wohlstand geschaffen. Fast alle Staaten, die von westlichen Ideen geprägt wurden, sind Demokratien mit freien Wahlen, unabhängigen Gerichten und individuellen Freiheitsrechten, die ihre Bürger vor staatlicher Verfolgung schützen. Dass die menschliche Existenz stets «einsam, armselig, ekelhaft, tierisch und kurz» sei, wie der englische Philosoph Thomas Hobbes (1588–1679) im 17. Jahrhundert schrieb, gilt in Europa und Nordamerika nur noch für eine Minderheit.

Doch in Wirklichkeit ist die liberale, westliche Moderne ein Paradoxon. Viele der Gründe für die «Unordnung», die dieses Buch beschreibt, liegen in genau den Werten und Ideen, die die westlichen Gesellschaften so erfolgreich gemacht haben. Moderne Technologie, Wissenschaft und Wettbewerb begründen den Wohlstand des Westens, aber sie tragen gleichzeitig zu seiner Spaltung bei. Demokratie, Freiheit und universelle Menschenrechte sind seine höchsten Errungenschaften, doch ihr «Export» stößt oftmals auf Widerstand.

Die «dunkle» Seite des Westens trat in den vergangenen Jahrzehnten besonders deutlich hervor. Eine Ursache dafür ist die Globalisierung, mit der sich die Fliehkräfte der liberalen Moderne nochmals verstärkt haben. Statt einzelner Volkswirtschaften gibt es einen «Weltmarkt», dessen Liefer- und Produktionsketten sich über den gesamten Globus erstrecken. Das Internet sorgt dafür, dass alle überall miteinander vernetzt sind. Offene Grenzen und geringe Transportkosten machen es möglich, Orte zu erreichen, von denen vorherige Generationen nur träumen konnten. Und statt sich nur damit zu beschäftigen, was im eigenen Dorf oder Land passiert, haben die meisten Menschen ein größeres Bewusstsein dafür, was in anderen Teil der Welt geschieht.[3] Für viele sind diese Entwicklungen positiv, aber längst nicht alle haben im gleichen Maße von ihnen profitiert. Durch die Globalisierung ist die Welt nicht nur «geschrumpft», sondern auch anstrengender geworden –

effizienter und wohlhabender, aber auch schneller, komplexer und aggressiver. Der polnisch-britische Soziologe Zygmunt Bauman meinte, die Moderne habe sich mit ihr «radikalisiert».[4]

Solche Kritik am Westen ist nichts Neues. Bereits vor hundert Jahren diagnostizierte der konservative französische Philosoph René Guénon eine «Krise der modernen Welt» und sagte ihren baldigen Niedergang voraus. Die Entwicklungen, die er dafür verantwortlich machte, waren genau diejenigen, die die Befürworter der liberalen Moderne optimistisch gestimmt hatten. Doch statt Fortschritt sah Guénon in moderner Wissenschaft und Technologie seelische Entwurzelung und einen Verlust an Spiritualität. Ideen wie Demokratie und Gleichheit waren seiner Auffassung nach nicht nur falsch, sondern zerstörten die natürliche Ordnung, führten zu politischem Chaos und stürzten Gesellschaften ins Unglück. Für Guénon war die gesamte Geschichte der Aufklärung eine spirituelle Katastrophe, die nur durch eine Rückkehr zu «traditionellen» – das heißt vormodernen – Werten abgewendet werden könne.[5] Ein bekanntes italienisches Sprichwort bringt es auf den Punkt: «Es ging uns besser, als es uns schlechter ging.»

Doch genau darum geht es in diesem Buch nicht. Die Errungenschaften des Westens sind unbestritten. Die Uhr lässt sich nicht zurückdrehen. Niemand will das Internet «abschalten» oder auf moderne Medizin verzichten; politische Ideen wie Gleichberechtigung und universelle Menschenrechte sind tief in unserem Denken verankert – und lassen sich, Gott sei Dank, nicht so leicht daraus entfernen. Dieses Buch ist kein Plädoyer für eine Abkehr von der liberalen Moderne, wie sie Guénon herbeisehnte, sondern ein Aufruf zu ihrer Erneuerung. Es formuliert Leitideen für einen Westen, der ehrlicher zu sich selbst und anderen ist – vor allem aber einen, der pragmatischer und inklusiver handelt.

Ideen oder Interessen?

Natürlich ist dieses Buch nicht das erste, das sich mit den Problemen und Widersprüchen des Westens beschäftigt. Die Frage, was der Westen ist, wofür er steht und ob er eine Zukunft hat, beschäftigt Forscher und Kommentatoren seit Jahrzehnten.[6] Grob gesprochen, gibt es dabei drei Denkschulen. Die erste ist die linke oder «antiimperialistische» Tradition, für die im deutschsprachigen Raum Autoren wie der Publizist Michael Lüders und in Amerika der Sprachwissenschaftler Noam Chomsky stehen.[7] Deren Meinung nach repräsentieren die vermeintlich altruistischen Ideen des Westens nur einen Vorwand, um «knallharte» wirtschafts- und machtpolitische Interessen durchzusetzen. Die wahren «Schurkenstaaten» seien nicht China, Russland oder der Iran, sondern Amerika und seine europäischen «Juniorpartner»: «Die USA sind kein selbstloser Hegemon», so Lüders, «sondern ein Imperium. Und ein Imperium betreibt grundsätzlich eine imperiale Politik.»[8]

Dem entgegen steht die liberale oder «idealistische» Denkschule, die in Deutschland von dem Historiker Heinrich August Winkler und im englischsprachigen Raum von seinem Kollegen Niall Ferguson repräsentiert wird.[9] Im Gegensatz zu den «Antiimperialisten» sind «Idealisten» davon überzeugt, dass es der Westen mit seinen Ideen ernst meint, dass er von ihnen definiert und zusammengehalten wird und dass ihre Verbreitung seine historische «Mission» ist. Das bedeute nicht, so Winkler, dass er keine Fehler mache oder niemals Eigeninteressen verfolge. Doch im Unterschied zu allen anderen Staatsphilosophien, Machtblöcken oder «Imperien» besitze der Westen die Fähigkeit zur Selbstkorrektur. Gerade weil der Westen liberal und demokratisch sei, würden Fehlentwicklungen niemals lange unter den Teppich gekehrt, sondern – früher oder später – die entsprechenden Konsequenzen gezogen. Westliche Werte und Ideen seien deshalb nicht ein Vorwand, wie von den «Antiimperialisten» behauptet, sondern der Grund für andauernde Stärke und Erneuerungsfähigkeit. Winklers optimistische Schlussfolgerung: «Die korrigierende Kraft dieses Projekts hat sich [...] bewährt, aber noch längst nicht erschöpft.»[10]

Die dritte Position ist die der «Realisten», zu denen man in Deutschland den Sicherheitsforscher Carlo Masala und in Amerika den Politikwissenschaftler John Mearsheimer zählen könnte.[11] Genauso wie die «Idealisten» sind sie überzeugt davon, dass westliche Politik von liberal-modernen Ideen bestimmt wird, doch im Gegensatz zu ihnen halten sie dies für einen Fehler. Ihrer Meinung nach ist es die liberal-moderne «Mission», die den Westen in so viele unnötige und kostspielige «Abenteuer» gestürzt hat, dass seine Vormachtstellung nun zur Disposition steht. Anders als die «Antiimperialisten» wollen sie nicht, dass der Westen deshalb von der Verfolgung seiner Interessen ablässt. Vielmehr soll er damit endlich ernst machen. Laut Masala bedeutet «eine realistische Außen- und Sicherheitspolitik [...] zunächst einmal, die gegebenen Bedingungen zu akzeptieren und nicht länger einem Traumbild der liberalen Weltordnung hinterherzujagen».[12]

Dieses Buch baut auf allen drei Denkschulen auf, vertritt aber eine Position, die sich von ihnen unterscheidet. Die «Antiimperialisten» haben recht darin, dass der Westen nicht nur Werte, sondern auch Interessen verfolgt. Doch es stimmt nicht, dass westliche Werte bloß Vorwand sind. Wie viele Kapitel dieses Buchs zeigen, war der Wunsch, liberal-moderne Vorstellungen zu verbreiten, oftmals ein ehrliches – und enthusiastisches – Anliegen. Wenn es zu einem Konflikt zwischen Ideen und Interessen kam, gab es häufig den Versuch, diese miteinander zu «versöhnen». Und in vielen Fällen waren die vermeintlichen Interessen so sehr durch Werte definiert («ein geeintes Europa», «eine demokratische Welt», «Freihandel»), dass sich das eine nicht mehr von dem anderen trennen ließ.

Die «Idealisten» liegen also richtig, wenn sie behaupten, dass westliche Werte öfter entscheidend sind als vermutet. Doch ihre Vorstellung, dass der Westen nur Gutes über die Welt gebracht oder seine Fehler stets und überall innerhalb kurzer Zeit korrigiert hätte, ist naiv. Zwar stimmt es, dass demokratische Institutionen westlichen Ländern die Möglichkeit gaben, schneller auf gesellschaftliche Veränderungen, etwa durch die rechtliche Gleichstellung von Frauen oder Minderheiten, zu reagieren. Aber wenn Fehlentwicklungen außerhalb der eigenen Länder stattfanden, dauerte es oftmals viele Jahrzehnte, wenn nicht sogar Jahrhunderte, bis sich die richtige, moralisch korrekte Auffassung durchsetzte: Der Kolonialismus zum Beispiel, von dem westliche Länder jahrhundertelang profitierten, wurde nicht abgeschafft, weil sich in westlichen Gesellschaften dagegen Widerstand oder der «Wille zur Selbstkorrektur» regte, sondern weil die Kolonien dagegen ankämpften.

In ihrer Analyse des Problems ist die «realistische» Position deshalb diejenige, die der Realität am nächsten kommt. Mit seiner naiven, wertegeleiteten Politik hat sich der Westen oftmals ins eigene Bein geschossen, und statt sich selbst zu korrigieren, wie von den «Idealisten» gehofft, hat er die eigenen Fehler häufig noch schlimmer gemacht. Aber die Schlussfolgerung der «Realisten» ist nicht nur falsch, sondern widersprüchlich: Wenn der Westen eine Ideengemeinschaft ist, dann käme es einer Selbstzerstörung gleich, das eigene Ideengerüst für hinfällig zu erklären. Würden westliche Länder nur noch ihre eigenen Interessen verfolgen, gäbe es keine Gemeinsamkeit mehr; und auch innerhalb Europas wäre jeder auf sich allein gestellt. Die Antwort auf die Krise des Westens kann deshalb nicht darin liegen, die eigenen Werte aufzugeben, sondern – wenn überhaupt – darin, diese neu zu erfinden.

Was dieses Buch fordert, ist daher etwas Neues: weder zynischen «Antiimperialismus» noch naiven «Idealismus», sondern eine «realistische» Analyse der aktuellen Krise, ohne dabei die erfolgreichen und identitätsstiftenden Ideen des Westens über Bord zu werfen. Nicht zuletzt der Ukrainekonflikt hat gezeigt, dass viele Menschen eine auf Werten beruhende Politik wollen und dass diese die Umsetzung gemeinsamer Politik erst möglich macht.

Der «Trick» besteht darin, Probleme zu identifizieren und sie mit liberal-modernen Mitteln zu lösen. Eine nachhaltige Moderne würde versuchen, genau dies zu tun.

Über dieses Buch

Dieses Buch entstand aus der langjährigen Beschäftigung mit Problemen der Außen- und Sicherheitspolitik, doch in zahlreichen Kapiteln geht es auch um innenpolitische, ökonomische oder technologische Entwicklungen. Der «rote Faden» sind die liberalmodernen Ideen, die das Denken politischer Eliten in westlichen Ländern geprägt und ihre Einstellung zu neuen Herausforderungen – seien sie innen-, außen- oder wirtschaftspolitischer Natur – bestimmt haben. Wenn die hieraus resultierende Analyse etwas über diese Ideen selbst aussagt, dann wäre es, wie umfassend ihr Einfluss ist und wie eng sie miteinander verflochten sind.

Der Begriff «Elite» ist dabei ein notwendiges, wenn auch schwammiges Hilfskonstrukt. Zu Eliten oder – je nach Kontext – «Politikeliten», «Wirtschaftseliten» oder «Sicherheitseliten» zählen Personen, die zu politisch relevanten Themen Ideen formulieren und dadurch Einfluss auf das Denken von Entscheidern – oder den Entscheidungsprozess selbst – gewinnen. In den wenigsten Fällen geschieht dies im Geheimen, sondern meist durch Gastbeiträge, Magazinveröffentlichungen, Interviews, Reden oder andere öffentliche, wenn auch oftmals von der Bevölkerung wenig beachtete Interventionen.

Wie das Buch zeigt, gibt es unterschiedliche Eliten, die sich nicht zu jedem Zeitpunkt – oder bei jedem Thema – einig sind. Um einen besseren Eindruck davon zu bekommen, welche Ansichten zu bestimmten Zeitpunkten «einflussreich» waren, wurden deshalb fünfundsiebzig semistrukturierte Interviews mit Experten und Entscheidungsträgern durchgeführt, die viele dieser Debatten miterlebt oder mitbestimmt haben. Das daraus entstehende Ideen-

und Stimmungsbild mag nicht vollständig sein, doch ist es differenzierter und empirisch besser belegt als in den meisten Büchern aus dem Genre.

Ein weiteres Merkmal ist der Blick auf Europa. Viele Bücher über den Westen konzentrieren sich fast ausschließlich auf die Rolle der Vereinigten Staaten und behandeln Europa als «Anhängsel», das von Amerika wahlweise dominiert, mitgeschleppt oder «verführt» wird. Doch obwohl Amerika zweifellos der politisch, wirtschaftlich und militärisch bedeutendste Staat des Westens ist, haben europäische Staaten bei vielen Ereignissen eine wichtige – und eigenständige – Rolle gespielt. Wenn auch auf unterschiedliche Weise, so ist Europa ähnlich stark von liberal-modernen Ideen geprägt wie Amerika und vertritt sie mit großem Selbstbewusstsein. Neben Amerika reflektiert dieses Buch deshalb, wo notwendig, auch Debatten in Frankreich, Großbritannien und Deutschland.[13]

Der Hauptteil des Buchs besteht aus achtzehn Kapiteln, die jeweils ein bestimmtes zentrales Ereignis oder eine grundlegende Entwicklung aufarbeiten. Meist folgen sie einer ähnlichen Struktur: Zunächst geht es darum, die Debatten zu einem bestimmten Thema zu verstehen; danach die (politischen) Entscheidungen, die daraus gefolgt sind; und – schließlich – die Konsequenzen, die diese Entscheidungen hatten. Wie zu Beginn erwähnt, ist dies ein Buch über Ideen und ihre Konsequenzen.

Die thematischen Kapitel sind zusammengefasst in vier Teilen, die einer chronologischen Struktur folgen. Der erste Teil – «Optimismus» – umfasst die neunziger Jahre und zeigt, wie optimistisch Eliten zunächst die Zukunft des Westens einschätzten. Statt sich mit neuen Gefahren auseinanderzusetzen, hoffte man auf eine Welt, in der der Sieg des Westens im Kalten Krieg von Dauer war, es keine ideologischen Gegner mehr gab und sich Demokratie und Marktwirtschaft überall durchsetzen würden. Das «böse Erwachen» erfolgte mit den Anschlägen vom 11. September 2001.

Im zweiten Teil – «Hybris» – geht es vor allem um die trotzige und von westlicher Selbstüberschätzung geprägte Reaktion auf diesen Schock, die zu desaströsen Kriegen in Afghanistan und dem Irak führte. Ein weiteres Kapitel beschäftigt sich mit der globalen Finanzkrise, die die Illusion von der Überlegenheit des westlichen Wirtschafts- und Finanzsystems begrub.

Der dritte Teil beschreibt die daraus resultierende «Ernüchterung» in der ersten Hälfte der 2010er Jahre. Am deutlichsten wurde diese Haltung an der völlig unzureichenden westlichen Antwort auf den Arabischen Frühling, die die Situation in Libyen und Syrien dramatisch verschlimmerte und globale Herausforderungen wie Terrorismus und Migration noch verschärfte. Aus heutiger Sicht vielleicht am wichtigsten: Bereits während dieser Periode entstand mit dem revanchistischen, antiliberalen Russland Wladimir Putins ein autoritärer Gegenentwurf, dessen aggressive Kampagne gegen den Westen besonders von deutschen Eliten überhaupt nicht wahrgenommen wurde.

Der letzte Teil – «Krise» – beschäftigt sich mit der aktuellen Situation: einem Westen, der gespalten ist und sich in der Auseinandersetzung zwischen liberalen und autoritären Kräften selbst zerfleischt; auf der anderen Seite ein aufsteigendes China, dessen technokratische Version der «autoritären Moderne» vielen stärker, erfolgreicher und zukunftsweisender erscheint als der Westen; sowie die existenzielle Herausforderung durch den Klimawandel, auf die weder liberale noch autoritäre Moderne bisher eine überzeugende Antwort gefunden haben.

Ist der Westen also noch zu retten? Die Schlussfolgerung dieses Buchs lautet: Ja, aber nur, wenn er sich als nachhaltige Moderne neu erfindet.

TEIL I

OPTIMISMUS: 1990–2000

KAPITEL 1

Die neue Weltordnung

Die Idee einer neuen Weltordnung, die westliche Politiker nach Ende des Kalten Krieges verfolgten, war eine optimistische, liberale Fantasie. Den ersten Versuch, sie für sich zu reklamieren, unternahm der amerikanische Präsident George H.W. Bush. Im September 1990, weniger als ein Jahr nach dem Fall der Berliner Mauer und Amerikas Sieg im Irakkrieg, sprach er vom Beginn einer neuen Ära, in der «die Nationen der Welt gedeihen und in Harmonie miteinander leben» könnten. Nach der Beendigung des Ost-West-Konflikts, so Bush, bestehe die Möglichkeit, «eine Welt [zu schaffen], die ganz anders ist als die, die wir kennen. Eine Welt, in der Rechtsstaatlichkeit das Gesetz des Dschungels ersetzt. Eine Welt, in der Nationen die gemeinsame Verantwortung für Freiheit und Gerechtigkeit anerkennen. Eine Welt, in der die Starken die Rechte der Schwachen respektieren.»[1]

Bush verwendete den Begriff «Neue Weltordnung» («New World Order») in den darauffolgenden Monaten fast fünfzigmal, doch seine genaue Bedeutung blieb unklar. Bushs Äußerungen waren vage, und es gab niemals ein Konzept- oder Strategiepapier, das sie konkretisiert hätte. Ab Mai 1991 tauchte die «Neue Weltordnung» in den Reden und Statements von Bush plötzlich nicht mehr auf.[2] Sogar in seiner außenpolitischen Autobiografie spielte sie praktisch keine Rolle.[3] Bushs Sicherheitsberater und Ko-Autor, Brent Scowcroft, sagte später, der Ausdruck sei «bloß ein Slogan» gewesen.[4]

Die Einzigen, die scheinbar wussten, was es mit dem Begriff auf sich hatte, waren die Verschwörungstheoretiker. Sie interpretierten die Neue Weltordnung als eine Art «globalistische» Diktatur, die angeblich von Freimaurern, Illuminaten, Satanisten, Juden und anderen «dunklen Mächten» angestrebt wurde. Während der neunziger Jahre glaubten sie, dass Bush Amerika abschaffen und durch eine Weltregierung ersetzen wolle. Auf Flugblättern hieß es, Millionen «amerikanischer Verräter» hätten sich bereits zu «Sklavenhaltern der Neuen Weltordnung» ausbilden lassen. Jeder Helikopter, der irgendwo in Amerika gesichtet wurde, galt als Vorbote einer bevorstehenden Invasion.[5] Als «Beweis» wurden Reden zitiert, in denen Bush von Partnerschaft mit Russland und einer stärkeren Rolle für die Vereinten Nationen gesprochen hatte.

Doch die wahre Bedeutung von Bushs Neuer Weltordnung lag nicht in ihrem Inhalt, sondern in ihrer Symbolik. Aus amerikanischer Sicht hatte der Westen den Kalten Krieg nicht nur beendet, sondern gewonnen. Die Menschen, die in Osteuropa auf die Straße gegangen waren, wollten keinen «besseren Kommunismus», sondern Freiheit und Demokratie. Für Bush und seine Mitstreiter war es selbstverständlich, dass eine «westlichere» Weltordnung fairer und gerechter sein würde. Es gab keinen Widerspruch zwischen amerikanischer «Leadership» und einer stärkeren Rolle für die Vereinten Nationen. Auch wenn Bush und die amerikanische Regierung noch keine genaue Vorstellung davon hatten, wie sie aussehen würde: Die Idee der Neuen Weltordnung war Ausdruck eines liberalen Optimismus, der ihren geopolitischen Ansatz während der gesamten neunziger Jahre prägte.

Und es waren nicht nur die Amerikaner. Auch und gerade in Europa war die Zuversicht, dass die neu entstehende Weltordnung friedlicher und gleichzeitig demokratischer sein würde, allgegenwärtig. Klaus Naumann, damals Chef der Bundeswehr, erinnert sich:

> Dieser Kalte Krieg war eine gigantische Anspannung. Und als er dann zu Ende ging, gab es erst mal ein Riesengefühl der Erleich-

> terung: Wir haben's geschafft! Darauf folgte ein Optimismus, der seinen Höhepunkt in der «Charta von Paris» vom November 1990 fand. Darin wurde die Idee einer «Sicherheitszone von Vancouver bis Wladiwostok» formuliert, in der es Gewaltverzicht gab, Achtung der Grenzen, Freiheit. Das war der Moment, wo wir in Europa die Hoffnung hatten, wir könnten nach der Anspannung des Kalten Krieges wirklich eine Zone des Verstehens, des Friedens schaffen. Diese Hoffnung hatten wir alle.[6]

Die nachfolgenden Kapitel beschäftigen sich mit verschiedenen Politikbereichen, in denen dieser Optimismus das politische Denken westlicher Politikeliten besonders stark geprägt hat: der Sicherheitspolitik, der Hoffnung auf eine Demokratisierung Russlands und Chinas, dem technologischen Fortschritt und dem Glauben an ein Ende des Terrorismus. In diesem Kapitel geht es um die Vision selbst – und die Grenzen, an die sie bereits früh, und selbst auf scheinbar freundlichem Terrain, stieß.

Freie Menschen

Der liberale Optimismus der neunziger Jahre beruhte auf zwei Überzeugungen, die innerhalb westlicher Politikeliten weit verbreitet waren. Die erste davon war der vermeintlich unaufhaltbare Siegeszug der liberalen Demokratie. Zu ihrem wichtigsten Fürsprecher wurde der Politikwissenschaftler Francis Fukuyama, der wenige Monate vor dem Fall der Berliner Mauer einen Artikel mit dem provokanten Titel «Das Ende der Geschichte?» veröffentlicht hatte.[7] Er führte darin aus, dass der Zusammenbruch des Kommunismus nicht bloß Zufall oder eine Verkettung glücklicher Umstände gewesen sei, sondern das Ergebnis einer historischen Dialektik. Im Laufe von zwei Jahrhunderten habe sich die liberale Demokratie gegen die Monarchie, den Faschismus und den Kommunismus als beste – und finale –Regierungsform durchgesetzt. Kein anderes System sei besser dazu geeignet, fundamentale menschliche Bedürfnisse zu befriedigen. In keinem anderen System gebe es effektivere Mechanismen zur Lösung von Konflikten. Und kein anderes System habe das Streben nach individueller Würde und «gegenseitiger Anerkennung», das bereits in der dialektischen Philosophie von Georg Wilhelm Friedrich Hegel seinen Niederschlag fand, besser zum Ausdruck gebracht.

Fukuyama behauptete nicht, dass es fortan keine gewaltsamen Konflikte mehr geben würde. Was er mit dem «Ende der Geschichte» meinte, war ein Ende des ideologischen Wettbewerbs. Mit dem Zusammenbruch des Kommunismus habe die liberale Demokratie ihren letzten großen Rivalen besiegt. Natürlich könne es auch in Zukunft zu Kriegen kommen, so Fukuyama, doch die großen, systemischen Konflikte des 20. Jahrhunderts seien – wortwörtlich – «Geschichte». Solange es keinen bedeutenden Staat gebe, der eine attraktive ideologische Alternative anzubieten habe, stehe der Ausbreitung der liberalen Demokratie nichts mehr im Wege.[8]

Fukuyamas Artikel traf den Nerv der Zeit. Bereits wenige Wochen nach seiner Veröffentlichung war die Ausgabe des *National Interest*, in der er erschien, ausverkauft. Die wichtigsten Zeitungen der Welt widmeten ihm ganzseitige Besprechungen. In der *New York Times* hieß es, das «Ende der Geschichte» sei eines der «angesagtesten Gesprächsthemen» des Sommers.[9] Und obwohl es Widerspruch, Skepsis und unterschiedliche Interpretationen gab, setzte sich Fukuyamas These innerhalb kurzer Zeit durch. Die Position von Henry Nau, einem führenden Außenpolitikexperten der Republikanischen Partei und hochrangigen Beamten während der Präsidentschaft von Ronald Reagan, war dabei typisch. Wie viele seiner Kollegen sträubte Nau sich gegen die plakative und seiner Meinung nach irreführende Formel vom «Ende der Geschichte» und betonte, dass der Siegeszug der liberalen Demokratie keineswegs garantiert sei. Doch seine Schlussfolgerung war mit der von Fukuyama identisch. «Die Emanzipation des Individuums, die von der europäischen Reformation und Aufklärung in Gang gesetzt wurde», so Nau, verschaffe liberalen Gesellschaften einen systematischen Vorsprung: «Wenn [andere] Nationen oder regionale Akteure [...] erfolgreich sein wollen, müssen sie zunächst den Kampf um die politische Freiheit gewinnen.»[10]

Die politische Konsequenz, die sich aus Fukuyamas Analyse ergab, war offensichtlich. Abgesehen von ein paar Isolationisten, die sich für einen geopolitischen «Rückzug» aussprachen,[11] und den «Realisten», die (erfolglos) versuchten, Deutschland und Japan zu Amerikas neuen «Herausforderern» hochzuschreiben,[12] waren sich nahezu alle außenpolitischen Denker einig, dass der Westen den Vormarsch der liberalen Demokratie unterstützen sollte.

Unterschiedliche Positionen gab es, wenn überhaupt, nur bezüglich der Mittel. Für «liberale Institutionalisten» wie den Harvard-Professor Joseph Nye war die Welt nicht nur freier, sondern auch komplexer geworden. Statt zweier Großmächte, die in ihren jeweiligen Einflusssphären für «Ordnung» sorgten, gab es neue Staaten mit schwachen Institutionen, internen Konflikten und unklaren Grenzen. Aufgabe des Westens sei es, «Demokratie und Menschenrechte zu fördern, ohne Chaos zu stiften». Wenn Amerika nicht «Weltpolizist» sein wolle, so Nye, müsse es deshalb multilaterale Organisationen wie die Vereinten Nationen oder die Organisation für Sicherheit und Zusammenarbeit in Europa (OSZE) stärken.[13]

Einen anderen Ansatz hatten die sogenannten Neokonservativen. Aus ihrer Sicht war Amerika die «einzig verbliebene Supermacht» und konnte seine Interessen allein oder mit willigen Partnern durchsetzen. Multilaterale Organisationen waren bestenfalls ein Hindernis und schlimmstenfalls ein Gegner. Doch anders als «gewöhnliche» Nationalisten, die macht- und wirtschaftspolitische Interessen rein egoistisch definierten,[14] betonten die Neokonservativen, dass Amerikas wichtigstes Interesse die Verbreitung universaler Werte – also von Demokratie und individueller Freiheit – war. Im Sommer 1996 argumentierten zwei ihrer führenden Köpfe, der Journalist William Kristol und der Historiker Robert Kagan, dass Amerika nach Ende des Kalten Krieges zu einer «wohlwollenden

Hegemonialmacht» geworden sei und dass es «zwischen seinen moralischen Werten und seinen fundamentalen nationalen Interessen» keinen Widerspruch mehr gebe.[15] In Ländern wie China und dem Iran, wo autoritäre Herrscher regierten, solle Amerika deshalb nicht zögern, eine aktive - notfalls militärische - Politik des «Regimewechsels» zu betreiben. Ziel müsse sein, Diktatoren, Ajatollahs oder kommunistische Apparatschiks aus ihren Ämtern zu vertreiben und durch demokratisch gewählte Regierungen zu ersetzen.

Freie Märkte

Die zweite Überzeugung, die den liberalen Optimismus der neunziger Jahre begründete, betraf nicht das politische System, sondern die Wirtschaft. Bereits in den späten fünfziger Jahren führte der amerikanische Soziologe Seymour Martin Lipset den Beweis, dass praktisch alle Indikatoren wirtschaftlicher Entwicklung - also Industrialisierung, allgemeiner Wohlstand oder Bildung - positiv mit Demokratie korrelieren, was bedeutet: Auf wirtschaftliche Entwicklung folgt (früher oder später) politische Freiheit.[16] Das Paradebeispiel war Europa im 19. Jahrhundert, wo die Industrialisierung zum Aufstieg einer bürgerlichen Mittelklasse führte, die Steuern zahlte und nicht mehr zu akzeptieren bereit war, dass nur die Aristokratie über öffentliche Belange entscheiden durfte. Je weiter die wirtschaftliche Modernisierung voranschritt, desto größer wurde der Anteil der Bevölkerung, der am politischen Prozess teilhaben konnte: Am Ende des 19. Jahrhunderts kamen die Arbeiter hinzu und in der ersten Hälfte des 20. Jahrhunderts auch Frauen.

Lipsets Theorie wurde im Laufe der Jahre vielfach kritisiert - etwa, weil er soziale und kulturelle Faktoren nicht ausreichend berücksichtigt hatte;[17] oder weil sich beobachten ließ, dass allzu rasche Modernisierung zu Instabilität führte.[18] Doch die Idee, dass «freie Menschen» und «freie Märkte» zwei Seiten derselben Medaille seien und dass wirtschaftliche Liberalisierung früher oder später zu politischer Liberalisierung führe, war bereits vor dem Fall der Berliner Mauer ein fester Bestandteil des Denkens westlicher Eliten.

Hinzu kam in den neunziger Jahren die Globalisierung und – mit ihr – die Überzeugung, dass engere ökonomische Verflechtung zum Motor einer weltweiten Demokratisierung würde. Der populärste Vertreter dieser These war der *New-York-Times*-Journalist Thomas Friedman, der in einer Reihe von Büchern die Vorzüge der Globalisierung pries und bei der jährlichen Konferenz des Weltwirtschaftsforums in Davos stets vor vollen Sälen sprach. Seiner Meinung nach hatte die Globalisierung «revolutionären Charakter» und war in ihren Konsequenzen mindestens genauso bedeutend wie das Ende des Kalten Krieges. Sie beinhalte einen Prozess der «kreativen Zerstörung», in dessen Verlauf Nationalstaaten ihre Macht verlören und nationale Grenzen bedeutungslos würden.[19]

Treibende Kraft, so Friedman, sei neben dem Freihandel und dauerhaft niedrigen Energiepreisen vor allem der technologische Fortschritt, besonders die «digitale Revolution». Die weltweite Vernetzung von Menschen und Märkten habe zur Folge, dass westliche Unternehmen ihre Produktion ins Ausland verlagern und dort gut bezahlte Arbeitsplätze schaffen würden. Mehr noch: Menschen überall bekämen dadurch mehr Zugang zu unabhängigen Informationen:

> Dank der Informationsrevolution ist keine Mauer mehr undurchlässig. Wenn wir alle wissen, wie die jeweils anderen leben, entsteht eine völlig neue Dynamik in der Weltpolitik […]. Wenn Leute sehen können, dass andere Menschen Möglichkeiten haben, die ihnen selbst nicht zur Verfügung stehen, wird es für Politiker schwieriger, sie ihren Bevölkerungen vorzuenthalten […]. Und wenn sie nicht liefern, dann haben sie ein Problem.[20]

Friedman war sich bewusst, dass die ökonomischen Vorteile, die durch die Globalisierung entstanden, einen Preis hatten. Staaten, die mehr wirtschaftliches Wachstum und Wohlstand wollten, müssten sich «goldene Handschellen» anlegen, die in der Praxis aus einer langen Liste «neoliberaler» Reformen bestanden: geringe Inflation, schlanker Staat, ausgeglichene Haushalte, Abschaffung von Zöllen, Subventionen und Investitionsbeschränkungen, Deregulierung der Kapitalmärkte und – natürlich – Privatisierung aller wichtigen Industrien. Dieses Programm wurde bereits in den frühen neunziger Jahren zum Standard für «Reformprogramme» internationaler Finanzinstitutionen und war als «Washington Consensus» bekannt.

Die allermeisten Menschen, so war Friedman überzeugt, würden von diesen Maßnahmen profitieren, und zwar nicht nur in Form von steigenden Einkommen, sondern auch, weil ein Prozess der politischen Öffnung in Gang gesetzt würde. Westliche Unternehmen, die in ausländischen Märkten investieren, würden von ausländischen Regierungen Transparenz und nachvollziehbare Standards einfordern. Korruption und Vetternwirtschaft würden nicht länger toleriert. Und die Nachfrage nach zuverlässigen Informationen über den Zustand der Wirtschaft würde – über kurz oder lang – eine freie Presse hervorbringen. Friedman nannte den Prozess, durch den ausländischer Einfluss zu demokratischen Reformen führen sollte, «Revolution von außen», kurz: *Globalution*.[21]

Gemeinschaft der Demokratien

Im Rückblick erscheint der Optimismus von Denkern wie Fukuyama und Friedman naiv. Aber weder Intellektuellen noch Politikern gelang es zur damaligen Zeit, eine populäre Alternative zu formulieren. Neben der Vorstellung eines vermeintlichen Vormarsches von liberaler Demokratie und Marktwirtschaft gab es keine andere «große» Idee für die neue Weltordnung, die bei westlichen

Politikeliten verfangen hätte. Das lag zum einen daran, dass der liberale Optimismus gut begründet war: Es war ja tatsächlich so, dass Dutzende von Ländern innerhalb weniger Jahre zu Demokratien wurden und dass in Ländern wie Indien und China Millionen Menschen der Armut entkamen. Genauso wichtig war jedoch, dass der liberale Optimismus dem westlichen Selbstverständnis entsprach: Er verkörperte die universellen, aufklärerischen Werte, die den Westen zum Westen machten, und gab Amerika und seinen europäischen Partnern das Gefühl, dass ihre Politik nicht Eigeninteressen, sondern dem (globalen) Gemeinwohl diente.

In den Vereinigten Staaten war der Einsatz für die Verbreitung der liberalen Demokratie besonders stark ausgeprägt. Anders als die meisten europäischen Staaten begriff sich Amerika von Anfang an als Land mit einer Mission. Abraham Lincoln beschrieb die amerikanische Unabhängigkeitserklärung als Dokument, das «nicht nur den Menschen dieses Landes Freiheit gab, sondern allen Menschen – überall, und in alle Ewigkeit».[22] In dieser Tradition war der Sieg über die Sowjetunion für viele Amerikaner nicht nur ein Sieg ihres Landes, sondern ein Sieg amerikanischer Ideen, und deren weltweite Verbreitung nicht bloß eine Strategie, sondern eine historische Berufung. Es fiel den politischen Eliten deshalb nicht schwer, ihre Landsleute von einer «neuen», freiheitlichen Weltordnung zu überzeugen, solange die Vereinigten Staaten ihr globaler Champion waren.

Der Regierungswechsel im Januar 1993 brachte in dieser Hinsicht keine Veränderung. Mehr noch als Bush war der Demokrat Bill Clinton davon überzeugt, dass sich Amerika für eine Welt «freier Menschen» und «freier Märkte» einsetzen sollte. Die «Förderung der Demokratie» erwähnte er in jeder wichtigen außenpolitischen Rede. In der Einleitung zur Nationalen Sicherheitsstrategie aus dem Sommer 1994 hieß es: «Je mehr Demokratie und politische und ökonomische Liberalisierung in der Welt Fuß fassen, desto sicherer und wohlhabender unsere Nation.»[23]

Doch bereits während Clintons Präsidentschaft zeigten sich die

Grenzen dieser Doktrin. Ein gutes Beispiel dafür ist die «Gemeinschaft der Demokratien» – eine der wichtigsten außenpolitischen Initiativen während Clintons zweiter Amtszeit. Die Idee war, eine Art Vereinte Nationen der Demokratien zu schaffen, also ein Forum, in dem liberale Demokratien unter sich waren und gemeinsam Strategien zur Förderung von Freiheit und Menschenrechten entwickelten. Der Vorschlag kam von Außenministerin Madeleine Albright, die in der Tschechoslowakei geboren wurde und im Alter von elf Jahren mit ihren Eltern in die Vereinigten Staaten geflohen war. Der Kampf gegen den Kommunismus und andere Formen autoritärer Herrschaft war ihr Herzensanliegen, und die Schaffung einer Vereinigung, in der sich demokratische Staaten gegenseitig unterstützten, wurde zur persönlichen Priorität. «Demokratie», so Albright in ihrer Autobiografie, «war mein Leitmotiv.»[24]

Nach mehrjährigen Vorbereitungen konstituierte sich die «Gemeinschaft der Demokratien» im Juni 2000 mit einer Konferenz in Warschau, zu deren Abschluss die Vertreter von hundertsechs Teilnehmerstaaten ein Statement demokratischer Prinzipien unterschrieben. Doch die Initiative verlor schnell an Fahrt. Bereits während der Vorbereitungen hatte es Streit darüber gegeben, welche Länder zu ihr eingeladen werden sollten. Die sieben Länder, die neben den Vereinigten Staaten zum Präsidium gehörten, hatten ganz unterschiedliche Auffassungen davon, was eine Demokratie sei. Am Ende entschied man sich dafür, möglichst viele Länder zuzulassen. Zu den Gründungsmitgliedern gehörten neben den «alten» und «neuen» Demokratien in West- und Osteuropa deshalb auch Länder wie Marokko und Jordanien, die zwar wichtige Partner Amerikas waren, aber keine Demokratien.

Ein weiteres Problem war, dass die meisten Staaten nicht den gleichen missionarischen Eifer besaßen wie Amerika. Viele hatten sich ihre Demokratie hart erkämpft, und doch wollten nur wenige die Demokratieförderung zum Leitprinzip ihrer Außenpolitik machen. Ted Piccone, damals ein junger Beamter im amerikanischen Außenministerium, der an der Abschlusserklärung mitarbeitete, erinnert sich, dass besonders kleinere Staaten und Entwicklungsländer auf ihre Souveränität pochten. Sie fürchteten, dass öffentliche Erklärungen, die sich gegen Menschenrechts- oder Freiheitsverletzungen in anderen Staaten richteten, eine Form der «Einmischung» seien, die – früher oder später – zur Einmischung in die eigenen Angelegenheiten führen könnte. Kurzum: Es wurde klar, dass die Teilnehmerstaaten weniger gemein hatten als ursprünglich gedacht. Trotz ihrer Demokratie, so Piccone, «fehlte der Wille zum Konsens. Es gab keinen Zusammenhalt.»[25]

Größtes Problem war jedoch Amerika selbst. Auch wenn sich Albright Mühe gab, andere Länder an der Organisation zu beteiligen, wurde die «Gemeinschaft» vor allem als «amerikanisches Projekt» wahrgenommen. Und obwohl die meisten Teilnehmerstaaten freundschaftliche Beziehungen zu Amerika unterhielten, wollte niemand als Befehlsempfänger gelten. Auch Piccone kam letztlich zu dem Schluss, dass Amerikas Übermacht zum Hindernis wurde:

> [Die neunziger Jahre] waren ein Höhepunkt amerikanischer Macht, und daraus wollten wir Kapital schlagen. Wir sagten: «Das ist die Welt, in der die Demokratie zur dominanten Regierungsform wird. Das ist gut für uns, und es ist gut für Euch.» [...] Doch paradoxerweise war Amerika in diesem Moment wohl *zu* groß und *zu* mächtig, um anderen Staaten das Gefühl zu geben, sie könnten gleichberechtigte Partner sein.[26]

Die «Gemeinschaft der Demokratien» organisierte mehrere Folgekonferenzen und eröffnete in Warschau ein Büro, aber sie entfaltete kaum konkrete Aktivitäten. Nachdem die Vereinigten Staaten im Jahr 2003 in den Irak einmarschierten (siehe Kapitel 8), war die Initiative faktisch tot.

«Europäische Standards»

Europa war, wenn es um Demokratisierung ging, auf den ersten Blick vorsichtiger. Frankreich lehnte die Idee einer «Gemeinschaft der Demokratien» ab und weigerte sich, die Abschlusserklärung zu unterzeichnen. Der damalige Außenminister Hubert Védrine machte klar, dass ihm der «angelsächsische Ansatz» zur Demokratieförderung widerstrebte. Vor Journalisten erklärte er: «Demokratie ist nicht wie eine Religion, zu der man konvertiert, sondern Ergebnis eines langen, [auch psychologischen] Reifungsprozesses.»[27] Zu Albright sagte er später, dass ihm die Initiative «zu amerikanisch» sei und sein Land keine Lust habe, auf internationaler Bühne die zweite Geige zu spielen.[28]

Auch Deutschland hatte Gründe, sich zurückzuhalten. Die Konsequenzen der Wiedervereinigung absorbierten viel Energie und Aufmerksamkeit.[29] Auch waren sich deutsche Politiker darüber bewusst, dass es gegenüber dem neuen, größeren Deutschland bei vielen seiner Partner noch Vorbehalte gab. Außenpolitische Priorität war deshalb, nicht negativ aufzufallen. Wolfgang Ischinger, der in den neunziger Jahren politischer Direktor des Auswärtigen Amtes war, beschrieb die Außenpolitik Deutschlands während dieser Zeit als «gehemmt»:

> Wir trauten uns nicht, unsere Meinung zu sagen [...]. Das Motto in Berlin war, ich sag's mal salopp, dass wir uns wie ein Hase im Acker verhalten sollten: Ohren anlegen und ganz, ganz klein machen, damit uns keiner sieht.[30]

Deutschland, Frankreich und die anderen westeuropäischen Staaten vermieden den Begriff «Demokratisierung» und verfolgten einen anderen, mehr auf Institutionenbildung gerichteten Ansatz. Allerdings waren sie in den neunziger Jahren ebenfalls an einem ehrgeizigen Demokratisierungsprojekt beteiligt, nämlich der Erweiterung der Europäischen Union um zehn mittel- und osteuropäische Staaten.[31] Der deutsche Bundeskanzler Helmut Kohl betonte bei jeder Gelegenheit, dass die europäische Einigung «unumkehrbar» gemacht werden müsse.[32] Die Vision, die er und viele andere westeuropäische Politiker in solchen Reden artikulierten, war die eines Europa, das «einig, frei und in Frieden» war.

Der Prozess, der dorthin führen sollte, beinhaltete nicht nur Verhandlungen zum Binnenmarkt oder zur Landwirtschaftspolitik, sondern auch – und vor allem – die Erwartung, dass sich die Beitrittsländer in ihrer «inneren Verfasstheit» – also bei Themen wie Demokratie, Rechtsstaatlichkeit und Minderheitenschutz – «europäischen Standards» anpassen würden. In der Praxis ging es dabei nicht um «Verhandlungen», bei denen gleichberechtigte Partner um einen Kompromiss rangen, sondern um einen Prozess der Angleichung, in dem die östlichen Beitrittskandidaten die Normen, Gesetze und Verfahrensweisen des Westens akzeptierten.[33] Was «Freiheit» im Einzelnen bedeutete, entschied in vielen Fällen die EU-Kommission.

Natürlich waren die osteuropäischen Beitrittskandidaten in diesem Prozess willige Partner, und es besteht kein Zweifel, dass der Druck aus Brüssel dazu beitrug, dass Minderheiten geschützt, Konflikte verhindert und demokratische Strukturen gefestigt wurden. Doch die Prioritäten der Beitrittsländer waren oftmals andere. Für sie stand nicht die Vision eines vereinten und demokratischen Europa im Vordergrund, sondern die Verteidigung der frisch gewonnenen Souveränität. Ihr Ansatz war nicht idealistisch, sondern instrumentalistisch.[34] Wichtiger als die «europäischen Werte» war für sie der Zugang zu westlichen Märkten und die eigene Sicherheit.

So empfanden viele Beitrittskandidaten Russland nach wie vor und bereits lange vor der Präsidentschaft Wladimir Putins als Bedrohung. Das galt besonders für Polen und die baltischen Staaten, die bis 1991 Teil der Sowjetunion waren. Bernd Mützelburg, der damalige deutsche Botschafter in Estland und spätere außenpolitische Berater von Bundeskanzler Gerhard Schröder, erinnert sich:

> Man wollte geschützt werden vor diesem großen Bären, vor dem viele aus historischen Gründen immer noch Angst hatten. Deswegen ging es den Balten, Polen und Tschechen auch in erster Linie um den Beitritt zur Nato und die entsprechende Sicherheitsgarantie. Erst danach stellte man sich die Frage: Was bedeutet eigentlich der Beitritt zur Wertegemeinschaft [EU] für unsere eigene, innere Verfasstheit?[35]

Je offensichtlicher wurde, dass das «europäische Projekt» nicht identisch mit den eigenen, unmittelbaren Interessen war, desto größer die Skepsis: Die marktwirtschaftlichen «Handschellen», die die EU den Osteuropäern anlegte, führten zu sozialen Härten; Sonderregelungen, zum Beispiel beim freien Personenverkehr, verstärkten das Gefühl, «Europäer zweiter Klasse» zu sein; und die ständigen «Belehrungen» aus Brüssel vermittelten den Eindruck, dass die Menschen in den Beitrittsländern trotz wiedergewonnener Freiheit nicht mehr Herren im eigenen Haus waren.

Während am Anfang des Jahrzehnts die Zustimmung zur EU-Mitgliedschaft in allen Beitrittsstaaten bei nahezu 100 Prozent lag, gab es zehn Jahre später deutliche Opposition: 25 Prozent in Estland, 26 Prozent in Polen und 31 Prozent in Lettland.[36] Mützelburg beobachtete den Stimmungswandel genau:

> Am Anfang war die Erleichterung riesig, dass man den sowjetischen Overlord los war [...]. [Doch später] hat sich die Auffassung geändert. Da hat man gesagt: Moment mal, bisher haben uns die Sowjets gesagt, was wir zu tun haben, und jetzt wollen uns die Leute in Brüssel sagen, wo es langgeht. Das haben wir nicht gewollt. Wir wollten Freiheit und Selbstbestimmung, und wir hatten geglaubt, dass wir das in der Europäischen Union bekommen.[37]

Das Gefühl ausländischer Bevormundung, das Mützelburg beschreibt, war zu keinem Zeitpunkt so stark, dass ein Scheitern der EU-Osterweiterung drohte. Doch die Spannung zwischen dem liberal-universalistischen Ansatz westlicher Politikeliten und den auf Souveränität und Eigennutz bedachten Osteuropäern wurde zu einer permanenten Konfliktlinie und sorgte in den darauffolgenden Jahrzehnten für eine Reihe von Zerwürfnissen – nicht zuletzt während der sogenannten Flüchtlingskrise im Jahr 2015 (siehe Kapitel 14). Genauso wie Amerika musste Europa feststellen, dass die eigenen, vermeintlich universellen Werte selbst im eigenen, europäischen «Hinterhof» nicht so selbstverständlich waren, wie man glaubte, und dass ihr Export nicht so «unvermeidbar» war, wie die These vom Siegeszug der liberalen Demokratie suggerierte.

KAPITEL 2

Ewiger Friede

Auch in der Sicherheitspolitik hinterließ der liberale Optimismus der neunziger Jahre deutliche Spuren. Als Tony Blair im Frühling 1997 zum britischen Premierminister gewählt wurde, dauerte es keine drei Wochen, bis er eine umfassende Überprüfung der Verteidigungspolitik in Auftrag gegeben hatte. Blair war überzeugt, dass das britische Militär noch immer in der Logik des Ost-West-Konflikts verhaftet war, und wollte dies so schnell wie möglich ändern. Das Dokument, das hieraus entstand – die sogenannte *Strategic Defence Review* –, war eine mustergültige Reflexion des «neuen Denkens», das während der neunziger Jahre überall im Westen Fuß gefasst hatte.[1]

Statt Gefahren für das eigene Land, die eigene Bevölkerung oder befreundete Staaten abzuwenden, sollte Verteidigungspolitik fortan die Probleme der Welt lösen.[2] Aufgabe des Militärs war es nicht mehr nur zu kämpfen, sondern demokratische Regierungen zu stabilisieren, wirtschaftliche Entwicklung zu fördern und humanitäre Krisen zu bewältigen. Als größte Herausforderungen galten nicht mehr Angriffskriege, sondern Risiken, die aus «Globalisierung und Interdependenz» entstünden – Drogenhandel, Terrorismus und ethnische Konflikte, aber auch «Ungleichheit und menschliches Leid».[3] Für «echte» – das heißt, existenzielle – Kriege gab es keinen Grund mehr, aber «Unsicherheit», «Instabilität» und «Risiken» lauerten hinter jeder Ecke.

Die Weltsicht, die dieses «neue Denken» widerspiegelte, war die von Fukuyama und Friedman. Selbst Fukuyama hatte ja, wie schon erwähnt, niemals behauptet, dass es keine gewaltsamen Konflikte mehr geben würde, sondern nur, dass solche Konflikte keine existenzielle Bedrohung mehr seien und dass mit dem Siegeszug der Demokratie eine immer größer werdende Zone des Friedens entstehe.

Genau hierauf hofften die sicherheitspolitischen Eliten, für die eine zweihundert Jahre alte Theorie, nach der Demokratien keine Kriege gegeneinander führen, als «empirisches Gesetz»[4] galt. Diese Theorie wurde – in stark vereinfachter Form – zur Grundlage westlicher Politik. Doch statt in «ewigem Frieden» resultierte ihre Umsetzung in einer verlorenen Dekade, in der «humanitäre Interventionen» überbewertet, neue Bedrohungen unterbewertet und sicherheitspolitische Fähigkeiten systematisch abgebaut wurden.

Demokratischer Frieden

Die Idee, dass Demokratien friedlicher miteinander umgingen als autoritäre Herrschaftsformen, existierte bereits, bevor es moderne Demokratien gab. Ihre erste vollständige Artikulation findet sich in einer Schrift Immanuel Kants mit dem Titel *Zum ewigen Frieden*. Kant wandte sich darin gegen die Idee, dass die Abwesenheit von Kriegen ausschließlich das Ergebnis von Allianzen und Gleichgewichten der Mächte sei. Er betonte, dass es auf die «innere Verfassung» ankomme und letztlich nur republikanisch verfasste Staaten zu dauerhaftem Frieden in der Lage seien. Seine Begründung war, dass die humanitären und finanziellen «Kosten» eines Konflikts von den Bürgern getragen würden und diese deshalb meist «pazifistischer» seien als ihre Herrscher, was bedeutete: Wenn Bürger an Entscheidungen über Krieg und Frieden beteiligt sind, kommt es seltener zu Krieg.

Kant entwarf eine Staatenordnung, in der sich republikanische

Staaten miteinander verbünden und gegenseitig beschützen sollten. Fast zwei Jahrhunderte vor Fukuyama formulierte er damit die Idee einer Art demokratischer Friedenszone, die sich ausweiten und irgendwann zum «ewigen Frieden» führen würde. Er erklärte:

> Denn wenn das Glück es so fügt: dass ein mächtiges und aufgeklärtes Volk sich zu einer Republik [...] bilden kann, so gibt diese einen Mittelpunkt der föderativen Vereinigung für andere Staaten ab, um sich an sie anzuschließen, und so den Freiheitszustand der Staaten [...] zu sichern, und sich durch mehrere Verbindungen dieser Art nach und nach immer weiter auszubreiten.[5]

Ein zusätzliches Argument lieferte Montesquieu. Sein Buch *Vom Geist der Gesetze* – einer der wichtigsten Texte der Aufklärung – versuchte zu erklären, warum die republikanische Regierungsform anderen Herrschaftsmodellen wie Monarchie und «Despotie» überlegen sei. Einer der Hauptgründe war seiner Meinung nach, dass republikanische Staaten kommerziell erfolgreicher seien und der Handel zwischen ihnen zu Verflechtungen, gemeinsamen Interessen und gegenseitigen Abhängigkeiten führe, die Kriege schwieriger – wenn nicht sogar unmöglich – machten. «Zwei Staaten, die miteinander Handel treiben», so Montesquieu, «werden voneinander abhängig: Einer hat ein Interesse am Verkaufen, der andere am Kaufen. Und deshalb basiert ihre Verbindung fortan auf beiderseitigen Notwendigkeiten.»[6]

Auch in vergangenen Jahrzehnten – und vor allem nach Ende des Kalten Krieges[7] – haben sich Historiker und Politikwissenschaftler immer wieder mit der Idee des «demokratischen Friedens» beschäftigt.[8] Die Erklärungen, die dabei vorgebracht wurden, waren im Prinzip dieselben, die bereits Kant und Montesquieu formuliert hatten. Neu war, dass die Forscher sie nun auch empirisch unterfütterten. Die Politikwissenschaftler Zeev Maoz und Bruce Russett etwa kamen zu dem Ergebnis, dass es zwischen 1946 und 1986 keinen Krieg zwischen zwei Demokratien gegeben habe.[9] Laut ihrem Kollegen Michael Doyle begann dieser Zustand sogar bereits im Jahr 1815.[10]

Die wissenschaftliche Debatte, die sich an diese Beiträge anschloss, offenbarte jedoch wichtige Nuancen. Wie «perfekt» der demokratische Frieden war, hing beispielsweise davon ab, wie «Krieg» und «Demokratie» definiert wurden. Zu klären war etwa, ob Staaten im 19. Jahrhundert, in denen außer weißen, wohlhabenden Männern niemand das Wahlrecht hatte, aus heutiger Sicht als demokratisch gelten sollten. Auch stellte sich heraus, dass die Erklärungen, die Kant und Montesquieu artikuliert hatten, in vieler Hinsicht fragwürdig waren. Der Historiker Christopher Layne zeigte am Beispiel mehrerer Krisen, die *beinahe* zum Krieg geführt hatten, dass «normative Erwägungen» im Verhalten von Politikern praktisch keine Rolle gespielt hatten, sehr wohl aber strategische Überlegungen und Machtpolitik.[11]

Der vielleicht wichtigste Einwand war, dass «junge Demokratien», die sich im Prozess der demokratischen Konsolidierung befanden, oftmals nicht friedlicher, sondern aggressiver im Umgang mit anderen Staaten waren. Die Politikwissenschaftler Edward Mansfield und Jack Snyder kamen zu dem Schluss, dass Demokratien in den ersten zehn Jahren nach ihrer Demokratisierung doppelt so häufig in den Krieg zögen wie autoritäre Staaten. Grund dafür sei die Schwäche staatlicher Institutionen und die Tatsache, dass Demokratisierung häufig mit einem Wiedererstarken des Nationalismus einhergehe.[12] Die weit verbreitete Annahme, dass autoritäre Staaten nach ihrer Transformation zur Demokratie friedfertiger würden, war also falsch und darüber hinaus irreführend. Entscheidend, so fand auch der Politikwissenschaftler John Owen, sei nicht, ob Staaten eine demokratische Verfassung hätten, sondern vielmehr, ob sie liberale Normen internalisiert hätten.[13]

In der öffentlichen Debatte und bei Politikern kam von solchen Einwänden und Nuancen nur wenig an. Thomas Friedman popularisierte die These vom demokratischen Frieden in seinen Büchern als «Goldene-Bögen»-Theorie, nach der keine zwei Staaten mit einem McDonald's-Restaurant (angeblich ein Indikator wirtschaftlicher Öffnung) jemals Krieg gegeneinander geführt hatten.[14] Diese Theorie stimmte bereits zum Zeitpunkt ihrer Veröffentlichung nicht, doch bei Politikern und in westlichen Außenministerien galt sie – und, mit ihr, die Idee vom «demokratischen Frieden» – als eisernes Gesetz, mit dem Regierungshandeln und sogar Kriege begründet wurden.

Dass der «demokratische Friede» nur für Demokratien im Umgang mit *anderen* Demokratien galt, dass es bedeutende Ausnahmen gab und dass – wie von Mansfield und Snyder gezeigt – junge Demokratien oftmals kriegslustiger waren als Autokratien, wurde von westlichen Politikeliten weder wahrgenommen noch verstanden. In Clintons Regierungserklärung aus dem Jahr 1994 hieß es schlicht: «Die beste Strategie, um unsere Sicherheit zu bewahren und nachhaltigen Frieden zu schaffen, ist die Verbreitung der Demokratie.»[15]

Alternativen?

Alternative Theorien passten weniger gut zum liberal-optimistischen Zeitgeist. Die prominenteste war zweifellos Samuel Huntingtons These vom «Kampf der Kulturen», die im Sommer 1993 als Artikel in der Zeitschrift *Foreign Affairs* erschien und als Antwort auf die These seines vormaligen Harvard-Studenten Fukuyama gedacht war. Huntington argumentierte, dass künftige Kriege nicht ideologisch oder ökonomisch motiviert sein würden, sondern kulturell. Den von Fukuyama vorausgesagten Siegeszug universeller Werte begriff er als «gefährliche Illusion», da westliche Vorstellungen von Demokratie und Menschenrechten nicht universell, sondern eben *westlich* seien und ihre Ausbreitung nicht als Befreiung, sondern als «Kulturimperialismus» wahrgenommen würde.[16] Huntington beschrieb acht sogenannte Zivilisationen, an deren Grenzen es zu Konflikten kommen werde. Besonders problematisch war seiner Meinung nach der Islam, der sich mit all seinen «Nachbarn» im Konflikt befinde: «Der Islam hat blutige Grenzen», so seine Schlussfolgerung.[17]

Der Artikel fand große Resonanz und wurde innerhalb kurzer Zeit zum am meisten gelesenen und zitierten Artikel in der Geschichte von *Foreign Affairs,* weil er die Renaissance nationalistischer und religiös motivierter Konflikte wie zum Beispiel im ehemaligen Jugoslawien scheinbar überzeugend erklärte. Für linke Verschwörungstheoretiker war er Teil einer offiziellen «Kampagne», mit der die amerikanische Öffentlichkeit gegen den Islam aufgehetzt werden sollte (siehe Kapitel 5).[18] Doch in Wirklichkeit hatte Huntingtons These kaum Einfluss auf westliche Politikeliten. Das lag etwa daran, dass viele Punkte in Huntingtons Ausführungen irreführend oder unplausibel waren – nicht zuletzt die (mehr oder weniger) willkürliche Einteilung in acht Zivilisationen und die Idee, dass zukünftige Konflikte vor allem *zwischen* diesen stattfinden würden, während bereits absehbar war, dass Konflikte *innerhalb* der Zivilisationen (zum Beispiel zwischen sunnitischem und schiitischem Islam) mindestens genauso wichtig sein würden.

Dazu kam, dass Huntingtons These als rassistisch galt. Auch wenn er dies abstritt, waren seine Statements über «den Islam» so negativ und verallgemeinernd, dass er für Linke zur Hassfigur und für den Mainstream zum Paria wurde. Intellektuelle erwähnten Huntington in der Regel nur, um sich von ihm zu distanzieren, und es gab keinen wichtigen westlichen Politiker, der sich zu seinen Thesen bekannte. Die Haltung des ehemaligen deutschen Außenministers Joschka Fischer war typisch. Er schrieb: «[K]eine vernünftige Politik des Westens [kann] allen Ernstes diese These akzeptieren. Denn dies würde im 21. Jahrhundert den Alptraum schlechthin bedeuten.»[19]

Eine weitere Alternative zum «demokratischen Frieden» war die Theorie des amerikanischen Publizisten Robert Kaplan, dessen Aufsatz «Die kommende Anarchie» Anfang 1994 in der Zeitschrift *The Atlantic* erschien.[20] Im bewussten Gegensatz zu Fukuyama konzentrierte er sich auf Teile der Welt, die vom vermeintlichen Siegeszug der Demokratie ausgeschlossen waren. Der Zusammenbruch von Nationalstaaten, hohes Bevölkerungswachstum und ansteckende Krankheiten hätten in Teilen Afrikas und Asiens zu Chaos und der Herrschaft krimineller Gangs geführt. Hinzu kämen ökologische Krisen, etwa der Klimawandel oder die Wasserknappheit, deren Auswirkungen existierende Spannungen verschärfen und zur Triebfeder gewaltsamer Konflikte werden könnten. Kaplan war also alles andere als optimistisch. Was er sah, war nicht «demokratischer Frieden», sondern eine Welt in der Krise.

Genauso wie Huntingtons Aufsatz war der Kaplans populär, aber seine politische Wirkung gering. Wissenschaftler ignorierten ihn, weil Kaplan «nur Journalist» war, während außenpolitische Eliten seinen Ausblick für zu pessimistisch hielten. Kaplan selbst merkte schnell, dass seine Botschaft nicht zur damaligen Stimmung passte:

> Trotz des Kriegs in Jugoslawien waren die globalen Eliten sehr optimistisch. Die Annahme war, dass sich der Siegeszug demokratischer Bewegungen in Mittel- und Osteuropa in Afrika und Asien fortsetzen würde und dass das, was in Mittel- und Osteuropa passiert war, eine Art Modell für den Rest der Welt war. Wer – wie ich – in dieser Situation von Konflikten, Entwicklung, Umwelt oder Kultur sprach, galt schnell als reaktionär.[21]

Und tatsächlich: Erst nach den terroristischen Anschlägen vom 11. September 2001 (siehe Kapitel 6) gab es in westlichen Hauptstädten die Bereitschaft, die eigenen optimistischen Annahmen über den Zustand der Welt zu überprüfen. Bis dahin war der Glaube an den «demokratischen Frieden» – oder besser gesagt: die verkürzte Interpretation dieser Idee – nahezu unerschütterlich.

Humanitäre Interventionen

Die Begeisterung westlicher Politikeliten für den «demokratischen Frieden» hatte konkrete Konsequenzen. Die erste war eine zunehmende Anzahl sogenannter *Wars of Choice*, bei denen keine direkten oder «existenziellen» Interessen westlicher Staaten auf dem Spiel standen. Die meisten dieser Militäreinsätze, wie zum Beispiel in Haiti, Bosnien oder Sierra Leone, wurden als «humanitäre Interventionen» bezeichnet und waren Ausdruck der Überzeugung, dass die «internationale Gemeinschaft» nach Ende des Kalten Krieges die Möglichkeit (und moralische Verpflichtung) hatte, sich in die inneren Angelegenheiten von Staaten «einzumischen», wenn diese nicht mehr willens oder in der Lage schienen, die Sicherheit ihrer Bevölkerungen zu gewährleisten – etwa bei Naturkatastrophen, Bürgerkriegen oder «Verbrechen gegen die Menschlichkeit». Während der neunziger Jahre entstand hierfür der Begriff «Schutzverantwortung» (*responsibility to protect*), der besonders von Kanada, aber auch von anderen westlichen Staaten auf internationaler Ebene popularisiert und Mitte der folgenden Dekade als unverbindliche Norm in den Statuten der Vereinten Nationen verankert wurde.[22] Im internationalen Recht war dies ein Novum,[23] von dem sich Linke und Linksliberale erhofften, es würde die Fokussierung auf Staaten und nationale Souveränität aushebeln und zu einem stärker an Menschenrechten orientierten Völkerrechts- und Sicherheitsbegriff (*human security*) beitragen.[24]

Das Problem war, dass es bei dieser Art von «nichtexistenziellen» Kriegen in aller Regel eine sehr niedrige Toleranz für Fehlschläge gab. Westliche Bevölkerungen hatten zwar generell kein Problem damit, ihre Militärs für «kosmopolitische» Zwecke einzusetzen, aber nur solange dadurch keine großen Kosten entstanden. Wenn Einsätze zu lange dauerten, zu teuer oder kompliziert wurden oder wenn dabei westliche Soldaten zu Tode kamen, wendete sich die

Stimmung oftmals schnell – auch und gerade, wenn die Mission noch nicht erfolgreich beendet war.

Eines der ersten Beispiele hierfür war die Operation *Restore Hope* in Somalia. Nach Berichten über eine humanitäre Katastrophe entschied die Bush-Regierung im Jahr 1992, sich mit 25 000 Soldaten an einer Mission der Vereinten Nationen zu beteiligen. Ziel war, die Bevölkerung zu schützen und die Lieferung lebensnotwendiger Güter – vor allem Medizin und Nahrung – sicherzustellen. Wie sich herausstellte, war der Konflikt jedoch komplexer als vermutet, und ein Versuch, Mitglieder einer feindlichen Miliz zu verhaften, endete im Oktober 1993 mit dem Tod von neunzehn amerikanischen Soldaten.[25] Auch wenn Präsident Clinton, der Bush mittlerweile nachgefolgt war, nicht den Eindruck erwecken wollte, dass es einen direkten Zusammenhang gab, befahl er wenige Wochen später den Rückzug amerikanischer Truppen. Das entging auch Amerikas Feinden nicht: Der Anführer von al-Qaida, Osama bin Laden, kommentierte später, dass ihn der Vorfall davon überzeugt habe, dass die vermeintlich stärkste Militärmacht der Welt in Wirklichkeit ein «Papiertiger» war, der keinen Willen zum Kampf besaß.[26]

Die tragischste Folge der Somalia-Mission zeigte sich im darauffolgenden Jahr. Kurz nach dem Rückzug der letzten amerikanischen Truppen aus Somalia brachen im zentralafrikanischen Land Ruanda Unruhen aus, die im Frühling 1994 eskalierten und zu einem Völkermord führten, bei dem mindestens eine halbe Million Menschen starben. Obwohl sich alle Staaten nach dem Holocaust versprochen hatten, «nie wieder» einen Völkermord zuzulassen, fand sich keine Nation bereit, in Ruanda militärisch einzugreifen. Madeleine Albright, die damals amerikanische UN-Botschafterin war, räumte später ein, dass einer der wichtigsten Gründe das «Fiasko» in Somalia gewesen sei. Zwar hatten die beiden Situationen nichts miteinander zu tun, dennoch befürchtete ihr Chef, Präsident Clinton, eine weitere potenziell gefährliche Mission in Afrika, für die es bei der Bevölkerung – so kurz nach dem Scheitern in Somalia – keine Zustimmung gegeben hätte.[27] «Die einzige Lösung», so Albright, «hätte aus einer schwer bewaffneten Koalition bestanden [...]. Aber wegen Somalia standen die Vereinigten Staaten dafür nicht zur Verfügung.»[28]

Das kollektive Versagen der internationalen Gemeinschaft in Ruanda offenbarte die Willkürlichkeit «humanitärer Interventionen». Ob und wann westliche Staaten in humanitäre Krisen eingriffen, hing in den meisten Fällen nicht vom Ausmaß einer Krise ab, sondern von der Medienberichterstattung, Allianzverpflichtungen und der aktuellen innenpolitischen Stimmung. Dass es in Somalia zu einer Intervention kam, nicht aber in Ruanda, ließ sich mit humanitären Argumenten jedenfalls nicht begründen. Der britische Premierminister Tony Blair erkannte das Problem und formulierte im Frühjahr 1999 eine Reihe von Kriterien, die militärische Interventionen voraussagbarer machen sollten.[29] Diese Maßgaben waren hilfreich, doch zu einer klaren, für alle verpflichtende Doktrin taugten sie nicht.[30] Selbst der linksliberale Philosoph Jürgen Habermas, ein lautstarker Unterstützer des Prinzips der «Schutzverantwortung», kritisierte später die «unklare [politische] Gemengelage», die Gegensätze zwischen Staaten nicht aufgelöst, sondern vertieft habe.[31]

Nationalistisches Revival

Eine weitere Konsequenz des «neuen Denkens» war, dass nationalistische und religiös-fundamentalistische Kräfte unterschätzt wurden (siehe auch Kapitel 5). Fukuyama und Friedman hatten «ethnische und religiöse Gewalt» in ihren Beiträgen zwar erwähnt, aber meist nur am Rande. Aus ihrer Perspektive war sie ein «Überbleibsel» aus vergangenen Zeiten, das Schritt für Schritt – das heißt mit zunehmender Ausbreitung westlicher Werte – an Bedeutung verlieren würde.[32] Einer der wenigen, die ihre «Modernität» zu verstehen schienen, war der amerikanische Soziologe Benjamin Barber, der im Jahr 1995 ein Buch mit dem Titel *Coca Cola und Heiliger*

Krieg – im Englischen: *Jihad vs. McWorld* – veröffentlichte. Barbers These war, dass das Revival von Nationalismus und Religion keine anachronistische Randerscheinung war, sondern die dunkle Kehrseite der Globalisierung:

> Was ich Dschihad nenne, [...] ist das Gegenteil von *McWorld.* Aber Dschihad ist nicht nur Gegenteil, sondern Reaktion auf *McWorld* – eine dialektische «Antwort» auf die Moderne, deren Eigenschaften die moderne Welt sowohl in ihren «Sünden» als auch in ihren Tugenden repräsentiert. Anders ausgedrückt: Dschihad *und* McWorld, nicht Dschihad *gegen* McWorld.[33]

Barbers Argumentation war nuanciert und intelligent, doch sie fand – genauso wie Kaplan – bei Politikern wenig Gehör.

Das dramatischste Beispiel für nationalistische und ethnische Gewalt während dieser Zeit ist der Jugoslawien-Konflikt. Für europäische Politiker war der Zusammenbruch des multiethnischen Staates, der 1990 begann und sich in den folgenden zehn Jahren fortsetzte, nicht Anzeichen einer nationalistischen Renaissance, sondern – vor allem – eine Überraschung. Boris Ruge, damals ein junger deutscher Diplomat, der zur Jugoslawien-Sektion des Auswärtigen Amts kam, formuliert es in aller Deutlichkeit: «Die Vorstellung, dass es einen wirklichen Krieg geben könnte, das war neu und fremd. Das war ein Schock.»[34]

Obwohl der luxemburgische Außenminister Jacques Poos die Beilegung des Konflikts zur «Stunde Europas» erklärte, dauerte es Jahre, bis europäische Eliten dessen Dynamik verstanden hatten. Besonders am Anfang der Dekade herrschte in europäischen Hauptstädten die Vorstellung, dass der Konflikt ein «archaisches» Problem sei, das zu lösen wäre, wenn sich nur alle Kriegsparteien bewusst würden, dass sie Teil des «neuen Europa» seien. Aus Sicht des britischen Konfliktforschers James Gow, der damals europäische Regierungen beriet, war die Haltung europäischer Eliten während dieser Zeit arrogant und gleichzeitig naiv:

> Wir hatten kaum ernsthafte Ideen, dafür aber viel Optimismus, übermäßige Ambition und Leute, die ihre eigenen Fähigkeiten und Ressourcen völlig überschätzten. Es war ein naiver, nahezu messianischer Glaube daran, dass Europa – allein dadurch, dass es sich für Jugoslawien interessierte – das Problem aus der Welt schaffen würde.[35]

Die Situation änderte sich erst mit dem Beginn amerikanischer Luftschläge im Jahr 1995. Doch selbst Amerika sträubte sich gegen die Idee, dass der Konflikt das Aufkommen eines «neuen Nationalismus» signalisierte. Anstelle rivalisierender Nationalismen erkannten amerikanische Politiker in dem Konflikt eine Auseinandersetzung zwischen Nationalismus und Demokratie.[36] Das stimmte insofern, als der serbische Präsident Slobodan Milošević und seine Verbündeten eine besonders aggressive Form des Nationalismus verfolgten und weit schlimmere Gräueltaten begingen als die Anführer anderer Teilstaaten. Milošević' Einstellung zur Demokratie war jedoch weniger anders als von den Amerikanern gedacht: Genauso wie beispielsweise der kroatische Präsident Franjo Tudjman stellte sich Milošević (relativ) freien Wahlen und genoss lange Zeit die Unterstützung «seiner» Bevölkerung. Nationalismus war dabei weder ein Hindernis noch ein Widerspruch oder ein Rückfall in die Steinzeit, wie etwa Madeleine Albright glaubte.[37] Ganz im Gegenteil: Er war relativ typisch für die «jungen», oftmals «kriegslüsternen» Demokratien, die Edward Mansfield und Jack Snyder in ihrer Forschung beschrieben hatten.

Friedensdividende

Eine direkte Folge der Vorstellung eines vermeintlich «ewigen Friedens» war auch der drastische Abbau staatlicher Sicherheitsbudgets und das Schrumpfen der dazugehörigen Institutionen. Präsident Bush hatte bereits im Jahr 1990 die Idee einer «Friedensdividende» formuliert, womit er meinte, dass ein Teil der bisherigen Ausgaben für Rüstung und Verteidigung in Bildung, Gesundheit oder Infrastruktur fließen sollten. Der Golfkrieg, bei dem Amerika und seine Partner Anfang des Jahres 1991 innerhalb weniger Wochen den irakischen Diktator Saddam Hussein besiegten, verhinderte zwar, dass die radikalsten Vorschläge hierzu umgesetzt wurden. Doch westliche Politikeliten waren sich mit Bush prinzipiell einig, dass das Ende des Ost-West-Konflikts die Chance bot, die Ausgaben für Sicherheit und Verteidigung herunterzufahren und das Geld für vermeintlich bessere, gesellschaftlich «nützlichere» Zwecke auszugeben. Ein Papier des Internationalen Währungsfonds aus dem Herbst 1991 schlug beispielsweise vor, globale Verteidigungsetats um jährlich fast zweihundert Milliarden Dollar zusammenzustreichen. Laut *Washington Post* war die Prämisse der Studie, dass «niemand mehr Feinde hat».[38]

Auch wenn die Hoffnungen auf mehr Sozialausgaben schnell enttäuscht wurden, sanken in fast allen westlichen Ländern während der neunziger Jahre die Sicherheitsbudgets – in einigen Fällen dramatisch. Die Zahlen des Stockholmer Friedensforschungsinstituts SIPRI zeigen, dass die globalen Ausgaben für Verteidigung zwischen 1990 und 1998 (inflationsbereinigt) tatsächlich um mehr als zweihundert Milliarden Dollar zurückgingen. Der Anteil an der globalen Wirtschaftsleistung fiel ebenfalls: von 2,6 auf 1,7 Prozent. Das betraf vor allem westliche Länder: In den Vereinigten Staaten ging der Anteil der Verteidigungsausgaben an der Wirtschaftsleistung von 5,3 (1990) auf 2,9 (2000) Prozent zurück; in Deutschland von 2,7 auf 1,5 Prozent. Natürlich gab es Ausnahmen,[39] aber der Trend war klar: Statt einen *Umbau* betrieben westliche Regierungen in den neunziger Jahren vor allem einen *Abbau* ihrer Armeen und Sicherheitsapparate.

Dieser Trend betraf nicht nur das Militär, sondern auch die Nachrichtendienste. Dass sich westliche Nachrichtendienste, die bis zum Ende des Kalten Krieges vor allem den Ostblock beobachteten, ändern mussten, stand außer Frage. Doch wenn Politiker von

«Neuausrichtung» sprachen, meinten sie damit meist weniger Geld. Hansjörg Geiger, der Mitte der neunziger Jahre Präsident des Bundesnachrichtendienstes (BND) war, schlug vor, dass sich seine Behörde stärker «neuen Themen» widmen sollte, etwa Terrorismus, Bevölkerungswanderungen oder den Auswirkungen ökologischer Krisen. Bei seinen Dienstherren stieß er damit jedoch auf wenig Gegenliebe: «Meine Aufgabe war es, [...] die Organisation als Teil der ‹Friedensdividende› von 7500 auf 6500 Stellen zu verkleinern. Es war schwierig, [neue Themen anzustoßen, weil] die Leute, die man für die neuen Themen gebraucht hätte, ja zum Teil ganz andere waren.»[40]

Die Einzigen, die sich während der neunziger Jahre für höhere Verteidigungs- und Sicherheitsausgaben aussprachen, waren die amerikanischen Neokonservativen. Sie beklagten, dass sich viele Konservative der «öffentlichen Stimmung» gebeugt hätten und von «ausgeglichenen Haushalten» und einer «Friedensdividende» sprächen, statt sich Gedanken darüber zu machen, wie Amerika künftige Kriege gewinnen könne. Im Jahr 1996 plädierten William Kristol und Robert Kagan in einem Artikel dafür, das Verteidigungsbudget nicht zu kürzen, sondern um ein Drittel zu erhöhen, damit Amerika seine Rolle als «wohlmeinender Hegemon» erhalten und potenzielle Herausforderer abschrecken könne. Das Land müsse sich auf alle Eventualitäten vorbereiten, denn: «Wer weiß schon, was noch passiert?»[41]

Im Gegensatz zur Mehrheit der westlichen Politikeliten war für die Neokonservativen der liberale Optimismus (den sie prinzipiell teilten) kein Grund, sich zurückzulehnen und von einer Zukunft «ohne Feinde» zu fantasieren, sondern eine Chance, Amerikas Vormacht auszubauen und mit den verbliebenen Feinden – den sogenannten «Schurkenstaaten» – aufzuräumen. Wenn auch nicht während der neunziger Jahre, so waren sie nach den Anschlägen vom 11. September 2001 mit dieser Haltung besser positioniert als die liberalen «Träumer», die sich keine ernsthaften Konflikte mehr vorstellen wollten.

KAPITEL 3

Keine Angst vor Russland und China

Widersprüchliche Konsequenzen des liberalen Optimismus zeigten sich auch in der Haltung zu anderen Großmächten. Während der gesamten neunziger Jahre war eine der obersten Prioritäten westlicher Außenpolitik beispielsweise die Demokratisierung Russlands. Clinton war – genauso wie alle anderen westlichen Regierungschefs – ein Unterstützer des russischen Präsidenten Boris Jelzin, der als Bollwerk gegen ein Erstarken von Kommunisten oder Ultranationalisten galt. Er setzte sich im amerikanischen Kongress für Wirtschaftshilfen ein, unterstützte Jelzins Wiederwahlkampagne, gönnte ihm diplomatische Erfolge und verschonte ihn während des Tschetschenienkriegs mit öffentlicher Kritik. Bei seinem letzten Amtsbesuch in Moskau überhäufte er Jelzin mit Lob («Russland hatte Glück, dich zu haben»), sprach davon, wie viel die beiden zusammen erreicht hätten («Wir haben gute Dinge getan, die von Dauer sein werden»), und versicherte ihm: «Du hast das Feuer eines echten Demokraten.»[1]

Doch das Ergebnis westlicher Politik in Russland war nicht mehr, sondern weniger Demokratie. Bereits gegen Ende von Jelzins Präsidentschaft war offensichtlich, dass von der russischen Demokratie, die aus dem Zusammenbruch der Sowjetunion hervorging, wenig übrig geblieben war. Das Problem war nicht, wie von der späteren amerikanischen Außenministerin Condoleezza Rice behauptet, dass sich Clintons Regierung in strategisch unwichtigen Konflikten wie Haiti und Somalia «verzettelt» und deshalb Großmächte wie

Russland und China vernachlässigt hatte,[2] sondern dass der außenpolitische Ansatz, den westliche Regierungen verfolgt hatten, naiv und – in letzter Konsequenz – kontraproduktiv war.

Sowohl in China als auch in Russland setzte der Westen auf eine Politik der marktwirtschaftlichen Modernisierung, von der man hoffte, sie würde innerhalb kurzer Zeit zu mehr Wachstum, Wohlstand und Freiheit führen. Doch ohne es zu ahnen verstärkte der Westen damit zwei wesentliche Quellen des (späteren) Backlash: In Russland trug die marktgeleitete Demokratisierungspolitik zum staatlichen Kollaps und zu einem Wiedererstarken des Nationalismus bei, während sie in China der Kommunistischen Partei half, ihre autoritäre Herrschaft zu festigen.

Schocktherapie

Wie eng wirtschaftlicher und politischer Niedergang miteinander zusammenhingen, zeigte sich bereits am Zusammenbruch der Sowjetunion. Als es im Sommer 1991 zu einer schweren Wirtschaftskrise kam, versuchten kommunistische Hardliner, die Macht an sich zu reißen. Am 19. August sperrten sie den damaligen Generalsekretär der Kommunistischen Partei, den Reformer Michail Gorbatschow, in seiner Datscha am Schwarzen Meer ein, riegelten die Hauptstadt Moskau ab und ließen über staatliche Radiosender den Ausnahmezustand verkünden. Doch innerhalb von achtundvierzig Stunden war der Putschversuch gescheitert, und stattdessen nutzte Jelzin, damals Präsident der russischen Teilrepublik, die Gunst der Stunde. Noch vor Ende des Jahres erklärte er Russland für unabhängig, und die Sowjetunion – bis dahin eine von zwei globalen Supermächten – verschwand, quasi über Nacht, von der Landkarte.

Doch die Unabhängigkeitserklärung Russlands löste keines der wirtschaftlichen Probleme. Im Gegenteil: Die plötzliche Aufspaltung des sowjetischen Binnenmarkts in fünfzehn unabhängige

Staaten führte zum Zusammenbruch von Lieferketten und machte die Engpässe bei der Versorgung mit lebenswichtigen Gütern noch schlimmer. Die jungen, marktwirtschaftlich orientierten Reformer um Jegor Gaidar, die Jelzin in sein Kabinett berufen hatte, waren davon überzeugt, dass nicht schrittweise Reform, sondern nur ein radikaler Bruch mit dem sowjetischen System die wirtschaftliche Situation nachhaltig verbessern würde: «Ich war mir absolut sicher, dass es keinen anderen Weg gab», so Gaidar später, «und ich war mir genauso sicher, dass wir nicht länger warten konnten.»[3] Das Programm, das die Reformer ab Anfang 1992 in schneller Abfolge umsetzten, beinhaltete die Freigabe von Preisen und die schlagartige Privatisierung praktisch aller im Staatsbesitz befindlichen Unternehmen. Der Begriff, der dafür verwendet wurde, war «Schocktherapie».

Bei der Umsetzung dieser «Schocktherapie» waren die Reformer nicht allein. Neben den vom Westen dominierten Finanzinstitutionen – dem Internationalen Währungsfonds, der Weltbank und der Europäischen Bank für Wiederaufbau und Entwicklung – schickten westliche Regierungen Dutzende von Wirtschaftsexperten nach Moskau, die eng mit den Reformern zusammenarbeiteten und ihr Programm enthusiastisch vorantrieben. Die meisten dieser Berater wussten wenig über Russland, hatten aber genaue Vorstellungen davon, wie das Land seine wirtschaftliche Krise bewältigen sollte. Andrei Shleifer und Daniel Treisman, zwei amerikanische Professoren, die Anfang der neunziger Jahre die russische Regierung bei ihren Wirtschaftsreformen unterstützten, veröffentlichten wenige Jahre später ein Buch, in dem sie aus ihren ideologischen Überzeugungen kein Geheimnis machten:

> Märkte sollten frei, Eigentum privat, die Inflation niedrig und der Handel ohne Hindernisse sein. Um diese Ziele zu erreichen, müssen Regierungen die Preise freigeben, sie dürfen Privatunternehmen weder besitzen noch subventionieren, sie müssen Verträge vollstrecken, sich bei der Regulierung zurückhalten, ihre

Haushalte ausgleichen und Handelshemmnisse beseitigen. Jede Regierung, die das tut, kann davon ausgehen, dass ihr Nationaleinkommen steigt.[4]

Es war dieselbe Formel, die Friedman in seinen Büchern als «goldene Handschellen» beschrieb (siehe Kapitel 1) und von der westliche Berater hofften, dass sie in Russland so schnell und perfekt wie möglich umgesetzt würde. Zwei ihrer wichtigsten Vertreter, die amerikanischen Starökonomen David Lipton und Jeffrey Sachs, wussten bereits im Frühjahr 1992, dass die Gewinne, die aus den Reformen resultieren würden, potenziell riesig seien – «viel größer als oftmals vermutet».[5] Die Frage war nicht mehr, welchen ökonomischen Weg Russland einschlagen sollte, sondern nur, wie konsequent dieser verfolgt würde. Mögliche Einwände – etwa bezüglich des Tempos, sozialer Härten und der Schwäche der russischen Institutionen – galten als zweitrangig.[6] Statt zu hadern, so Lipton und Sachs, sollten westliche Regierungen alles in ihrer Macht Stehende tun, um die Marktreformer zu unterstützen.

Doch die Mängel des Reformpakets wurden schnell offensichtlich. Als Gaidar und seine Mitstreiter am 1. Januar 1992 nahezu alle Preiskontrollen beendeten, um die leeren Warenregale zu füllen, lösten sie damit eine massive Inflation aus, die die Ersparnisse vieler Russen auf einen Schlag vernichtete: Im Januar allein stiegen die Preise um über 200 Prozent, bei Jahresende betrug die Inflationsrate 2500 Prozent.[7]

Genau zu diesem Zeitpunkt begannen die Reformer mit dem zweiten Schritt: dem Privatisierungsprogramm. Alle russischen Bürger bekamen Coupons, die sie bei Versteigerungen von Staatsbetrieben gegen Aktien eintauschen sollten. Aus Sicht Jelzins war dies ein historisch beispielloses Demokratisierungsprogramm,[8] doch in der Praxis gab es nur wenige Russen, die davon profitierten. Dem Historiker und Russlandexperten Mark Galeotti, der zur damaligen Zeit in Russland lebte, war die Absurdität des Verfahrens schnell bewusst:

> Das waren Leute, die [durch die Preisfreigabe] alles verloren hatten: Rentner, die vor der U-Bahn-Station standen und Zahnpasta verkauften. Und denen sagte man: Hier ist dein Coupon, investiere das, und in zehn oder zwanzig Jahren machst du vielleicht einen Gewinn. Kein Wunder, dass solche Leute – in der Tat: die Mehrheit der Russen – ihre Coupons für einen Bruchteil ihres Wertes an Zwischenhändler oder Kriminelle weiterverkauften.[9]

Zehntausende von Betrieben, darunter die wichtigsten Öl- und Gasfirmen, fielen so in die Hände einer winzigen Gruppe von Unternehmern, die später als «Oligarchen» bekannt wurden.[10] Mehr noch: Ab 1995 verscherbelte der Staat den Rest seines Vermögens in einer Reihe von Sonderauktionen (*loans for shares*) an genau jene Milliardäre, die anschließend Jelzins Wiederwahlkampagne finanzierten.[11] Den Oligarchen, die dank Gaidars Reformprogramm reich wurden, gehörte am Ende des Jahrzehnts nicht nur die russische Wirtschaft, sondern der gesamte Staat.

Erniedrigung

Die gesellschaftlichen Folgen des Reformprogramms waren katastrophal. In der ersten Hälfte der neunziger Jahre schrumpfte die russische Wirtschaftsleistung um mehr als 50 Prozent und sank damit unter das Niveau vieler Entwicklungsländer. Mehr als zwei Drittel der Bevölkerung – ungefähr hundert Millionen Menschen – galten als arm. Viele verdienten sich ihren Lebensunterhalt, indem sie alte Kleidung, Töpfe, Bücher oder Kriegsmedaillen auf Straßenmärkten verkauften oder gegen Lebensmittel tauschten. Andere zogen aufs Land, verkrochen sich in ihre Datschen und bauten Gemüse an. Innerhalb von sechs Jahren sank die durchschnittliche Lebenserwartung für Männer von vierundsechzig auf achtundfünfzig Jahre. Grund dafür war der Zusammenbruch des Gesundheitssystems, die Rückkehr von längst vergessenen Krankheiten, aber auch – und vor allem – die rasante Zunahme an Morden, Selbstmorden sowie Alkohol- und Drogentoten. Laut dem Journalisten Paul Klebnikov gab es kaum eine Gesellschaft, die in Friedenszeiten so schnell so tief gesunken war.[12]

Ähnliches galt für staatliche Institutionen, auf die viele Russen bis dahin stolz waren. Von der sowjetischen Armee, die die Nazis im Zweiten Weltkrieg besiegt und den Amerikanern bis zum Schluss die Stirn geboten hatte, war drei Jahre nach dem Zusammenbruch der Sowjetunion nur noch wenig übrig. Jelzin hatte das Verteidigungsbudget um 75 Prozent zusammengestrichen, mehr als eine Million Soldaten entlassen und die verbliebenen Truppen zur «Selbstversorgung» verpflichtet: «Teile der Armee», so der Konfliktforscher Michael Mandelbaum, «mussten wie primitive Jäger für ihre eigene Nahrung sorgen und waren häufig auf Unterstützung von den Gemeinden angewiesen, in denen sie stationiert waren.»[13] Mehrere tausend Soldaten jährlich begingen Selbstmord, andere verkauften ihre Waffen und militärische Ausrüstung an den jeweils höchsten Bieter.[14] Die CIA verhängte einen Rekrutierungsstopp, weil die Zahl der russischen Militärs, die sich den Amerikanern andienen wollten, zu groß geworden war.[15] Viele heuerten stattdessen bei kriminellen Gangs an oder wurden zu Söldnern in den «Privatarmeen» der Oligarchen.[16]

Der Staatskollaps manifestierte sich auch auf internationaler Bühne. Für viele Russen war es demütigend, dass Russland im Tschetschenienkrieg von einer «Bande kaukasischer Rebellen» vorgeführt wurde; oder dass sich die Nato um Staaten erweiterte, die früher zum sowjetischen «Einflussbereich» gehört hatten. Ein weiterer Faktor war der Präsident selbst: Nachdem sich Jelzin am Anfang der Dekade noch als energischer Kämpfer für die Demokratie präsentiert hatte, war er Mitte des Jahrzehnts zu einem schwer kranken, ständig betrunkenen Mann geworden, der an Depressionen litt, oftmals wochenlang – und ohne Erklärung – aus der Öffentlichkeit verschwand und ganz offensichtlich von einem winzigen Zirkel aus Oligarchen und korrupten Beratern kontrolliert wurde. Nichts symbolisierte den Niedergang Russlands drastischer als sein oberster Repräsentant.

Wie viel Verantwortung trug der Westen für all das? In öffentlichen Debatten über diese Frage steht meist das Thema Nato-Osterweiterung im Vordergrund (siehe Kapitel 13). Doch während der neunziger Jahre war der entscheidende Faktor in diesem Zusammenhang die katastrophale wirtschaftliche Situation im Land – und das Gefühl der Erniedrigung, das daraus folgte.[17] Wenn der Westen irgendeine Form von Verantwortung trug, dann vor allem deshalb, weil westliche Berater wenig taten, um Gaidar und seine Mitstreiter von dubiosen Ideen wie der Coupon-Privatisierung oder dem Verscherbeln von Russlands Rohstoffvorkommen abzubringen. Im Gegenteil: Viele dieser Ideen stammten aus «neoliberalen» Textbüchern; sie entsprachen der liberal-modernen Orthodoxie und wurden von den westlichen Beratern unnachgiebig gepusht. Mark Galeotti beschreibt den Prozess folgendermaßen:

> Da waren – erstens – die ehrgeizigen amerikanischen Ökonomen, die große Egos hatten und für die Russland das größte Labor war, das ihnen jemals zur Verfügung stand; zweitens Gaidar, der nach schnellen, einfachen Lösungen suchte und deshalb die Vorschläge der Amerikaner bereitwillig aufnahm; und drittens die Furcht [beider] vor einer Rückkehr der Kommunisten, die dazu führte, dass man den Prozess der Privatisierung so schnell wie möglich unumkehrbar machen wollte.[18]

Die Folge war, dass sich die russische Gesellschaft polarisierte und der Kollaps der russischen Wirtschaft zunehmend Amerika, «dem Westen» oder «westlichem Einfluss» zugeschrieben wurde. Bereits Mitte der Neunziger waren Kommunisten und Ultranationalisten die zwei stärksten politischen Kräfte. Die einzige Partei, die sich *nicht* explizit gegen den Westen positionierte, Grigori Jawlinskis Liberale, erhielt bei der Wahl im Jahr 1995 nur knapp 7 Prozent der

Stimmen und verpasste Anfang der 2000er Jahre mit 4,3 Prozent den Einzug ins Parlament. Das heißt: Ab 1993 gab es aus westlicher Sicht keine politische Alternative mehr zu Jelzin, und die gesamte Russlandpolitik richtete sich fortan darauf, den Präsidenten so lange wie möglich im Amt zu halten. Westliche Regierungen waren deshalb bereit, viele der problematischsten und der Demokratie abträglichsten Entwicklungen zu ignorieren. Das galt für Menschenrechtsverletzungen im Tschetschenienkrieg genauso wie für die zunehmend offene Korruption unter Jelzins Beratern und – nicht zuletzt – für den Gesundheitszustand des Präsidenten selbst.[19]

Auch wenn westliche Politiker regelmäßig versuchten, sich die Lage schönzureden – Clinton erzählte nach einem Staatsbesuch von jungen Russen, die «intelligent, idealistisch und zutiefst der Demokratie verpflichtet»[20] seien –, war das Ziel, Russland zu einer «stabilen europäischen Demokratie» zu machen, klar gescheitert.[21] Stattdessen nährte die westliche Politik Instabilität und begünstigte die Rückkehr eines aggressiven, antiliberalen – und letztlich antiwestlichen – Nationalismus unter Jelzins Nachfolger Wladimir Putin, der dem Westen etwas mehr als eine Dekade später den Krieg erklärte.

Trojanische Pferde

Anders als in Russland war in China von Anfang an klar, dass es während der neunziger Jahre zu keinem politischen Wandel kommen würde. Die Lektion, die die chinesische Führung aus den Studentenprotesten und dem sogenannten Tiananmen-Massaker im Frühjahr 1989 gelernt hatte, war nicht, dass es in Zukunft mehr Raum für Debatte und friedlichen Protest geben müsse, sondern dass diese im Keim erstickt werden sollten. Mitglieder des Politbüros, die sich während der Proteste für Konzessionen ausgesprochen hatten, wurden unter Hausarrest gestellt und aus der kommunistischen Parteiführung entfernt. «Das Kapitel Liberalisierung», so der Chinaexperte Moritz Rudolf, «war ab diesem Zeitpunkt vorbei.»[22] Die politischen Reformen, die wenig später in Osteuropa unternommen wurden, galten als abschreckendes Beispiel und motivierten die Staatsführung, sich noch stärker gegen demokratische Einflüsse abzuschotten. Premierminister Li Peng sagte dem amerikanischen Außenminister: «Was wir am Tiananmen-Platz getan haben, war richtig. Schauen Sie sich bloß an, was momentan in Zentral- und Osteuropa passiert!»[23]

Doch trotz der klaren Absage an politische Reformen waren westliche Politikeliten fest davon überzeugt, dass China «demokratisiert» werden könnte. Ihr intellektueller Wortführer war der amerikanische Professor John Ikenberry, der Dutzende Artikel zu dem Thema schrieb. Ikenberry teilte die liberal-optimistische Weltsicht vieler seiner Kollegen: Er glaubte, dass sich die Demokratie ausbreiten würde; dass es Aufgabe des Westens sei, dies zu fördern; und dass der Schlüssel hierfür zunehmende Interdependenz sei – also Handel, internationaler Austausch und wirtschaftliche Verflechtung.[24]

Auf China angewendet bedeutete dies, dass die ökonomische Modernisierung des Landes nach Kräften unterstützt werden sollte. Der Westen habe in China drei Ziele, so Ikenberry: Zunächst solle sich China «öffnen», womit die Öffnung für westliche Investitionen, Handel, Technologie und Kulturaustausch gemeint war; anschließend müsse das Land in die «liberale institutionelle Ordnung», also regionale und internationale Abkommen, «integriert» werden; und drittens gehe es darum, China durch Sicherheitsabkommen an seine Partner in Asien und im Westen zu «binden».[25] Alle drei Schritte – Öffnung, Integration und Bindung – zielten darauf ab, China trotz seiner Größe zu einem verantwortungsvollen Akteur in dem (vom Westen geschaffenen) internationalen System zu machen.

Besonders vom ersten Schritt, der Öffnung, erhofften sich Ikenberry und andere westliche Intellektuelle einen Demokratisierungsschub, der über kurz oder lang zum Ende der Ein-Parteien-

Herrschaft führen würde. Je reicher China werde, desto größer die Mittelklasse, desto stärker der westliche Einfluss und desto höher die Nachfrage nach individueller Freiheit und Demokratie.[26] Mit anderen Worten: Technologie und Wohlstand waren für westliche Eliten die «trojanischen Pferde», mit deren Hilfe die Demokratie in China Fuß fassen würde. Dass es der chinesischen Führung gelingen könnte, ökonomische und politische Freiheiten voneinander zu trennen, hielt niemand für realistisch.

Die vermeintliche Blaupause, die liberale Optimisten zuversichtlich stimmte, waren die «asiatischen Tiger», also Taiwan, Südkorea, Singapur und Hongkong, die innerhalb weniger Jahrzehnte von Entwicklungs- zu Industrieländern geworden waren und in denen ökonomisches Wachstum (in unterschiedlichem Ausmaß) zu politischer Liberalisierung geführt hatte. Jeffrey Bader, ein Diplomat, der während Clintons Amtszeit im Nationalen Sicherheitsrat für Asienpolitik zuständig war, hoffte darauf, dass China eine ähnliche Entwicklung nehmen würde:

> Wir sprachen von einem asiatischen Entwicklungsmodell. Genauso wie China waren all diese Länder am Anfang arm. Alle unternahmen ähnliche Modernisierungsanstrengungen, alle waren Ein-Parteien-Staaten. Alle bekämpften die Korruption und setzten auf exportorientiertes Wirtschaftswachstum [...]. Und im Laufe der Zeit wurden alle reicher. Je reicher sie wurden, desto wahrscheinlicher war es, dass eine politische Opposition entstand. Und das [...] führte zu Pressefreiheit und größerer politischer Offenheit. [...] Wir sprachen niemals von «Demokratisierung», aber für viele von uns war das ein wünschenswerter und vorstellbarer Weg für China, auf den wir hinarbeiteten.[27]

Trotz der zum Teil großen Unterschiede zwischen diesen Staaten und China[28] orientierte sich die gesamte westliche Politik an diesem Modell. Als seine «Krönung» galt Chinas Beitritt zur Welthandelsorganisation (WTO), der über ein Jahrzehnt lang vorbereitet und im Jahr 2001 vollzogen wurde. China wurde damit vollständig in die Weltwirtschaft integriert und bekam Zugang zu den größten globalen Märkten. Schon George H. W. Bush hatte dazu angemerkt, dass «keine Nation auf der Erde» einen Weg gefunden habe, «die Waren und Dienstleistungen der Welt zu importieren und gleichzeitig ausländische Ideen an der Grenze zu stoppen».[29] Clinton, der die Verhandlungen zum Abschluss gebracht hatte, hoffte auf «Wohlstand in Amerika, Reform in China und Frieden in der Welt».[30] Und selbst Condoleezza Rice, die eine «robustere» Haltung gegenüber China gefordert hatte, kam zu dem Schluss, dass sich China durch eine stärkere Integration in die Weltwirtschaft politisch wandeln würde. Mehr Handel und ökonomischer Austausch seien gut, schrieb sie in *Foreign Affairs*, denn «sie öffnen die chinesische Wirtschaft – und damit auch Chinas Politik».[31]

Wunschdenken

Doch in Wirklichkeit beruhten solche Hoffnungen auf wenig mehr als Wunschdenken. Einer der Gründe war, dass westliche Regierungen keine Ahnung hatten, was in China vor sich ging. Obwohl bevölkerungsreichstes Land der Welt, hatten sich westliche Nachrichtendienste und Medien während des Kalten Krieges kaum für China interessiert. Und noch in den Neunzigern rückte das Land nur langsam in den Vordergrund. Nigel Inkster, damals Vize im britischen Nachrichtendienst MI6, konnte das später nur bestätigen: «Was die westliche Aufmerksamkeit angeht, spielte China lange Zeit eine untergeordnete Rolle. Jeder konnte seine Hoffnungen und Vorstellungen darüber, was China war und was es werden würde, in die Politik hineinprojizieren.»[32] Ging es mit der Wirtschaft bergauf, hieß es, dass westliche Einflüsse jetzt größer und die Forderungen nach einer freien Presse lauter würden. Ging es mit der Wirtschaft bergab, wie zum Beispiel während der sogenannten Asienkrise im Jahr 1997, prognostizierte man soziale, ökonomische und ethnische

Spannungen.[33] Egal, was passierte: Der Kollaps des Einparteiensystems schien stets zum Greifen nah.[34]

Ein zweiter Grund war, dass die chinesische Regierung die westlichen Absichten genau verstand und alles daransetzte, die erhoffte Liberalisierung zu verhindern. Bestes Beispiel war der Vormarsch des Internets, von dem westliche Eliten glaubten, es sei «unzensierbar» und würde das staatliche Informationsmonopol aushebeln.[35] Peking war sich dieser Gefahr von Anfang an bewusst.[36] Im Laufe der 2000er Jahre baute die Regierung deshalb ihr «eigenes» Internet auf, das vom Rest der Welt abgeschottet war und ausländische Inhalte auf ihre politische Unbedenklichkeit hin filterte. Der Aufwand war riesig,[37] aber entgegen westlichen Erwartungen gelang es, wie auch in anderen Bereichen, die Technologie von ihrem potenziell subversiven Einfluss zu entkoppeln. Die Schaffung einer «souveränen» Infrastruktur, die zu 100 Prozent vom Staat kontrolliert wurde, ermöglichte zudem den Aufbau lokaler Internetgiganten und eines digitalen Überwachungssystems, das in späteren Jahren zum Kennzeichen der «autoritären Moderne» chinesischer Prägung wurde (siehe Kapitel 17).

Großbritannien machte in Hongkong ähnliche Erfahrungen wie Amerika. Im Jahr 1992, fünf Jahre vor der Rückgabe der britischen Kronkolonie, berief die Londoner Regierung den konservativen Politiker Chris Patten zum Gouverneur. Patten setzte nach seiner Amtsübernahme eine Reihe demokratischer Reformen um, deren Ziel es war, den Bewohnern der Stadt ihre (relativ) liberale Verfassung über die «Wiedervereinigung» mit China hinaus zu erhalten. Insgeheim hoffte Patten außerdem, dass der wirtschaftliche Erfolg der Stadt «ansteckend» sein und der Ausbreitung der Demokratie in ganz China den Weg bereiten würde.[38] «Nach Meinung Pattens», so Kerry Brown, ein vormaliger britischer Diplomat, «sollte Hongkong dem Rest Chinas zeigen, dass Rechtsstaat und Demokratie in einem chinesischen Kontext funktionieren konnten.»[39]

Doch Patten überschätzte sowohl seine eigene Rolle wie auch die von Hongkong. Während Hongkong in den neunziger Jahren die reichste Stadt Chinas war, sank sein Anteil an der chinesischen Wirtschaftsleistung im Laufe der folgenden Jahrzehnte von über 20 auf nur 2 Prozent. Anders ausgedrückt: Die wirtschaftliche Entwicklung Chinas verlief so rasant, dass die (relative) Bedeutung – und potenzielle Strahlkraft – Hongkongs rapide abnahm.[40] Hinzu kam, dass der chinesischen Führung von Anfang an klar war, was Patten beabsichtigte. Jeffrey Bader, ein persönlicher Freund Pattens, erinnert sich an die chinesische Reaktion auf seine Vorschläge: «Er fuhr nach Peking, um den Chinesen seine Pläne für die Zeit nach 1997 zu erläutern. Aber die wollten von Demokratie nichts hören. Ihre Antwort war: ‹Du machst wohl Witze! Das war das letzte Mal, dass wir uns getroffen haben.› Und so war's dann auch.»[41] Laut Bader war Pattens Erfahrung keine Ausnahme: «Die Chinesen waren höflich, hatten aber kein Interesse an Ideen, die mit ihren ideologischen Vorstellungen nicht übereinstimmten. Schon gar nicht, wenn sie aus dem Westen kamen.»[42]

Diese Einstellung war weder neu noch überraschend. Sie reflektierte den chinesischen Ansatz zur Reformpolitik seit der Amtszeit von Deng Xiaoping, dem «Vater» der wirtschaftlichen Öffnung. China, so Moritz Rudolf, «wollte vom Westen immer nur das lernen, was in den chinesischen Kontext integrierbar war. Das haben sie auch immer so gesagt.»[43] Am autoritären Status quo änderte sich in den neunziger Jahren deshalb wenig, und die Vormachtstellung der Kommunistischen Partei war zu keinem Zeitpunkt gefährdet.

Am Ende war es nicht China, sondern der Westen, der durch die zunehmende ökonomische Verflechtung in eine politische Abhängigkeit geriet. Genau wie im Fall Russlands, wenn auch unter anderen Vorzeichen, erwies sich eine auf (neo-)liberalen ökonomischen Annahmen beruhende Demokratiepolitik nicht nur als wirkungslos, sondern als kontraproduktiv.

KAPITEL 4

Techno-Optimismus

Die wahrscheinlich wichtigste Veränderung während der neunziger Jahre war nicht politischer, sondern technologischer Natur. Zu Beginn des Jahrzehnts hatten viele Amerikaner noch nie vom Internet gehört. Weniger als 5 Prozent der amerikanischen Bevölkerung waren über E-Mail erreichbar. Und noch im Jahr 1995 musste man Lesern erklären, was eine E-Mail überhaupt ist. Ein Bericht der Denkfabrik RAND hielt fest:

- Bei E-Mails müssen nicht beide Parteien gleichzeitig online sein. E-Mails werden bis zum Zugriff in einem elektronischen Posteingang gespeichert.
- Die Informationen kommen in «maschinenlesbarer» Form an, sodass sie gespeichert, abgerufen, weitergeleitet, ausgeschnitten und in neue E-Mails eingefügt werden können.
- E-Mails sind schnell: Die meisten Nachrichten kommen (weltweit) innerhalb von Minuten an.
- Nachrichten können Kombinationen aus Text, Bildern, Diagrammen und sogar Videoclips enthalten.[1]

Die Passage illustriert, wie dramatisch sich das Leben in westlichen Gesellschaften innerhalb von nur fünfundzwanzig Jahren verändert hat. Während die meisten Menschen heutzutage praktisch ständig online sind und ein Leben ohne die Stimulation durch Internet, Handy und soziale Medien für viele unvorstellbar ist, war noch vor einer Generation die Idee, durch einen Computer mit anderen Menschen zu kommunizieren, für die allermeisten völlig fremd.

Genauso wie die Industrielle Revolution im 18. und 19. Jahrhundert und die technischen Quantensprünge, die ihr folgten, war die «digitale Revolution» eine Errungenschaft der Aufklärung. Ihr zugrunde lagen der Glaube an Fortschritt, die «Verwissenschaftlichung» der Welt sowie ein politisches und wirtschaftliches System, das individuelle Entfaltung nicht nur garantierte, sondern förderte. Es war deshalb kein Zufall, dass das Internet im Westen entstand.

Ebenso typisch war jedoch der übersteigerte Optimismus, der mit dem Aufkommen der neuen Technologie einherging. Wie der englische Philosoph John Gray zeigt, gehörte der Glaube an menschlichen Fortschritt durch Wissenschaft – der sogenannte Positivismus – seit dem späten 18. Jahrhundert zu den «Kernüberzeugungen» der Moderne,[2] und es gibt eine lange Tradition moderner oder liberaler Denker wie zum Beispiel Henri de Saint-Simon (1760–1825), Auguste Comte (1798–1857), Bertrand Russell (1872–1970) oder Karl Popper (1902–1994), für die technischer und politischer Fortschritt untrennbar miteinander verknüpft waren.[3]

Mit der Entstehung des Internets und seiner Verbreitung verbanden sich – abermals – enorme, oftmals utopische Hoffnungen auf eine Befreiung des Menschen und die Lösung sozialer Probleme. Der Grundgedanke, so Gray, blieb dabei unverändert:

> Für Saint-Simon und Comte bedeutete Technologie Eisenbahnen und Kanäle [...]. Für Neoliberale ist es das Internet. Die Botschaft ist dieselbe: Technologie – die praktische Anwendung wissenschaftlicher Erkenntnisse – erzeugt eine Konvergenz der Werte. Das ist der moderne Mythos, den die Positivisten propagiert haben und der heute universell akzeptiert wird.[4]

Wie bei jeder der vorhergehenden technologischen Revolutionen waren auch die «Techno-Optimisten»[5] der Neunziger davon überzeugt, dass die neueste Revolution einzigartig sei; dass ihre Konsequenzen so dramatisch seien, dass alle anderen technischen Fortschritte dadurch in den Schatten gestellt würden; und dass die Welt mit ihrer Hilfe «gesünder, glücklicher, effizienter, produktiver und demokratischer» würde.[6]

Der amerikanische Historiker Howard Segal vermutete angesichts solcher Prognosen, dass «unsere derzeitigen, ahistorischen Visionäre» zu viel von Fukuyamas «Ende der Geschichte» gelesen hätten.[7] Und tatsächlich: Ähnlich wie Fukuyamas geopolitische Ideen führte der Techno-Optimismus der neunziger Jahre dazu, dass das positive Potenzial von Veränderungen überschätzt und Risiken unterschätzt wurden.

Die elektronische Agora

Es heißt zwar häufig, das Internet sei bereits in den sechziger Jahren entstanden, doch das stimmt nicht ganz. Der wichtigste Vorläufer war ein vom amerikanischen Verteidigungsministerium Ende der Sechziger eingerichtetes Computernetzwerk, das im Falle eines Atomschlags dezentrale Kommunikation ermöglichen sollte. Daraus entstand das technische Protokoll, das ab den Siebzigern beim Aufbau wissenschaftlicher Netzwerke eingesetzt wurde und ab den Achtzigern im sogenannten Usenet, über das man sich per Modem und analoger Telefonleitung einwählen konnte, zur Anwendung kam. Im Jahr 1990 beschloss die amerikanische Forschungsgemeinschaft National Science Foundation, ihr Netzwerk für die Allgemeinheit zu öffnen, was bedeutete, dass Internet-Provider fortan auf dem freien Markt Anschlüsse verkaufen konnten. Ein weiterer Schub war die Erfindung des sogenannten World Wide Web, durch das elektronische Inhalte besser verfügbar und mit Browsern einfach darstellbar wurden. Erst ab Mitte der Neunziger wurde das Internet also außerhalb von Militär, Universitäten und kleinen Communities von Technikbegeisterten zum Begriff.[8] Die

Verbreitung der neuen Technologie nahm ab diesem Zeitpunkt rasant zu. Gegen Ende der Neunziger hatte bereits ein Drittel der Bevölkerung in entwickelten Staaten Zugang zum Internet; gegen Ende der 2000er waren es fast 70 Prozent.

Während der Expansion des Internets ab Mitte der neunziger Jahre wimmelte es von sogenannten Techno-*Utopisten*, die in der digitalen Revolution die Chance auf eine neue Welt sahen. Zu den wichtigsten Vertretern der Techno-Progressiven gehörte der Autor Dale Carrico, für den technischer Fortschritt die einzig verbliebene gesellschaftliche Kraft war, «von der plausibel behauptet werden kann, dass sie revolutionäres Potenzial [hat]». Statt ihn zu bekämpfen, sollten Linke zu Vorreitern «disruptiver» Technologien wie des Internets, der Gentechnik oder der Nanotechnologie werden, die allesamt – wenn auch auf unterschiedliche Weise – bestehende Macht- und Marktmonopole infrage stellen würden.[9] Politisch rechts standen die sogenannten Techno-Libertären, etwa der Investor George Gilder, der in seinen Büchern einen rücksichtslosen Individualismus propagierte und jede Art von Staat oder gesellschaftlicher Ordnung ablehnte.[10] Der beste Mechanismus für jegliche Form der sozialen und wirtschaftlichen Auslese war Gilders Meinung nach ein durch Technologie perfektionierter Markt.[11] Diese Weltsicht war bei jungen Programmierern, Unternehmern und Technikbegeisterten im Silicon Valley so weit verbreitet, dass sie als «kalifornische Ideologie» bezeichnet wurde.[12]

Zur Inspiration für die Politik wurden vor allem die (weniger radikalen) Techno-*Optimisten*, für die konventionellere (und typisch liberale) Ziele wie Demokratie, Bildung und Wohlstand im Vordergrund standen. Ihr politisches Leitbild war die «Agora» – ein Marktplatz nahe der Akropolis, auf dem sich die freien Bürger Athens im 6. Jahrhundert v. Chr. trafen, politische Themen diskutierten und ihren Repräsentanten Vorschläge machten. Nach ihrer Vorstellung ergab sich die beste Lösung für jedes Problem aus dem freien Austausch von Ideen; je mehr davon stattfand und je freier der «Marktplatz» war, auf dem Ideen «gehandelt» wurden, desto besser würde am Ende das Ergebnis sein. Selbst falsche, verrückte oder extreme Ideen seien unter diesen Bedingungen kein Problem, denn in einer vernunftgeleiteten Gesellschaft setzten sich «gute» Ideen immer gegenüber den «schlechten» durch. Die Antwort auf «schlechte» Ideen war deshalb nicht weniger, sondern mehr Austausch. Diese Meinung vertrat auch ein amerikanisches Bundesgericht, das im Jahr 1996 ein Gesetz zur Regulierung des Internets verwarf. «Das Internet ist die partizipativste Form der Massenrede, die jemals entwickelt wurde», so das Fazit des Vorsitzenden: «Genauso wie die Stärke des Internets das Chaos ist, hängt unsere Freiheit vom Chaos und der Kakophonie der uneingeschränkten Redefreiheit ab.»[13]

Die Techno-Optimisten waren davon überzeugt, dass sich mithilfe des Internets ein solcher «Marktplatz» herstellen ließ. Damals – wie heute – gab es viel Kritik am Zustand der politischen Willensbildung. Welche Ideen und Vorstellungen zur Meinungsbildung beitrugen, entschied in der Praxis kein demokratisches Kollektiv freier Bürger wie (angeblich) zu Zeiten der Agora, sondern eine kleine Gruppe von Redakteuren, Herausgebern und Medienbaronen, deren politische Interessen häufig völlig andere waren als die ihrer «Konsumenten». Nur das Internet, so die Techno-Optimisten, habe das Potenzial, dieses Meinungsoligopol zu brechen. Im Gegensatz zu traditionellen Medien wie Zeitungen, Radio oder Fernsehen sei das Internet demokratisch und egalitär: Jedermann habe Zugang, niemand könne ausgeschlossen werden. Kommunikation finde nicht nur in einer Richtung statt, sondern in vielen – idealerweise: von allen an alle. Statt nur Informationen zu konsumieren, seien die Menschen im Internet aktive Produzenten.[14] Mit anderen Worten: Aus Sicht der Techno-Optimisten war das Internet eine moderne Version der Agora, die dabei helfen würde, soziale Probleme zu lösen und demokratische Prozesse zu verbessern.[15]

Virtuelle Visionen

Es gab vor allem drei Bereiche, in denen sich die Techno-Optimisten Fortschritte erhofften. Zunächst ging es um die Frage des sozialen Zusammenhalts. Einer der einflussreichsten Beiträge dazu war das Buch *Virtual Community* (*Virtuelle Gemeinschaft*) des Journalisten Howard Rheingold, das im Jahr 1993 erschien. Rheingold beschrieb darin seine Erfahrung als Mitglied einer der ersten Online-Communitys. Er fand dort alles, was er im «wirklichen Leben» von einer Community erwartete – und mehr. Auch im Internet, so Rheingold, gebe es Liebe und Hass, Solidarität und Neid, Gunst und Missgunst. Doch in vielerlei Hinsicht sei die virtuelle Gemeinschaft besser als die, die sich vor seiner Haustür befand. Die Menschen dort hätten sich gesucht und gefunden – sie seien nicht vom Zufall der Geografie zusammengewürfelt worden. Sie behandelten sich mit mehr Respekt: Rasse, Geschlecht oder Behinderung spielten keine Rolle, denn solange Nutzer nicht über ihre Zugehörigkeit zu einer bestimmten Gruppe sprechen wollten, gebe es für die anderen Mitglieder der (damals rein textbasierten) Chats keine Möglichkeit, dies herauszufinden. Für Rheingold war das Internet deshalb eine der zentralen Antworten auf den Niedergang traditioneller Gemeinschaften: «Vielleicht», so sein Fazit, «ist der Cyberspace tatsächlich die Art von Ort, an dem Leute den Gemeinschaftssinn wiederentdecken, der verloren ging, als die örtliche Eisdiele der Shoppingmall weichen musste.»[16]

Eine häufige Kritik an Rheingolds Buch war, dass seine Online-Community zum Großteil aus wohlhabenden, gebildeten Mitgliedern bestand, die auch «im wirklichen Leben» gut integriert und deshalb kein repräsentatives Abbild der amerikanischen Gesellschaft – oder ihrer Probleme – waren. Doch viele von Rheingolds Erkenntnissen galten vermeintlich auch für sozial schwächere Communitys. Eine RAND-Studie aus dem Jahr 1995 untersuchte die Konsequenzen von E-Mail-Nutzung an unterschiedlichen Orten und kam zu dem Schluss, dass besonders ethnische Minderheiten, ältere Menschen und sozioökonomisch benachteiligte Gruppen von dem neuen Medium profitierten. Durch ihren E-Mail-Account bekämen die Nutzer Zugang zu anderen Online-Diensten – wie Newsgroups und Chaträumen – und würden sich aktiver an Diskussionen über Missstände in ihren Kommunen beteiligen. Das Internet erleichtere es, Informationen über relevante Sachverhalte aufzufinden, sich zu organisieren und mit einer Stimme zu sprechen. Obdachlose in der südkalifornischen Stadt Santa Monica zum Beispiel hätten die Stadtverwaltung mithilfe einer Online-Petition davon überzeugt, Duschräume früher zu öffnen und kostenlose Schließfächer einzurichten. Auch Rheingolds Beobachtungen über den vermeintlich egalitären Charakter der Online-Kommunikation schienen sich zu bestätigen. Störer und Extremisten würden von der Mehrheit der Teilnehmer schnell zur Ordnung gerufen: «Die einzige Diskriminierung, die hier stattfindet», so ein Nutzer aus Seattle, «basiert auf deiner Tippgeschwindigkeit.»[17]

Ein zweiter Bereich, in dem sich die Techno-Optimisten Fortschritte versprachen, war die Bürgerbeteiligung. Es schien offensichtlich, dass das Internet Möglichkeiten bot, den demokratischen Prozess zu verbessern, weil sich mehr Menschen auf einfachere Weise an politischen Diskussionen beteiligen konnten. Viele Experten stellten sich eine Art «deliberative Demokratie» vor, bei der Bürger kontinuierlich am Willensbildungsprozess teilnahmen, ihre Ansichten äußerten, miteinander diskutierten und im Dialog mit Politikern zu Entscheidungen kamen. Der Soziologe Benjamin Barber glaubte, dass Bürger über das Internet Informationen einholen, Politiker und Experten befragen, in digitalen Bürgerversammlungen miteinander diskutieren und über wichtige Belange elektronisch abstimmen könnten.[18]

Besondere Aufmerksamkeit bekamen auch «soziale Bewegungen» und Nichtregierungsorganisationen, die sich für Minderheiten, den Umweltschutz oder Armutsbekämpfung einsetzten. Der kanadische Politikwissenschaftler Jeffrey Ayres sah die Chance, dass sich solche Bewegungen mithilfe des Internets schneller, kostengünstiger und – vor allem – über nationale Grenzen hinweg organisierten, um damit nicht nur ihre jeweiligen Regierungen, sondern multinationale Unternehmen und transnationale Organisationen unter Druck zu setzen.[19] Die Proteste beim Ministertreffen der Welthandelsorganisation (WTO) im Dezember 1999 in Seattle galten als erster Erfolg für diese Art des globalen, internetbasierten Aktivismus.[20]

Der dritte Bereich, in dem positive Veränderungen erwartet wurden, war die internationale Politik. Auch wenn Ende der neunziger Jahre nur etwa 2 Prozent der Menschen außerhalb der entwickelten Welt Zugang zum Internet hatten, gingen die Techno-Optimisten davon aus, dass die ganze Welt innerhalb weniger Jahre vernetzt sein würde. Die Zukunftsforscher John Arquilla und David Ronfeldt glaubten, dass aus der Verbreitung der Technologie und dem größeren Einfluss von Nichtregierungsorganisationen eine völlig neue Art von internationaler Politik entstehen werde. Neben traditioneller Realpolitik, also dem Wettbewerb von Staaten um mehr Einfluss, gehe es in Zukunft mehr denn je um die Verbreitung von Ideen, Werten und Normen. Die Macht eines Staates würde nicht mehr nur an der Stärke seines Militärs oder seiner Wirtschaft gemessen, sondern auch an der Fähigkeit, den globalen Ideenaustausch im eigenen Sinne zu beeinflussen.[21]

Ein ähnliches Konzept, das zur selben Zeit entstand, war Joseph Nyes «Soft Power». Nyes Argument war, dass die Anziehungskraft von Gesellschaften sowie ihre Fähigkeit, andere von ihren Vorstellungen zu überzeugen, Themen zu setzen und Koalitionen zu bilden, eine genauso wichtige Form der Machtausübung sei wie Drohungen, Sanktionen und Gewalt – also «Hard Power». Nye ging es um weit mehr als nur das Internet, aber neue Kommunikationstechnologien spielten beim Vormarsch von «Soft Power» eine wichtige Rolle: «Die Informationsrevolution macht Staaten durchlässiger. [Und] Regierungen müssen die globale Bühne mit anderen Akteuren teilen», die eigene Ziele hätten und die Öffentlichkeit mithilfe des Internets mobilisieren könnten.[22] Mehr noch als Arquilla und Ronfeldt sah Nye in der Verbreitung des Internets deshalb ein Mittel zur Demokratisierung, und genauso wie Friedman und Clinton (siehe Kapitel 3) glaubte er, dass es durch besseren Zugang zu unabhängigen Informationen zur Liberalisierung von autoritären Staaten wie China beitragen werde.[23]

Natürlich ahnten die meisten Techno-Optimisten, dass das Internet auch «dunkle Seiten» hatte. Rheingold gab zu bedenken, dass Nutzerdaten zur Überwachung eingesetzt werden könnten. Barber befürchtete, dass Mediengiganten das Internet kommerzialisieren und dadurch sein demokratisches Potenzial zerstören würden. Ayres warnte vor «globalen, elektronischen Krawallen», und Arquilla und Ronfeldt erwähnten die Möglichkeit von «Informationskriegen». Doch im Enthusiasmus über den «emanzipatorischen Charakter» des neuen Mediums gingen solche Einwände häufig unter. Lawrence Grossmans Bestseller *The Electronic Republic* aus dem Jahr 1996 ist ein gutes Beispiel. Der ehemalige Fernsehproduzent beschrieb darin Gefahren und Risiken, die aus dem Internet entstehen könnten, und warnte vor der Verbreitung populistischer oder extremistischer Ideen. In seiner Schlussfolgerung jedoch wischte er alle Zweifel und Bedenken beiseite und verkündete mit großem Pathos, dass Amerika – und die ganze Welt – an der Schwelle zu einer neuen Ära der Demokratie stünden. Durch elektronische Medien, so Grossman, hätten «mehr Bürger mehr Einfluss auf den politischen Prozess als an irgendeinem Zeitpunkt seit der direkten Demokratie in den griechischen Stadtstaaten vor 2500 Jahren».[24]

Netzpolitik

Der wichtigste politische Vorreiter dieser Ideen war Al Gore, der 1993 unter Clinton zum Vizepräsidenten wurde. Anders als die meisten Politiker, die sich erst für das Internet zu interessieren begannen, als bereits in den Medien darüber berichtet wurde, hatte sich Gore schon während der achtziger Jahre mit der Entstehung von Computernetzwerken beschäftigt. Als Senator setzte er sich Mitte der Achtziger – als weltweit nur fünftausend Computer miteinander vernetzt waren – für den Ausbau von «Supercomputern» ein und forderte die Schaffung einer Infrastruktur, durch die solche Computer miteinander kommunizieren konnten.

Ein von Gore initiiertes Gesetz aus dem Jahr 1991 stellte die finanziellen Mittel für eine «nationale Datenautobahn» (*information superhighway*) bereit, die es ermöglichte, verschiedene Netzwerke im sogenannten Internet zusammenzuführen. Der Begriff «Datenautobahn» war für Gore nicht nur ein Vergleich, sondern entsprach seiner tiefsten Überzeugung: Genauso wie die Schaffung eines landesweiten Autobahnnetzwerks Mitte des 20. Jahrhunderts dazu geführt habe, dass zwischen amerikanischen Bundesstaaten mehr Handel und ein regerer Austausch von Menschen und Ideen stattfand, war es laut Gore Ende des 20. Jahrhunderts Aufgabe der Politik, eine «Autobahn» für Daten zu schaffen, die einen noch größeren und positiveren Effekt für Wirtschaft und Gesellschaft haben würde.[25] Zwei «Väter» des Internets, die Computeringenieure Robert Kahn und Vinton Cerf, würdigten später seine Vision: Auch wenn er das Internet nicht «erfunden» habe, sei Gore «der erste Politiker» gewesen, der seine «Bedeutung verstanden und seine Entstehung aktiv gefördert» habe.[26]

Wie alle Techno-Optimisten glaubte Gore, dass gesellschaftlicher Fortschritt die Konsequenz von technischem Fortschritt sei und dass dies besonders für die Teilhabe an der Demokratie gelte. In einer Rede vor Delegierten der Internationalen Fernmeldeunion (ITU) im Frühling 1994 erklärte er, dass die Vernetzung von Computern ermögliche, kompliziertere Probleme schneller zu lösen, weil die Kapazitäten aller Computer gebündelt würden: Je mehr Austausch zwischen den Computern stattfinde und je schneller und einfacher dieser sei, desto wahrscheinlicher könne innerhalb kurzer Zeit die richtige Antwort gefunden werden. Vom Internet und der internationalen Datenautobahn, die er in seiner Rede vorschlug, erhoffte sich Gore Ähnliches – nicht nur mehr Handel oder die Lösung komplexer wissenschaftlicher Probleme, sondern einen größeren «Marktplatz der Ideen»:

> Die globale Daten-Infrastruktur ist nicht bloß eine Metapher für die Demokratie. Sie wird ganz erheblich zum Funktionieren der Demokratie beitragen und die Teilhabe der Bürger an Entscheidungen verbessern. Sie wird auch zu mehr Zusammenarbeit zwischen Nationen führen. Sie wird ein neues Zeitalter der athenischen Demokratie einläuten.[27]

Die Idee der «elektronischen Agora», die die Vorstellungskraft der Techno-Optimisten so beflügelt hatte, wurde somit zur offiziellen Politik.

In Europa gab es niemanden, der wie Al Gore die Entwicklung der Technologie von Anfang an enthusiastisch begleitet hatte und gleichzeitig über genügend Einfluss verfügte, um sie politisch voranzutreiben. Doch ab Mitte der neunziger Jahre entwickelte sich hier ein ähnlicher Diskurs. Neben Demokratie war Bildung dabei ein zentrales Thema. Für den britischen Premierminister Tony Blair zum Beispiel war der flächendeckende Anschluss ans Internet eines der zentralen Versprechen, das er während seiner Amtszeit einlösen wollte. Noch als Oppositionsführer bot er Telekommunikationsfirmen Vorteile bei der Marktöffnung an, wenn sie im Gegenzug alle öffentlichen Schulen und Büchereien mit dem Internet verbinden würden. Er sprach von einer «nationalen Anstrengung», die notwendig sei, um ein «System der [elektronischen] Weiterbildung» zu schaffen, das es alleinstehenden Müttern, Arbeitslosen oder Freiberuflern ermöglichen würde, von zu Hause aus zu studieren oder sich weiterzubilden.[28] Als Regierungschef war Blair einer der Ersten, die die soziale Kluft bei der Versorgung mit Informationstechnologien ansprachen: «Diese Technologie revolutioniert die Art und Weise, wie wir arbeiten, Geschäfte machen und miteinander leben», so Blair bei einem Bildungsgipfel im Frühling

2000. «Wir müssen sicherstellen, dass hiervon nicht nur eine Elite profitiert – ein Internet für alle.»[29]

In Deutschland ging es vor allem um das wirtschaftliche Potenzial. Zu einer Zeit, als Massenarbeitslosigkeit das zentrale Problem der Politik war, erhofften sich Politiker aller Parteien vom Internet einen «Innovationsschub», der höhere Einkommen und hochwertige Jobs produzieren sollte. Obwohl das Telefon- und Datennetz im internationalen Vergleich relativ gut war, fürchtete man, dass Deutschland den Anschluss an die digitale Revolution verlieren und der Volkswirtschaft dadurch hunderte Milliarden an Wirtschaftsleistung verloren gehen würden. Einer der hartnäckigsten Fürsprecher des «Wandels zur Informationsgesellschaft» war der Sozialdemokrat Wolfgang Thierse, der der damaligen Bundesregierung immer wieder «verpasste Chancen» vorwarf. «Wir befinden uns in einem rasanten Vorgang, bei dem es um die Existenzchancen und um die Lebensweise schon in den allernächsten Jahren geht», erklärte er im Jahr 1997. «Der Vorgang ist nur zu vergleichen mit der industriellen Revolution, die binnen zweihundert Jahren das gesellschaftliche Leben total veränderte.»[30] Wie zahlreiche andere Abgeordnete warnte er davor, dass eine «Industriegesellschaft, die die informationstechnische Modernisierung verhindert oder verschläft, daran auch nichts verdienen» könne, was bedeute: «Sie wird das vorhandene Beschäftigungsniveau nicht halten können, sondern einen enormen Verlust an Arbeitsplätzen hinnehmen müssen.»[31]

Weder Thierse noch Blair oder Gore hatten Interesse daran, sich mit den Risiken und Gefahren der digitalen Revolution auseinanderzusetzen. Thierse forderte zwar, die Konsequenzen des Internets «sozial und ökologisch» abzuwägen, doch sein vorrangiges Ziel war, dadurch Vertrauen in die neuen Technologien zu schaffen. Der Politikwissenschaftler Abel Reiberg, der sich ausführlich mit der Entstehung der «Netzpolitik» in Deutschland beschäftigt hat, zeigt, dass Themen wie Jugend- und Datenschutz sowie andere negative Folgen der Vernetzung nur dann diskutiert wurden, wenn der Verdacht bestand, dass sie Akzeptanz und «generell positive Nutzung des Internets» gefährden könnten.[32]

Besonders was die Folgen für den politischen Diskurs betraf, gab es laut Reiberg keine ernsthafte Debatte. Statt einer kritischen Auseinandersetzung folgte die Einführung und Verbreitung des Internets einer positivistischen Tradition, die neue Technologien mit gesellschaftlichem Fortschritt verband. Dass das Internet zu einem Instrument von Autokraten und sogar Terroristen werden könnte, kam fast niemandem in den Sinn. Genauso wenig war vorstellbar, dass das neue Medium nicht zur Verbesserung des politischen Diskurses beitragen würde, sondern zu dessen Radikalisierung. Technologie war aus damaliger Sicht «gut» – und die Vision der Techno-Optimisten nicht nur akzeptiert, sondern ein politischer Imperativ.

KAPITEL 5

Der neue Terrorismus

Genauso wie die politischen Folgen der «digitalen Revolution» unterschätzten die liberalen Optimisten die Gefahr durch den dschihadistischen Terrorismus. Das zeigte sich bereits im Februar 1993, als das World Trade Center in New York zum ersten Mal zum Ziel eines terroristischen Anschlags wurde. Innerhalb weniger Tage nahm die amerikanische Bundespolizei FBI die ersten Verdächtigen fest, die allesamt zum Netzwerk eines blinden ägyptischen Predigers gehörten.

Für die amerikanische Öffentlichkeit, die vor den Anschlägen vom September 2001 kaum etwas vom islamistischen Extremismus gehört hatte, war die Gruppe eine Kuriosität. Zeitungen porträtierten sie als eine Art Sekte, in der sich Wirrköpfe und Fanatiker um einen charismatischen Anführer scharten. Thomas Friedman – immerhin ein vormaliger Nahost-Korrespondent – sprach ihr jede Bedeutung ab. Der Bombenbauer, ein Pakistaner namens Ramzi Yousef, war seiner Meinung nach die «Quintessenz des super-ermächtigten wütenden Mannes».[1] Und auch das FBI tat sich schwer damit, den Fall einzuordnen. Obwohl im Laufe der nächsten Jahre drei Dutzend Anhänger der Gruppe verurteilt wurden, kam das Wort «Terrorismus» in den Anklageschriften nicht vor. Internationale Verbindungen wurden niemals untersucht. Und nach Ende des letzten Prozesses – im Jahr 1997 – stellte das FBI alle weiteren Ermittlungen ein.[2] Aus heutiger Sicht kaum vorstellbar, aber bis zu den Anschlägen vom

September 2001 war der Vorgang praktisch vergessen: ein Einzelfall.

Die Kommission zur Aufklärung der Anschläge vom 11. September 2001 kritisierte den Umgang mit dem Anschlag vom Februar 1993 später als grob fahrlässig. Wie sich herausstellte, war der «blinde Scheich» kein wirrer Sektenführer, sondern spiritueller Kopf einer dschihadistischen Gruppe, die sich später mit al-Qaida zusammenschloss. Yousef war kein «verrückter Einzeltäter», sondern hatte sich mehrmals mit Osama bin Laden getroffen und von seinem Onkel – dem Terrorplaner Chalid Scheich Mohammed – Tausende von Dollar für die Durchführung des Anschlags erhalten. Mehrere der Verurteilten hatten in Afghanistan gekämpft und waren in bin Ladens Trainingscamps ausgebildet worden. Mehr noch: Bin Ladens Name stand auf einer Liste von «nichtangeklagten Mitverschwörern», die das FBI für einen Gerichtsprozess zusammengestellt, aber niemals weiterverfolgt hatte.[3] Lange bevor es irgendjemand merkte, war Amerika zum Opfer des Terrornetzwerks al-Qaida geworden.

Die Reaktion des FBI und der amerikanischen Öffentlichkeit auf die Anschläge vom Februar 1993 war symptomatisch für die zögerliche Weise, mit der sich westliche Politikeliten während der neunziger Jahre der Bedrohung durch den dschihadistischen Terrorismus näherten. Jahrelang wurde die Gefahr nicht wahrgenommen, und als sie wahrgenommen wurde, verstand man sie nicht. Die Wurzel des Problems war, was die Kommission zur Aufklärung der Anschläge vom 11. September in ihren Schlussfolgerungen als «Versagen der Vorstellungskraft» beschrieb: Nach dem Ende des Kalten Krieges fehlte es nicht nur an Ressourcen, um die Gefahr zu erkennen, vielmehr waren westliche Eliten lange Zeit weder willens noch fähig, sich eine so direkte Herausforderung des westlichen Staaten- und Wertesystems überhaupt vorzustellen.

Nihilistischer Terrorismus

Obwohl Terroristen (in der Regel) nichtstaatliche Akteure sind, galt es während des Kalten Krieges als abgemacht, dass die wichtigsten Gruppen von Staaten «gesponsert» wurden. Libyen und Syrien zum Beispiel mischten auf diese Weise in zahlreichen Konflikten mit, ohne sich selbst die Hände schmutzig zu machen. Auch Ostblockstaaten und die Sowjetunion unterstützten terroristische Organisationen, typischerweise um westliche oder von Amerika unterstützte Regierungen zu destabilisieren.[4] Die amerikanische Autorin Claire Sterling veröffentlichte Anfang der achtziger Jahre ein Buch mit dem Titel *The Terror Network*, in dem sie zu beweisen versuchte, dass praktisch alle damals existierenden Terrorgruppen vom Kreml aus gesteuert wurden. Internationaler Terrorismus, so Sterlings These, sei Moskaus «geheimer Krieg gegen den Westen».[5] Das ging vielen zu weit, aber die Idee, dass terroristische Gruppen auf die Unterstützung durch Staaten angewiesen waren, galt den meisten westlichen Nachrichtendiensten als plausibel.[6]

Vom Ende des Kalten Krieges erhofften sich viele Experten einen Rückgang des Terrorismus, da viele der Staaten, die bis dahin Terrorgruppen unterstützten, kein Interesse mehr an Stellvertreterkriegen hatten oder sich stärker zurückhalten mussten. Und tatsächlich: Wenn auch nicht sofort, so verschwanden im Laufe des Jahrzehnts ein halbes Dutzend marxistische Gruppen – wie zum Beispiel die deutsche Rote Armee Fraktion (RAF) – von der Bildfläche. Im Nahen Osten entwickelte sich ein Friedensprozess, der dazu führte, dass die Palästinensische Befreiungsorganisation (PLO), die bis dahin als terroristisch galt, nun als offizielle Vertretung der Palästinenser anerkannt wurde. Und selbst in Regionen wie Nordirland, die nicht unmittelbar vom Kalten Krieg betroffen waren, gab es plötzlich Hoffnung auf Frieden. Kurzum: Das Ende der Ost-West-Konfrontation hatte Bewegung in viele Konfliktsituationen gebracht, und es zeichnete sich ab, dass besonders die linken und «antiimperialistischen» Terrorgruppen, die während des Kalten Krieges von östlichen oder mit der Sowjetunion alliierten Staaten gesponsort worden waren, bald der Vergangenheit angehören würden.

Doch während sich die «alten» Terroristen Schritt für Schritt vom «bewaffneten Kampf» verabschiedeten, beobachteten Experten wie Walter Laqueur die Entstehung eines brutaleren, scheinbar völlig anderen Terrorismus. Der Anschlag auf das World Trade Center im Februar 1993, bei dem die Attentäter geplant hatten, bis zu einer Viertelmillion Menschen zu töten, war nur ein erstes Vorzeichen. Im März 1995 versprühte die japanische Aum-Sekte zur morgendlichen Hauptverkehrszeit in der Tokioter U-Bahn das Giftgas Sarin mit dem Ziel, eine Art globales Armageddon in Gang zu setzen.[7] Weniger als einen Monat später sprengte ein rechtsextremer Militärveteran im amerikanischen Oklahoma ein Regierungsgebäude in die Luft und brachte so 169 Menschen um. Und im Sommer 1998 machte abermals Osama bin Laden von sich reden, als Selbstmordattentäter aus seinem Netzwerk zwei amerikanische Botschaften in Ostafrika angriffen und dabei 224 Menschen – mehrheitlich Afrikaner – töteten. Mit den oftmals für Fernsehkameras in Szene gesetzten Entführungen und Anschlägen der siebziger und achtziger Jahre, bei denen häufig nur relativ wenige Menschen zu Tode kamen, hatte diese Art von Terrorismus nur noch wenig zu tun.[8] Das alte Diktum, wonach Terroristen wollten, dass «viele Leute zuschauen, nicht, dass viele Leute sterben», stimmte nicht mehr.[9]

Wie sich herausstellte, war der «neue Terrorismus» nicht nur brutaler, sondern auch komplexer. So sehr man auch suchte, es ließ sich keine übermächtige, staatliche «Krake» identifizieren, die die unterschiedlichen Anschläge und Netzwerke steuerte. Hinzu kam, dass die Attentäter meist völlig unbekannt und ihre Gruppen nicht hierarchisch, sondern relativ locker strukturiert waren. Statt Organisationen sprachen die Sicherheitsbehörden jetzt von «Netzwerken», die sich ständig veränderten und je nach Bedarf neu formierten. Die Motivation war in vielen Fällen keine klar definierte politische Ideologie, wie zu Zeiten des Kalten Krieges, sondern eine diffuse Mischung aus persönlicher Frustration, Hass auf die Welt, Verschwörungstheorien und – vor allem – apokalyptische Interpretationen von Religion. Der vielleicht besorgniserregendste Aspekt war das Interesse an chemischen, biologischen, radiologischen oder nuklearen Waffen, das viele Gruppen bekundet und einige aktiv verfolgt hatten. Der «neue Terrorismus» war brandgefährlich, aber er ließ sich auf keinen gemeinsamen Nenner bringen.[10]

Aus Sicht westlicher Politikeliten war entscheidend, dass es für den «neuen Terrorismus» kein gemeinsames Ziel gab, keinen gemeinsamen Feind und – am wichtigsten – keine Koordinierung oder Unterstützung durch einen feindlichen Staat, der die unterschiedlichen Gruppen für seine Ziele eingespannt hätte. Die vielen Menschen, die bei den Anschlägen der «neuen Terroristen» ums Leben kamen, waren eine Tragödie, und Staaten sollten alles in ihrer Macht Stehende tun, um existierende Bestände an chemischen, biologischen oder radiologischen Materialien vor dem Zugriff von Terroristen zu schützen. Aber die Bekämpfung dieser Art von «nihilistischem» Terrorismus war keine politische Aufgabe, sondern ein Job für Psychologen und die Polizei.[11] Genauso sah es auch Fukuyama, der bereits 1989 in seinem Artikel über das «Ende der Geschichte» vor einer Zunahme des Terrorismus gewarnt hatte, aber nicht daran glaubte, dass Terroristen in der Lage sein könnten, den Vormarsch des westlichen Wertesystems zu stoppen.[12]

Von einer Handvoll Forschern und Journalisten abgesehen,[13] erkannte lange Zeit niemand, dass sich innerhalb der scheinbar amorphen Masse von «wütenden jungen Männern» ein ideologisch kohärentes, weltweit operierendes Netzwerk gebildet hatte, das über erstaunliche Ressourcen verfügte und mit großer Energie daran arbeitete, den Westen, seine Politik und sein Wertesystem herauszufordern. Zwei der renommiertesten französischen Nahostexperten schrieben in den neunziger Jahren einflussreiche Bücher, in denen sie zu dem Schluss kamen, dass der Islamismus seinen

Zenit bereits überschritten hatte.[14] Und auch in Deutschland galt es bis nach den Anschlägen vom 11. September 2001 als «verpönt», sich mit vermeintlichen Randfiguren wie Osama bin Laden zu beschäftigen.[15] Nur die ägyptischen Muslimbrüder und die palästinensische Hamas bekamen gelegentlich Aufmerksamkeit, aber auch sie galten als «lokale Probleme».

Die Einzigen, die den Aufstieg der Dschihadisten bereits in ihre politischen Kalkulationen einbezogen hatten, waren die amerikanischen Konservativen. Sie argumentierten schon lange vor den Anschlägen vom 11. September, dass die größte strategische Gefahr für Amerikas Sicherheit die Proliferation von Massenvernichtungswaffen und – ganz besonders – der «Nexus» zwischen «Schurkenstaaten» und apokalyptischen Terroristen sei.[16] Dies wurde zu einer der wichtigsten Begründungen für den späteren Irakkrieg (siehe Kapitel 8).

Ein regionales Problem?

Unter Verschwörungstheoretikern wurde zur beliebten Erzählung, dass Amerika nach Ende des Kalten Krieges den Islam als neues Feindbild «erfunden» habe. Als die Sowjetunion besiegt war, so das Argument, brauchte der Westen dringend neue Gegner, um die eigenen Bevölkerungen im Zaum zu halten, von Verfehlungen in der Wirtschafts- und Sozialpolitik abzulenken und – nicht zuletzt – die Finanzierung des «militärisch-industriellen Komplexes» zu rechtfertigen. Dazu passte, dass der «Establishment-Wissenschaftler» Huntington über den «Kampf der Kulturen» und «Islams blutige Grenzen» geschrieben hatte. Bereits vor den Anschlägen vom 11. September 2001 meinte deshalb eine Reihe von Kommentatoren, der Islam solle den Kommunismus als «neues Schreckgespenst» ersetzen.[17]

Dabei gab es hierfür keinerlei Belege. Westliche Politikeliten hatten sich in den neunziger Jahren lange Zeit beinahe gar nicht mit der Bedrohung durch den dschihadistischen Terrorismus beschäftigt, und als sie es schließlich taten, fehlte der Wille, ihm politisch und militärisch entgegenzutreten. Zur selben Zeit, als Huntington seinen Artikel über den «Kampf der Kulturen» schrieb, eruierte etwa das amerikanische Verteidigungsministerium in einer vertraulichen Studie mögliche Konfliktszenarien, auf die sich das amerikanische Militär vorbereiten sollte. Keines dieser Szenarien identifizierte den «radikalen» oder «fundamentalistischen» Islam als potenziellen Gegner. Die einzigen Terroristen, die in dem Bericht auftauchten, waren lateinamerikanische «Narcos», also Drogenhändler, von denen man befürchtete, sie könnten den Panamakanal kapern.[18]

Wichtiger noch: Im selben Jahr zog sich Amerika fast vollständig aus Afghanistan zurück, wo die Regierung im Jahrzehnt zuvor den «afghanischen Widerstand», die «Mudschaheddin», im Kampf gegen die sowjetische Besatzung des Landes unterstützt hatte. Was während der Kalten Krieges ein wichtiges Schlachtfeld in der Auseinandersetzung mit dem Kommunismus war, hatte nach Ende der Ost-West-Konfrontation jegliche Bedeutung verloren. Nachdem die Sowjets abgezogen waren, und noch mehr nach dem Kollaps der Sowjetunion im Jahr 1991, gab es für Amerika keinen triftigen Grund mehr, sich weiter in dem verarmten Land zu engagieren.[19] Anders als vielfach behauptet existierten keine Beweise dafür, dass bin Laden von der CIA rekrutiert wurde oder auch nur jemals zu ihr oder irgendeinem anderen Teil der amerikanischen Regierung Kontakt hatte.[20] Die amerikanischen Beziehungen aus dieser Zeit gingen fast vollständig auf Pakistan über, das in seinem Nachbarland den Bürgerkrieg beenden und eine religiös konservative – und damit dem Erzfeind Indien gegenüber feindliche – Regierung etablieren wollte.[21] Als sich Amerika gegen Ende der Dekade plötzlich wieder für Afghanistan interessierte, war es laut Michael Hurley, einem leitenden CIA-Beamten, bereits zu spät: «Wir hatten uns auf andere Teile der Welt konzentriert und dabei die Situation in Afghanistan völlig aus dem Blick verloren.»[22]

Dass westliche Geheimdienste lange brauchten, bis sie die Gefahr, die von bin Ladens Netzwerk ausging, erkannten, ist mittlerweile gut rekonstruiert. Bis Ende der Neunziger wusste beispielsweise niemand, dass an dem Feuergefecht, das im Oktober 1993 zum Tod von neunzehn amerikanischen Soldaten und dem Rückzug amerikanischer Truppen aus Somalia führte, ehemalige Afghanistankrieger beteiligt waren. Auch die Rolle internationaler dschihadistischer Netzwerke bei dem Bombenanschlag auf das World Trade Center im Februar 1993 blieb bis zum Ende der Dekade unerforscht. Erst im Jahr 1996, als bin Laden Amerika in einem fünfzehnseitigen Statement den Krieg erklärte, richtete die CIA eine Sondereinheit ein, die sich auf seine Beobachtung konzentrierte.

Auch die Briten tappten weitgehend im Dunkeln. Bei den Nachrichtendiensten war nach Ende des Kalten Krieges stark gekürzt worden, und von den Mitarbeitern, die übrig blieben, konzentrierten sich die meisten nach wie vor auf den Ostblock und auf Nordirland. David Omand, der 1996 zum Direktor des Abhördienstes GCHQ ernannt wurde, berichtet, dass die britischen Nachrichtendienste «damals ungefähr drei Leute [hatten], die sich mit internationalem Terrorismus» auskannten. «Es hat bis nach den Anschlägen vom 11. September gedauert, bis wir wirklich verstanden, dass das eine Bedrohung für uns ist.»[23]

Teil des Problems war, dass westliche Geheimdienste die dschihadistische Bewegung lange für ein «regionales Problem» hielten. Hierfür gab es – zumindest anfangs – gute Gründe. Nachdem viele Afghanistankrieger in ihre Heimatländer zurückgekehrt waren, ging es ihnen zunächst nicht um einen Krieg gegen den Westen, sondern um den Sturz ihrer jeweiligen Herrscher. Während der frühen neunziger Jahre kam es deshalb überall im Nahen Osten und in Nordafrika zu Terrorkampagnen, an denen sogenannte Afghanistanveteranen beteiligt waren. Selbst diejenigen, die es als Asylbewerber nach Europa geschafft hatten und jetzt in London oder Hamburg lebten, waren zu dieser Zeit vor allem damit beschäftigt, ihre «Brüder» in der Heimat zu unterstützen. Gerhard Conrad, ein führender Nahostexperte beim BND, erinnert sich:

> Wir haben den [dschihadistischen] Terrorismus in den 1990ern in erster Linie als ein regionales, nicht als globales oder unmittelbar gegen den Westen gerichtetes Problem verstanden. Dass es ein bisschen gegen Amerika ging, war offensichtlich, denn die waren [mit ihren Truppen] in der Region exponierter [...]. Wir haben deshalb versucht, diese Leute im Auge zu behalten, denn es gab ja immer mal jemanden, der auf Abwege kam. Aber im Großen und Ganzen war das aus europäischer Sicht ein regionaler Terrorismus, von dem wir glaubten: Das betrifft uns nicht![24]

Das blieb auch Mitte der neunziger Jahre so, obwohl immer deutlicher wurde, dass sich die Strategie der Dschihadisten änderte und der «ferne Feind», also der Westen, stärker in ihren Fokus geriet. Dass es in Frankreich bereits 1994 und 1995 zu Anschlägen kam, wurde wegen des Bürgerkriegs in Algerien – und Frankreichs Rolle als ehemalige Kolonialmacht – als «Sonderfall» betrachtet.[25] Und selbst bin Ladens «Kriegserklärung» aus dem Jahr 1996 sorgte zunächst nicht für ein Umdenken, weil aus dem Text klar zu werden schien, dass es dem Al-Qaida-Chef vor allem um die Präsenz amerikanischer Truppen in Saudi-Arabien und die Verfehlungen des saudischen Königshauses ging.

Erst nach bin Ladens zweiter «Kriegserklärung» und den Anschlägen auf die amerikanischen Botschaften in Ostafrika im Jahr 1998 ließ sich nicht mehr verneinen, dass das vermeintlich regionale Problem zu einem globalen geworden war. Laut Conrad verstanden westliche Nachrichtendienste erst ab diesem Zeitpunkt das volle Ausmaß von bin Ladens Absichten und «operativer Kapazität»: «Vorher war das keinem so recht bewusst, denn es hat ja keiner richtig hingesehen.»[26]

Verbrecherjagd

Auf politischer Ebene dauerte es noch länger, bis die Gefahr erkannt wurde. Selbst nach den Anschlägen in Ostafrika im Jahr 1998 wollten die Amerikaner zunächst nicht glauben, dass bin Laden verantwortlich war. Ali Soufan, ein jordanischstämmiger FBI-Mitarbeiter, der sich bereits damals für bin Laden interessierte, stieß in seiner Behörde auf taube Ohren: «Ich habe mich [am Tag nach den Anschlägen] mit meinem Hauptquartier gestritten, weil ich davon überzeugt war, dass es bin Laden war. Aber meine Bosse sagten nur: ‹Bin Laden würde uns niemals direkt angreifen.›»[27]

Als Untersuchungen ergaben, dass Soufan recht hatte, stürzten sich die Sicherheitsbehörden mit einem Mal auf die neue Bedrohung. Während der späten neunziger Jahre gab es zahlreiche Ermittlungen, internationale Sanktionen und eine militärische «Strafaktion», die sich gegen bin Ladens Camps in Afghanistan und eine angebliche Giftgasfabrik im Sudan richtete. Doch die Maßnahmen folgten keiner Systematik. Sie richteten sich vor allem gegen bin Laden als Person, nicht aber gegen die globale Infrastruktur, die während der neunziger Jahre entstanden war. In seiner Autobiografie beschreibt Clinton die Anstrengungen seiner Regierung gegen al-Qaida als eine Art «Verbrecherjagd», in der es vor allem darum ging, Informationen über bin Ladens Aufenthaltsort zu bekommen, um ihn dann mithilfe einer *Cruise Missile* zu töten.[28] Die Vergeltungsschläge, die er nach den Anschlägen von 1998 befahl, trafen nach Schätzungen maximal dreißig Al-Qaida-Anhänger – bin Laden selbst war niemals in Gefahr.[29] Dass das Problem nicht ein einzelner Mann war, sondern eine weltweite Bewegung, die sich zum Ziel gesetzt hatte, Amerika und den Westen zu zerstören, passte nicht in Clintons optimistisches Weltbild.

Die Konsequenz war, dass wichtige Maßnahmen, die die Anschläge vom 11. September 2001 hätten verhindern können, unterblieben. Nach Meinung Ali Soufans gab es während Clintons

Amtszeit keinen systematischen Druck auf Pakistan; die Kommunikation zwischen den Nachrichtendiensten war miserabel; und niemand bemühte sich, ein Bewusstsein dafür zu schaffen, dass es sich um eine strategische Bedrohung handelte. Nach einem weiteren Anschlag auf ein amerikanisches Ziel – das Kriegsschiff USS *Cole* vor der Küste Jemens – sträubte sich das Weiße Haus noch immer gegen die offensichtliche Schlussfolgerung, dass die dschihadistische Bewegung Amerika den Krieg erklärt hatte. Laut Soufan wollte «niemand in Washington hören, dass bin Laden für diesen Anschlag verantwortlich war. Denn das hätte ja bedeutet, dass man etwas tun musste.»[30] Der Angriff, bei dem immerhin siebzehn amerikanische Soldaten ums Leben kamen, blieb für al-Qaida deshalb folgenlos. Im Gegensatz zu den Anschlägen von 1998 gab es noch nicht mal einen Vergeltungsschlag.

Auch unter Clintons Nachfolgern änderte sich an alldem wenig. Es schien sogar so, als passe der neuen Regierung der dschihadistische Terrorismus noch weniger ins Konzept als der alten. Wichtigstes außenpolitisches Ziel von Bush war es, die Vormachtstellung Amerikas zu zementieren, und sein Fokus lag dabei auf Staaten, die für Amerika entweder zur Konkurrenz oder zur Bedrohung werden konnten. In einer Zeitschrift des Außenministeriums nannten die hochrangigsten Kabinettsmitglieder zwei Monate nach dem Amtsantritt ihre Prioritäten: Für Außenminister Colin Powell waren dies China, Russland, Nordkorea, der Irak und die Nato; Verteidigungsminister Donald Rumsfeld erwähnte die Raketenabwehr und Friedensmissionen; und Sicherheitsberaterin Condoleezza Rice interessierte sich für «Großmächte und Schurkenstaaten».[31] Niemand nannte den dschihadistischen Terrorismus.

Besonders Rice hielt das Thema ganz offenbar für zweitrangig. In den acht Monaten vor dem 11. September stufte sie die Rolle des Nationalen Anti-Terrorismus-Koordinators herunter und verweigerte ihm Zugang zum sogenannten *Principals Committee*, wo die wichtigsten sicherheitspolitischen Entscheidungen getroffen wurden. Richard Clarke, der damals diese Position innehatte, fand es schwer, mit ihr überhaupt ein Treffen zu organisieren. «Wie vieles, was während der Clinton-Zeit geschah», so Clarke in seinen Memoiren, «fand Rice [die Fixierung Clintons auf bin Laden] seltsam.»[32]

Die Behauptung, der Westen hätte den Islam während der neunziger Jahre systematisch zum «neuen Feind» aufgebaut, widerspricht also den Fakten. Das eigentliche «Verbrechen» war nicht, dass es der Westen auf einen Konflikt mit dem Islam abgesehen hatte, sondern dass die wachsende Bedrohung durch die dschihadistische Bewegung lange Zeit überhaupt nicht wahrgenommen wurde. Wenn auch aus unterschiedlichen Gründen, so war für westliche Politikeliten die Idee einer aggressiven, globalen Bewegung, die die westliche Werteordnung nicht nur ablehnte, sondern aktiv bekämpfte, in der Dekade nach dem Ende des Kalten Krieges unvorstellbar.

So veröffentlichte Larry Johnson, ein vormaliger CIA-Analyst, noch im Juli 2001 einen Artikel, in dem er kritisierte, dass die Bedrohung durch den Terrorismus völlig übertrieben dargestellt werde. Weder würden islamistische Terroristen stärker, noch sei Amerika vermehrt ihr Ziel, so Johnson: «Ich hoffe auf eine Welt, in der Fakten und nicht Fiktionen unsere Politik bestimmen: Der Terrorismus [...] ist nicht die größte Sicherheitsherausforderung für die Vereinigten Staaten und sollte auch nicht so dargestellt werden.»[33]

Wie sich zwei Monate später zeigte, war die Bedrohung durch den Terrorismus keine Fiktion. Was sich als Fiktion herausstellte, war die Idee vom «ewigen Frieden» und von dem unaufhaltsamen Vormarsch der Demokratie, die westliche Politikeliten während der neunziger Jahre den neuen Gefahren gegenüber blind gemacht hatte.

TEIL II

HYBRIS: 2001–2010

KAPITEL 6

Weckruf 9/11

Der liberale Optimismus der neunziger Jahre endete am frühen Vormittag des 11. September 2001, als Terroristen zwei Passagiermaschinen in das World Trade Center in New York steuerten, die Wolkenkratzer zum Einsturz brachten und dabei Tausende von Menschen töteten. Die unmittelbaren Reaktionen waren überall ähnlich. Die erste war Schock: Menschen auf der ganzen Welt waren fassungslos, als die Flugzeuge in die Türme einschlugen; es war unvorstellbar, wie eines der größten und bekanntesten Wahrzeichen der Welt in wenigen Sekunden in Schutt und Asche zerfiel; unbegreiflich, welch enormes Leid die Attentäter zu verursachen bereit waren. Hierauf folgte die Erkenntnis, dass der 11. September 2001 eine Zäsur war. Bereits wenige Stunden nach den Anschlägen hieß es, dass ab diesem Tag alles anders werde – auch wenn noch niemand genau sagen konnte, was Amerika als Nächstes tun würde. Sicher schien zu diesem Zeitpunkt nur, was der amerikanische Schriftsteller Paul Auster wenige Tage später schrieb: «Jetzt erst beginnt das 21. Jahrhundert.»[1]

Grund für diese Unsicherheit war nicht nur das Ausmaß der Anschläge,[2] sondern auch die Tatsache, dass die Attentäter keinen Hinweis darauf gegeben hatten, welche Ziele sie verfolgten. Zwar gab es innerhalb weniger Tage kaum noch Zweifel, dass bin Ladens Al-Qaida-Netzwerk verantwortlich war, doch es existierte kein Video oder Bekennerschreiben. Konservative Kommentatoren stürzten sich deshalb sogleich auf die Religion der Attentäter, identifizierten «den Islam» als Ursache für ihren «Fanatismus» und argumentierten, wie beispielsweise der britische Historiker Bernard Lewis, dass Religion der Hauptgrund für die Intoleranz und Gewaltbereitschaft islamisch geprägter Gesellschaften sei.[3] Für Linke stand die amerikanische Außenpolitik im Vordergrund. Weniger als eine Woche nach den Anschlägen beschrieb die amerikanische Schriftstellerin Susan Sontag den 11. September als «Konsequenz der Politik, Interessen und Handlungen der Vereinigten Staaten» und kritisierte die damaligen Sanktionen gegen den Irak,[4] amerikanische Militärinterventionen sowie Amerikas Unterstützung für Israel und arabische Diktatoren. «Es wird sehr gründlich nachgedacht werden müssen», so Sontag, «über die Zukunft der amerikanischen Politik [...] im Nahen Osten.»[5]

Die Deutung, die sich bei westlichen Politikeliten durchsetzte, war jedoch eine andere. Obwohl die Anschläge auf amerikanischem Boden stattgefunden hatten, war Amerika in ihren Augen nicht das eigentliche – oder einzige – Ziel. Das Land repräsentierte für sie nicht nur einen Staat, ein Territorium oder bestimmte Interessen, sondern auch und vor allem die Werte und Ideen, die den Westen definierten. Laut dem deutschen Publizisten Ralph Giordano war Amerika ein «Codewort» für die liberale Moderne.[6] Und dies, so der deutsche Sozialwissenschaftler Michael Ehrke, galt insbesondere für New York:

> Der Schlag gegen das World Trade Center war kein Gegenschlag der Dritten gegen die Erste Welt, sondern in der Tat ein Anschlag auf [...] die Zivilisation der Aufklärung [...]. Kaum eine Stadt dieser Welt [kommt dem aufklärerischen] Ideal so nahe wie New York, die multikulturelle Stadt par excellence [...]. Im World Trade Center starben nicht nur weiße Protestanten angelsächsischer Herkunft, sondern Menschen aller Nationalitäten, Hautfarben, religiösen Bekenntnisse und sozialen Klassen.[7]

Die Idee, dass sich Amerika die Anschläge selbst eingebrockt hatte oder dass es den Attentätern um bestimmte Aspekte der amerikanischen Außenpolitik ging, war aus dieser Perspektive falsch, denn die Anschläge hätten nicht nur Amerika gegolten, sondern *allen* Staaten und Gesellschaften, die ähnlich konstituiert waren und Ideen wie individuelle Freiheit, Menschenrechte und Demokratie für sich in Anspruch nahmen. Am prägnantesten formulierte es die französische Tageszeitung *Le Monde*, die zwei Tage nach dem Ereignis proklamierte: «Nous sommes tous Américains» – «Wir sind alle Amerikaner».[8]

Diese Interpretation hatte erhebliche Konsequenzen für den «Krieg gegen den Terror», der den Anschlägen folgte. Für westliche Politikeliten ging es in diesem Konflikt nicht um die amerikanische Nahostpolitik, sondern um das westliche Gesellschaftsmodell; gefordert waren nicht nur die Amerikaner, sondern alle, die sich liberalen und modernen Werten verpflichtet fühlten. Der 11. September war aus dieser Sicht nicht bloß ein terroristischer Anschlag, sondern Anfang einer langwierigen Auseinandersetzung, in der der Westen – angeführt von Amerika – einen mächtigen, ideologisch definierten Feind zu bezwingen hatte. Genau so formulierte es auch der amerikanische Präsident, George W. Bush, als er am 20. September vor Abgeordneten des Kongresses sprach: «Die Feinde der Freiheit haben uns den Krieg erklärt [...]. Die zivilisierte Welt versammelt sich hinter Amerika.»[9]

Was auf den ersten Blick wie ein Widerspruch zu Fukuyamas «Ende der Geschichte» klang, fügte sich problemlos in das von ihm postulierte Schema ein. Die neue Bedrohung war kein Bruch, sondern eine logische Fortsetzung des Konflikts zwischen liberaler Moderne und ihren totalitären Feinden. Und in der Tat: Der konservative Publizist Charles Krauthammer beschrieb den «Krieg gegen den Terror» schon im Monat nach den Anschlägen als eine Neuauflage des Kalten Krieges:

> Wir hatten zehn Jahre lang eine Art «Urlaub von der Geschichte» und viel Verwirrung darüber, worum es in der Außenpolitik ging [...]. Aber diese Verwirrung ist jetzt vorüber, denn wir haben ein neues Organisationsprinzip: [...] Der radikale Islam ist Nachfolger des sowjetischen Kommunismus, der ein Nachfolger des Faschismus war.[10]

Es war diese von Hybris geprägte Weltsicht, die in den darauffolgenden Jahren die schwersten Fehler verursachte. Nachdem westliche Politikeliten die Bedrohung durch al-Qaida jahrelang *unter*schätzt hatten, wurde sie nun auf groteske Weise *über*schätzt. Und statt sich auf die Bekämpfung der dschihadistischen Bewegung zu beschränken, ging es darum, völlig fremde Gesellschaften innerhalb kurzer Zeit – und mit möglichst geringem Aufwand – zu «modernisieren». Wie dieses und die folgenden zwei Kapitel zeigen, geriet der Westen dabei in einen langen, teuren und in vielerlei Hinsicht desaströsen Konflikt, der die Stärke und Ausstrahlungskraft liberal-moderner Ideen nicht vergrößerte, sondern stark beschädigte.

(Über-)Reaktion

Zur Überschätzung der dschihadistischen Gefahr nach den Anschlägen vom 11. September trugen vor allem zwei Faktoren bei. Der erste war, dass weder Präsident Bush noch irgendein anderer westlicher Politiker genau definierten, wer der Gegner in diesem neuen, großen Konflikt war. Zur engeren Gruppe um bin Laden, die die Anschläge in Amerika organisiert hatte, gehörten nicht mehr als zweitausend Kämpfer, doch das Netzwerk der sogenannten Afghanistanveteranen, mit denen bin Laden in den achtziger Jahren gekämpft hatte (und aus dem al-Qaida hervorging), umfasste schätzungsweise zehn- bis zwanzigtausend. Darüber hinaus existierten ein Dutzend lokaler Gruppen in Ländern wie Algerien,

Ägypten oder dem Jemen, die entweder mit al-Qaida verbündet waren oder von ehemaligen Afghanistankämpfern beeinflusst wurden. Je nachdem, wie man zählte, hatte al-Qaida zwischen zweitausend und hunderttausend «Mitglieder» – eine riesige Spannbreite.

Noch komplizierter wurde es, wenn man, wie Charles Krauthammer, neben al-Qaida den «radikalen Islam» – oder den Islamismus – als Feind definierte. Hierzu gehörten dann Gruppen wie die afghanischen Taliban oder die palästinensische Hamas, die militant und islamistisch waren, aber keine Angriffe gegen westliche Ziele unternahmen. Ebenfalls radikal, wenn auch in der Regel nicht militant, waren salafistische Gruppen und die Muslimbrüderschaft, die Millionen von Anhängern in Dutzenden von Ländern hatten. Und natürlich gab es auch islamistisch regierte Staaten, etwa Saudi-Arabien und den Iran, die ihre jeweiligen Überzeugungen weltweit propagierten, sich aber gleichzeitig als Verbündete im Kampf gegen den Terrorismus präsentierten. Wer war nun Feind, wer Freund?

Anders als im Kalten Krieg gab es kein Zentrum wie damals den Kreml, von dem aus die globale Bewegung gesteuert wurde, und selbst wenn der «Krieg gegen den Terror» als «Krieg gegen den *islamistischen* Terror» verstanden wurde, blieb die «Feindbeschreibung» wage und verwirrend. Der amerikanische Verteidigungsstaatssekretär Douglas Feith, ein prominenter Neokonservativer, gab später zu, dass der Begriff unpräzise war und dass seine Regierung mit der Beschreibung des neuen Konflikts haderte. Laut Feith hatte dies aber auch Vorteile. In seinen Memoiren schreibt er: «Es erlaubte uns, die Benennung eines konkreten Feindes zurückzustellen, während wir uns Gedanken über diese komplexen Fragen machten.»[11]

Der zweite Faktor war eine von Medien und Pseudoexperten angeheizte Hysterie. In *Inside al-Qaeda*, dem ersten Buch über die Gruppe, das sechs Monate nach den Anschlägen erschien, porträtierte der sri-lankische Terrorexperte Rohan Gunaratna al-Qaida als eine globale Hydra, die in alle Länder der Welt ausgriff, sich lokalen Gegebenheiten anpasste und ohne Unterlass die Zerstörung des Abendlandes vorantrieb. Wer Gunaratnas Buch – das in vielen Sicherheitsbehörden zur Pflichtlektüre wurde[12] – las, gewann den Eindruck, dass al-Qaida unbesiegbar war.[13]

Ähnliche Vorstellungen verbreitete der amerikanische Kriminologe Harvey Kushner, der in zahlreichen Talkshows über die «Infiltration» Amerikas durch ein «geheimes, islamisches Terrornetzwerk» sprach und bei jeder Gelegenheit vor «Schläferzellen» warnte, die nur auf den Befehl warteten, weitere Anschläge zu verüben. Laut seinem Buch *Holy War on the Home Front* gehörte praktisch jede muslimische Organisation in Amerika zu einer fantastischen Verschwörung, in der al-Qaida seine Aktionen mit der Muslimbrüderschaft, der (weitgehend säkularen) PLO und der (seit Jahren inaktiven) Abu-Nidal-Organisation koordinierte.[14]

Ein weiteres Beispiel ist der Journalist Paul Williams, der wie Kushner und Gunaratna nach dem 11. September vom FBI und anderen Sicherheitsbehörden als «Berater» engagiert wurde. In *Al Qaeda. Brotherhood of Terror* behauptete Williams, die Gruppe betreibe ein «Nuklear-Programm» und sei im Besitz taktischer Atomwaffen, sogenannter «Kofferbomben», aus russischer Produktion.[15] In einem späteren Buch verstieg er sich zu der Aussage, ein hochrangiges Mitglied der Gruppe habe sogar Zugang zu einem kanadischen Kernkraftwerk erhalten und mehr als achtzig Kilogramm nukleares Material gestohlen.[16]

Nichts davon entsprach der Wahrheit, doch vielen Menschen in Amerika und Europa vermittelten solche Berichte ein Gefühl existenzieller Bedrohung. Bin Ladens Gruppe, für die sich bis zum 11. September kaum jemand interessiert hatte, erschien auf einmal mächtiger – und vor allem fanatischer – als die Sowjetunion während des Kalten Krieges.

Die Bedrohungsmatrix

Bei den Sicherheitsbehörden war der Informationsstand nicht viel besser. Da sich westliche Geheimdienste lange Zeit kaum mit der dschihadistischen Bewegung beschäftigt hatten, gab es unmittelbar nach den Anschlägen nur wenige Erkenntnisse darüber, wie die Bewegung funktionierte, wer zu al-Qaida gehörte und welches Verhältnis andere islamistische Gruppen zu bin Ladens Netzwerk unterhielten. Jonathan Evans, der ehemalige Chef des britischen Inlandsgeheimdienstes MI5, bezeichnete das Phänomen als «islamistische Suppe»: «In London hatten wir jede Menge islamistische Gruppen – alle mit ähnlicher Ideologie, aber unterschiedlichen Organisationen, regionalen Interessen, Persönlichkeiten und Verbindungen. Es war schwer, sich al-Qaida als eine einzige Struktur vorzustellen.»[17]

Ein weiterer Faktor war öffentlicher Druck, denn die Geheimdienste wollten sich nicht ein weiteres Mal vorwerfen lassen, sie hätten Hinweise auf einen Anschlag verpasst. Der leitende CIA-Beamte Michael Hurley erinnert sich folgendermaßen:

> Nach den Anschlägen schufen wir eine Bedrohungsmatrix, die jeden Tag dem Präsidenten präsentiert wurde. Das war eine Datei, in die alles reinkam, was von der NSA, der CIA und dem Militär abgefangen wurde. Natürlich wollten wir unbedingt verhindern, dass sich die Katastrophe vom 11. September wiederholte. Aber gleichzeitig ging es vielen Kollegen darum, ihren Arsch abzusichern. Niemand wollte derjenige sein, der den nächsten Anschlag übersehen hatte. Und deshalb wurde alles berichtet, wovon wir gehört hatten – manchmal auch Informationen, die unbestätigt oder unsicher waren.[18]

Der Autor David Frum, damals Redenschreiber im Weißen Haus, entsinnt sich «furchterregender» Präsentationen über mögliche

Anschlagspläne, «gegen die der 11. September harmlos wirkte». «Am Ende», so Frum, «waren alle kreidebleich.»[19] Peter Bergen, ein CNN-Reporter, der bin Laden 1997 in Afghanistan interviewt hatte, beschreibt die Atmosphäre ähnlich: «Nach dem 11. September glaubten alle, dass bald ein weiterer Anschlag passieren würde.» Seine Schlussfolgerung: «Sie *über*schätzten die Gefahr, weil sie sie vorher *unter*schätzt hatten.»[20]

Diese nahezu hysterische Bedrohungswahrnehmung prägte den gesamten «Krieg gegen den Terror» und war Grundlage für die sogenannte Ein-Prozent-Doktrin, nach der Amerika auf terroristische Bedrohungen, deren Wahrscheinlichkeit bisher als gering eingeschätzt wurde, fortan reagieren sollte, als wären sie unausweichlich. Dies galt besonders für mögliche Anschläge mit Massenvernichtungswaffen, deren Beschaffung bin Laden in Interviews zu einer «religiösen Pflicht» erklärt hatte. Nach Ansicht von Vizepräsident Richard Cheney verlief der Weg, auf dem solche Waffen am ehesten in die Hände von Terroristen gelangen würden, über «Schurkenstaaten», die entsprechende Kampfmittel bereits besaßen und sie aus ideologischen oder opportunistischen Gründen an Terroristen weitergaben. Die Kombination aus Terrorismus, Massenvernichtungswaffen und «Schurkenstaaten» wurde so zum schlimmstmöglichen Horrorszenario, das es nach Ansicht amerikanischer, aber auch europäischer Politiker wie beispielsweise Tony Blair um jeden Preis zu verhindern galt.[21]

Unmittelbare Folge war, dass nahezu jedes Mittel recht schien, um den Terrorismus zu bekämpfen. Wenn die eigene Existenz auf dem Spiel stand, waren die aufklärerischen Werte, die im «Krieg gegen den Terror» ja eigentlich verteidigt werden sollten, plötzlich nicht mehr so wichtig. «Die Verfassung ist kein Selbstmordpakt», hieß es häufig, was in der Praxis bedeutete, dass rechtstaatliche Prinzipien ignoriert werden konnten, wenn es um die Gefahrenabwehr ging. Insbesondere Cheney glaubte, dass Amerika nur deswegen angegriffen wurde, weil es seinen Feinden gegenüber «Schwäche» signalisiert habe – beispielsweise durch den voreiligen Rückzug der eigenen Truppen aus Somalia oder die ausbleibende Vergeltung für den Anschlag auf das US-Kriegsschiff USS *Cole*. «Schwäche ist provokant», so der Vizepräsident in einem Fernsehinterview: «Sie hat Osama bin Laden dazu ermutigt, Amerika anzugreifen und zu glauben, er käme straflos davon.»[22]

Begünstigt durch die Verwirrung darüber, wer eigentlich der Gegner in diesem «Krieg» war, entstand außerdem eine Situation, in der Amerika und seine Alliierten bereit waren, Menschenrechtsverletzungen nicht nur in Kauf zu nehmen, sondern sie aktiv zu befördern. In einem Interview erklärte der spätere Verteidigungsminister Robert Gates: «Viele der Maßnahmen – die illegalen Auslieferungen, Guantanamo und die ‹erweiterten Verhörmethoden› – waren in Wirklichkeit Verzweiflungstaten. Wir wollten unbedingt Informationen bekommen, denn wir hatten kaum welche.»[23]

Modernisierung von außen

Natürlich begann nach dem 11. September auch eine Art Ursachenforschung – nicht zuletzt, weil Präsident Bush von Anfang an klargemacht hatte, dass er nicht nur Terroristen, sondern die «Wurzeln» des Terrors bekämpfen wollte. Erklärungsansätze, wonach entweder «der Islam» oder die «imperialistische» Außenpolitik Amerikas das Grundübel waren, bekamen zwar mediale Aufmerksamkeit, hatten aber relativ wenig Einfluss. Aus Sicht westlicher Politikeliten war entscheidend, dass der Nahe Osten[24], aus dem die Attentäter vom 11. September stammten, politisch und wirtschaftlich hinter dem Rest der Welt zurückgeblieben war. Für den amerikanischen Kommentator Gary Schmitt war er die einzige Region, in der die liberale Moderne ihr «Versprechen» nicht eingelöst hatte. Die westliche Antwort auf den 11. September sollte deshalb weder ein «Kulturkrieg» sein, wie es die Rechten wollten, noch ein «Rückzug», wie es manche Linke forderten, sondern – im Gegenteil – der verstärkte «Export» liberaler und moderner Ideen.

Die Modernisierung arabischer und mehrheitlich muslimischer Gesellschaften war die große, «unerledigte Aufgabe», die durch den 11. September noch dringender geworden war.[25]

Bei Politikeliten quer durch den westlichen Mainstream stieß dieses Argument auf offene Ohren. Die vermeintliche «Rückständigkeit» des Nahen Ostens und die politische und wirtschaftliche Malaise, die daraus resultierte, waren bereits vor dem 11. September 2001 ständig Thema auf internationalen Konferenzen gewesen. Im Jahr 2000 setzte das Entwicklungsprogramm der Vereinten Nationen (UNDP) eine Arbeitsgruppe von (mehrheitlich arabischstämmigen) Wissenschaftlern ein, die im Laufe der folgenden Jahre mehrere Berichte zum Zustand der «menschlichen Entwicklung in der arabischen Region» veröffentlichte. Diese Berichte, von denen der erste im Jahr 2002 erschien, wurden zur Bibel der Modernisierer. Sie beschrieben ausführlich, wie die Region seit den sechziger Jahren hinter den Rest der Welt zurückgefallen war: Während überall in der Welt die wirtschaftliche Produktivität stark angestiegen war, ging sie in der arabischen Region zurück; und auch wenn die Alphabetisierung zunahm, verlief der Bildungsfortschritt nur langsam, die Schulen waren schlecht, und Frauen wurden systematisch benachteiligt. Das größte Problem war den Berichten zufolge die politische Situation: Der Nahe Osten war die «unfreieste» Region der Welt, Bürger hatten kaum Rechte, politischer Widerspruch wurde unterdrückt, und Medien konnten nicht frei berichten. Nahm man das starke Bevölkerungswachstum und den «Überschuss» an jungen, perspektivlosen Männern hinzu, ergab sich eine Art sozioökonomisches «Pulverfass», das früher oder später explodieren würde.[26]

Aus Sicht westlicher Politikeliten lieferten die UNDP-Berichte die perfekte Erklärung dafür, weshalb der Nahe Osten zum «Nährboden» für extremistische Bewegungen geworden war. Mehr noch: Die darin formulierten Handlungsempfehlungen – mehr Bildung, Frauenrechte und politische Freiheit[27] – entsprachen der liberalmodernen Agenda und bekräftigten den nach wie vor grenzenlosen

Optimismus, was den Siegeszug der liberalen Demokratie betraf. Selbst ein Jahr nach den Anschlägen schrieb der liberale Professor Michael Mandelbaum, dass die Kombination aus Demokratie und freien Märkten «unschlagbar» sei, keine Rivalen mehr habe und sich unter amerikanischer Führung weiter ausbreiten werde.[28] Sein Kollege von der Universität Harvard, Robert Rotberg, glaubte sogar, dass der «Krieg gegen den Terror» einen neuen Anstoß liefern würde, schwachen oder gescheiterten Staaten auf die Beine zu helfen: «Der neue Imperativ des Staatsaufbaus», so Rotberg, «übertrumpft den Terror.»[29] Trotz der dramatischen geopolitischen Situation gab es scheinbar keine Aufgabe, die für die liberalen Modernisierer zu schwierig war; kein Problem, das nicht durch mehr Marktwirtschaft und liberale Demokratie gelöst werden konnte.

Vor diesem Hintergrund waren die Positionen der Neokonservativen, die in Kapitel 1 beschrieben wurden, weniger außergewöhnlich, als es im Rückblick erscheint. Ihre Analyse der Missstände im Nahen Osten war mit den UNDP-Berichten größtenteils identisch. Hauptverantwortlich, so etwa der führende Neokonservative Fouad Ajami, seien nicht fremde Mächte, sondern lokale Herrscher, die ihre Bevölkerungen unterdrückten und nicht dazu in der Lage seien, für Jobs und angemessene Lebensbedingungen zu sorgen. Um vom eigenen Versagen abzulenken, hätten diese Herrscher versucht, die Frustration der eigenen Bevölkerungen auf Amerika und Israel abzuwälzen, wovon wiederum die Islamisten profitierten, die eine noch authentischere Version derselben antiwestlichen Narrative anbieten konnten.[30] Die Konfliktlinie, die für die Anschläge vom 11. September entscheidend war, verlief demnach nicht zwischen Amerika und «den Arabern», sondern innerhalb arabischer Gesellschaften. Die «Wurzel» des Konflikts war nicht Amerika, sondern ein Mangel an politischer Freiheit.

Wenn Amerika überhaupt eine Schuld trug, so bestand sie darin, dies nicht früher erkannt und zu lange auf eine Politik vermeintlicher Stabilität gesetzt zu haben. Neokonservative und Liberale waren sich einig, dass Amerikas langjährige Unterstützung für Diktatoren und Königshäuser, die sich als Garanten amerikanischer Interessen präsentierten, aber in Wirklichkeit ihre eigenen Bevölkerungen gegen Amerika aufhetzten, zum Aufstieg der Islamisten beigetragen hatte. Ursache des in der Region weitverbreiteten Antiamerikanismus war aus dieser Sicht nicht, dass die Araber westliche Werte ablehnten oder dass der Islam und die Demokratie inkompatibel wären, sondern dass Amerika den Arabern das vorenthielt, wovon amerikanische Präsidenten mit großen Worten als «Amerikas Mission» sprachen, nämlich Freiheit. Der amerikanische Professor Michael Doran brachte es auf den Punkt: «Sie unterstützen *uns* nicht, weil wir *sie* nicht unterstützen.»[31]

Europa vs. Amerika

Auch in Europa gab es Intellektuelle und Politiker, die diese Positionen teilten. Hierzu gehörten auch – und gerade – solche, die im politischen Spektrum eher links standen und den späteren Irakkrieg vehement ablehnten. Bestes Beispiel hierfür ist Joschka Fischer, der während der Anschläge vom 11. September deutscher Außenminister war. In seinem Buch *Die Rückkehr der Geschichte* beschreibt Fischer den 11. September als «radikalste Antwort» auf die «Modernisierungskrise» im Nahen Osten.[32] Die Staaten in der Region seien korrupt, es mangele an innovativen Unternehmen, und die Gewinne aus dem Verkauf von Öl und Gas würden verschwendet. Die politische Bilanz fiel genauso düster aus: «Die Gesellschaften werden meistens autoritär oder gar diktatorisch regiert, Demokratie, Menschenrechte, eine unabhängige Justiz, die Gleichstellung der Geschlechter und ein modernes Bildungssystem fehlen in vielen Staaten weitgehend.»[33]

Schuld hieran, so Fischer, seien nicht die Amerikaner oder der Westen, sondern autoritäre Herrscher, die aus Angst vor dem eigenen Machtverlust jeden Fortschritt verhindern würden. Kritik an Israel, Amerika und dem Westen diene vor allem dazu, «von den tatsächlichen Ursachen der Modernisierungsblockaden in der Region abzulenken».[34] Notwendig seien deshalb radikale Veränderungen, um die «Wurzeln» des Terrors zu kappen:

> Die Stabilisierung des Status quo kann den dramatisch wachsenden Veränderungsdruck nicht auffangen. Spätestens seit dem 11. September ist es aus westlicher Sicht zur Gewissheit geworden, dass das weitere Festhalten am Status quo in dieser Region zugleich die Akzeptanz sehr großer und kaum noch kalkulierbarer Risiken bedeuten würde.[35]

Fischers Analyse, seine Beschreibung des Dschihadismus als eine Form des «Totalitarismus»,[36] und – nicht zuletzt – sein Ruf nach einer radikalen, von außen angestoßenen Modernisierung entsprachen nahezu vollkommen dem «Framing» der amerikanischen Neokonservativen. Er gab dies auch offen zu: «Dem Grunde nach», so Fischer in seinem Buch, «teilt Europa das strategische Interesse [der USA] an einer demokratischen Transformation der gesamten Region, um dadurch nachhaltig eine zukünftige terroristische Bedrohung [...] auszuschließen.»[37]

Der Unterschied zwischen den Neokonservativen und dem Rest der westlichen Politikeliten bestand nicht in der Zielsetzung, sondern in den Mitteln, mit denen diese Ziele erreicht werden sollten. Als Hegemonialmacht waren für die Amerikaner internationale Organisationen und internationales Recht immer schon weniger wichtig als für die Europäer, doch selbst für amerikanische Verhältnisse war die Position der Neokonservativen extrem. Bereits im Oktober 2001 erklärte einer ihrer prominenten Vertreter, Richard Perle, dass ihm das Völkerrecht egal sei und Amerika internationale Unterstützung für seinen «Krieg gegen den Terror» weder nötig habe noch suche. Sogar die Solidaritätsbekundung der Nato nach den Anschlägen war ihm unangenehm: «Wenn dadurch der Eindruck entsteht, dass wir die Zustimmung der Nato [...] einholen müssen, dann ist diese Unterstützung eher schädlich als hilfreich.»[38]

Eng hiermit verbunden war der Fokus auf den Einsatz militärischer Mittel. Aus Sicht der Neokonservativen gab es keinen anderen Weg, die brutalen Diktatoren, die der Modernisierung des Nahen Ostens im Weg standen, aus ihren Ämtern zu vertreiben. Demokratisierung bedeutete in ihren Augen «Regimewechsel», und Regimewechsel gab es nur, wenn Amerika dabei half, die unterdrückten Bevölkerungen von ihren Unterdrückern zu «befreien». So sah es auch Bush, als er zu Beginn des Irakkriegs erklärte: «Wir glauben, dass das irakische Volk Freiheit verdient und ihrer fähig ist. Sobald der Diktator entfernt ist, wird es dem gesamten Nahen Osten Beispiel für eine friedliche, selbstbestimmte Nation sein.»[39]

Was hatte Europa dem entgegenzusetzen? Leute wie Fischer nahmen kein Blatt vor den Mund, wenn es darum ging, den Ansatz der Neokonservativen zu kritisieren. Doch weder Fischer noch andere europäische Politiker formulierten eine praktikable Alternative. Nichts von dem, was europäische Politikeliten nach den Anschlägen vom 11. September vorschlugen, war dazu geeignet, das eigene, vollmundig vorgetragene Ziel einer «demokratischen Transformation der gesamten Region» zu erreichen. Im Gegenteil: Wie das folgende Kapitel zeigt, scheiterten letztlich auch die Europäer daran, eine fremde Gesellschaft von außen und innerhalb kurzer Zeit zu «modernisieren».

KAPITEL 7

Der gute Krieg

Afghanistan war kein Ort, an dem Amerika viel Zeit verbringen wollte. Als herauskam, dass die Anschläge vom 11. September von Afghanistan aus organisiert wurden und dass bin Laden dort mit seinen Trainingscamps Zuflucht gefunden hatte, blieb Amerika aus Sicht der Bush-Regierung nichts anderes übrig, als gegen das Land militärisch vorzugehen. Doch niemand in der amerikanischen Führung hatte große Pläne für Afghanistan oder begriff das Land als zentralen Bestandteil des «Modernisierungsprojekts», das die liberalen und neokonservativen Eliten in Washington nach dem 11. September formuliert hatten. Dafür war Afghanistan zu abgelegen, zu rückständig, zu unbedeutend und zu kompliziert. Afghanistan, so Bush in einem Telefonat mit Tony Blair, war nur ein erster Stopp – der «engste Kreis» – im «Krieg gegen den Terror»,[1] wobei es vor allem darum ging, die terroristischen Netzwerke auszuschalten, die für den 11. September verantwortlich waren. Nichts solle nach einer permanenten Präsenz oder einem «Staatsaufbau» (*nation building*) aussehen.[2] Auf keinen Fall dürfe der Eindruck entstehen, man wolle so lange bleiben wie die Sowjetunion in den achtziger Jahren. Wenn überhaupt, dann sollte der Krieg ein «Signal» dafür sein, wie schonungslos Amerika fortan mit Terroristen und ihren staatlichen Unterstützern umgehen würde. Die Strategie lautete: «Wir schlagen hart zu und ziehen uns anschließend zurück.»[3]

Hierzu passte, dass innerhalb der amerikanischen Führung und der konservativen Eliten in Amerika kaum über Afghanistan diskutiert und die Planung des Krieges fast vollständig dem Militär und der CIA überlassen wurde. Als Amerika am 7. Oktober 2001 damit begann, terroristische Trainingslager und Stellungen der Taliban zu bombardieren, existierte noch nicht mal ein klar formuliertes Kriegsziel. Priorität war die Zerstörung der Trainingslager und die Tötung oder Gefangennahme von Al-Qaida-Anhängern. Hiermit verbunden war der Sturz der Taliban-Regierung, die al-Qaida Unterschlupf gewährt hatte. Doch viele Fragen blieben unbeantwortet. Waren die Taliban ebenfalls eine Bedrohung? Was für eine Regierung sollte sie ersetzen? Und wer würde für den Wiederaufbau und die Stabilisierung des Landes zuständig sein?[4] Über die Zukunft wollte sich in Washington niemand Gedanken machen.

Die militärische Kampagne erreichte bereits einen Monat später mit der Wiedereroberung der afghanischen Hauptstadt Kabul ihren Höhepunkt. Statt einer aufwendigen Invasion mit Bodentruppen hatte Amerika eine kleine Zahl von CIA-Beamten und Spezialkräften nach Afghanistan geschickt, die sich dort mit Anti-Taliban-Gruppen verbündeten und die Luftschläge koordinierten. Für den deutschen Journalisten Josef Joffe war die Kriegsführung «so neuartig und effektiv», dass sie ein neues Zeitalter militärischer Auseinandersetzungen einläutete.[5]

Wie sich jedoch schnell zeigte, hatte die geringe Präsenz amerikanischer Truppen auch Nachteile. Amerika war auf lokale Kriegsherren und Milizenführer – sogenannte Warlords – angewiesen, die ihre eigenen Ziele verfolgten und bei der Bevölkerung oftmals genauso unbeliebt waren wie die Taliban. Und als die CIA bin Laden – das wichtigste militärische Ziel der gesamten Kampagne[6] – gefunden und im Höhlenkomplex von Tora Bora eingekesselt hatte, fehlten Soldaten, um seine Flucht über die Berge nach Pakistan zu verhindern. Es wurde geschätzt, dass im Herbst 2001 neben bin Laden 1500 weitere Al-Qaida-Anhänger in die pakistanischen Stammesgebiete entkamen, wo sie in den darauffolgenden Jahren neue Trainingscamps aufbauten.[7]

Als im März 2002 die letzte große Schlacht mit al-Qaida gewonnen war, wollten viele amerikanische Generäle die Militärkampagne sofort beenden und sich aus dem Land zurückziehen.[8] Gleiches galt für die Bush-Regierung, die das *Central Command* (Centcom) schon im November 2001 mit der Vorbereitung des Irakkriegs beauftragt hatte. Zwar gelang es Blair, die Amerikaner von einem vollständigen Rückzug abzubringen,[9] dennoch reduzierten die Amerikaner ihre Präsenz noch im Sommer und kürzten die Mittel für den Wiederaufbau um 90 Prozent. Für die Schaffung der neuen afghanischen Armee wollten sie anfangs gerade mal eine Million Dollar zur Verfügung stellen. Dov Zakheim, ein Neokonservativer, der im Verteidigungsministerium für Finanzen zuständig war, nannte diese Summen später «lächerlich» und beschrieb die Einstellung seiner Regierung als «tragisch».[10]

Die «Modernisierung» Afghanistans war deshalb niemals ein amerikanisches Projekt. Wie sich zeigte, waren es vorrangig europäische Politikeliten, die den Militäreinsatz von Anfang an nicht nur als Anti-Terror-Mission, sondern als Teil eines umfassenden Modernisierungsprogramms definierten. Nach dem vorläufigen Ende der (amerikanischen) Militärkampagne drängten sie darauf, in Afghanistan zu bleiben, das Land wiederaufzubauen, stabile, demokratische Strukturen zu schaffen sowie Menschen- und insbesondere Frauenrechte durchzusetzen. Dass dieses ambitionierte Projekt erfolglos blieb, war nicht primär die Schuld Amerikas, sondern lag auch – und vor allem – daran, dass europäische Regierungen völlig unrealistische Vorstellungen verfolgten und für ihre Pläne nicht annähernd genügend Mittel zur Verfügung stellten.

«Gesinnungskrieger»

Natürlich spielten Sicherheitsinteressen auch für Europäer eine Rolle. Unter der Herrschaft der Taliban sei das Land zu einem «sicheren Hafen» für Terroristen aus aller Welt geworden, hieß es, und auch europäische Länder gehörten zu ihren Zielen. Die Sicherheit Deutschlands, so der deutsche Verteidigungsminister Peter Struck, werde «auch am Hindukusch verteidigt».[11] Eng damit verbunden war die Idee der «Bündnissolidarität» und Europas Verpflichtung, seinem wichtigsten Verbündeten nach den Anschlägen vom 11. September zur Seite zu stehen. Bundeskanzler Gerhard Schröder versicherte Präsident Bush bereits am 12. September 2001 seine «uneingeschränkte Solidarität».[12]

Doch schnell wurde klar, dass Sicherheitsinteressen als Begründung nicht ausreichten. Die terroristische Bedrohung aus Afghanistan war für viele Europäer nach wie vor abstrakt, und nicht nur Linke taten sich mit «uneingeschränkter Solidarität» gegenüber der Supermacht Amerika schwer. Statt nur mit Sicherheitsinteressen zu argumentieren, rechtfertigten europäische Politikeliten das militärische Engagement in Afghanistan deshalb zunehmend als Einsatz für Frieden, Entwicklung und Menschenrechte. Ziel war demnach nicht bloß Terrorismusbekämpfung, sondern die «Befreiung» Afghanistans von der «Brutalität, Unmenschlichkeit und Rückständigkeit» der Taliban. Der Militäreinsatz in Afghanistan war nicht nur ein notwendiger, sondern ein «gerechter» Krieg.

Die Begründungen schlossen sich nicht gegenseitig aus, und es gab viele, die – je nach Anlass und Publikum – beide miteinander verknüpften. So argumentierte der deutsche Diplomat Christoph Heusgen, der damals für den EU-Außenbeauftragten Javier Solana arbeitete, für einen «breiteren Ansatz», der über die amerikanischen Ziele hinausging: «Wir waren davon überzeugt, dass eine Terrorismusbekämpfung nur dann funktionieren kann, wenn der Staat auf halbwegs ordentlichen Beinen steht, und deshalb musste man sich auch um den Staatsaufbau kümmern.»[13]

Wie die Bundestagsdebatte vom 22. Dezember 2001 zeigte, waren normative, das heißt moralische Argumente besonders für linksstehende Politiker entscheidend.[14] Die Abgeordneten stimmten damals darüber ab, ob sich die Bundeswehr an dem von den Vereinten Nationen beschlossenen Stabilisierungseinsatz – der sogenannten *International Security Assistance Force* (ISAF) – beteiligten sollte. In den Redebeiträgen der rot-grünen Regierungsfraktionen wurde der Einsatz durchgehend als «Friedensmission» beschrieben. Statt Terroristen zu jagen, müsse die neue afghanische Regierung beim Aufbau demokratischer Institutionen unterstützt werden. Und während die Amerikaner ihre Anti-Terror-Operationen fortsetzten, wurde ISAF davon strikt getrennt – als hätten die beiden Einsätze nichts miteinander zu tun.[15] Europa, so schien es, war ausschließlich für den «guten» Teil des Krieges zuständig.

Für viele Abgeordnete spielten Frauenrechte dabei die Hauptrolle. Aus ihrer Sicht waren die Taliban, die Frauen steinigten und sie dazu zwangen, die Burka zu tragen, ein noch größeres Feindbild als bin Laden. Mitglieder der Regierung hoben deshalb immer wieder hervor, dass ohne den Sturz des Taliban-Regimes «vor allem die Unterdrückung der Rechte der Frauen und Mädchen [...] weiter angedauert hätte».[16] Entwicklungshilfeministerin Heidemarie Wieczorek-Zeul berichtete stolz, dass Frauen nach der Befreiung ihre «Schleier abgelegt» hätten und viele Mädchen zum ersten Mal die Möglichkeit bekämen, zur Schule zu gehen. Sie versprach, die Frauen Afghanistans könnten sich «auf unsere Unterstützung verlassen».[17]

In mehreren Debattenbeiträgen erwähnten Abgeordnete außerdem die Doktrin der «Schutzverantwortung», wonach die «internationale Gemeinschaft» bei schweren Menschenrechtsverletzungen oder «Verbrechen gegen die Menschlichkeit» eine Pflicht zur Einmischung hatte. Anstelle von Vergeltung für die Anschläge vom 11. September oder «Selbstverteidigung» ging es diesen Abgeordneten um die Durchsetzung «universeller» Werte:[18] «Wenn wir eine gerechtere Weltordnung wollen», so Wieczorek-Zeul, «in der Menschenrechte Beachtung finden und die internationale Wertebasis Geltung hat, [...] dann ist das jetzt unsere Stunde.»[19]

Die wenigen Abgeordneten, die sich bei der Abstimmung im Dezember 2001 enthielten oder gegen den Einsatz stimmten, ahnten bereits, dass solche Erwartungen völlig unrealistisch waren.

Helmut Rauber, ein Christdemokrat, machte deutlich, dass die Zahl der bereitgestellten Soldaten bei Weitem nicht ausreichte, um in einem Land von der Größe Afghanistans Sicherheit zu gewährleisten. Der neue Präsident Hamid Karzai hänge außerdem von Warlords ab, deren Menschenrechtsbilanz genauso düster sei wie die der Taliban. Wolfgang Gehrcke, ein Alt-Kommunist und Abgeordneter der Linkspartei, wurde noch deutlicher: Im Jahr 1979 habe er die sowjetische Intervention unterstützt – und zwar «mit den gleichen schlechten Argumenten, wie ihr das heute tut».[20]

«Nur das Nötigste»

Einige Jahre lang schien der Plan der europäischen Politikeliten aufzugehen. Mitte 2005 berichtete Außenminister Fischer von «beeindruckenden Fortschritten» bei der Stabilisierung Afghanistans: «Die demokratisch voll legitimierte Zentralregierung übt mittlerweile über den größten Teil des Landes die Kontrolle aus, der Wiederaufbau kommt erfolgreich voran, und die Sicherheitslage hat sich [...] insgesamt verbessert.»[21] Im Frühjahr 2006 erklärte der britische Verteidigungsminister, dass westliche Truppen das Land innerhalb von drei Jahren verlassen könnten, «ohne einen einzigen Schuss abzufeuern».[22] Doch bereits wenige Wochen später eskalierte der Konflikt. Die Taliban, deren Präsenz bis dahin als gering oder sporadisch galt, waren plötzlich wieder überall im Land aktiv. «Genauso unbemerkt, wie sie über die Grenze nach Pakistan geflüchtet waren», so der britische Journalist Ben Anderson, «kehrten sie von dort wieder zurück.» Außerhalb von Kabul «gab es niemanden, der sie aufhielt».[23] Noch im Laufe des Jahres 2006 kam es zu mehr als hundertdreißig Selbstmordanschlägen – viele davon gegen westliche Soldaten und Militäreinrichtungen. Nach vier Jahren relativer Ruhe herrschte in Afghanistan wieder Krieg.

Die Versäumnisse, die zum Wiedererstarken der Taliban führten, sind inzwischen gut dokumentiert. Einer der größten Fehler wurde gleich zu Beginn gemacht. Aus Angst davor, dass das Land auseinanderfallen könnte, entschied man sich bei der Friedenskonferenz auf dem Bonner Petersberg im Dezember 2001 für ein starkes, zentralistisches Regierungssystem. Doch die Position des Präsidenten wurde mit Karzai besetzt, einem Intellektuellen, der zwar aus einer bekannten paschtunischen Familie stammte, aber keine «Hausmacht» hatte und – wie von Helmut Rauber vorausgesagt – bei jeder wichtigen Entscheidung auf die Unterstützung von Warlords angewiesen war, die weniger an der Schaffung demokratischer Strukturen interessiert waren als an ihrer persönlichen Bereicherung. Karzai war deshalb ein schwacher Präsident, der oftmals keine andere Wahl hatte, als korrupte Gouverneure im Amt zu belassen, wenn er ihnen nicht andere Posten verschaffte oder sie gar zu Mitgliedern seiner Regierung beförderte. Auch wenn er selbst nicht korrupt war, präsidierte er über ein System, in dem Milliarden an Hilfsgeldern versickerten und zu dem die afghanische Bevölkerung – aus guten Gründen – niemals Vertrauen fasste.[24]

Hinzu kam, dass die Einzigen, die Karzai und sein Projekt eines demokratischen Afghanistan ohne Wenn und Aber unterstützten – nämlich die «internationale Gemeinschaft» – den eigenen Ansprüchen in keiner Weise gerecht wurden. Die vom Westen versprochene Wiederaufbauhilfe blieb weit hinter den Erwartungen zurück. In den ersten drei Jahren nach 2001 wurden zehn Milliarden US-Dollar versprochen, in den darauffolgenden sechs Jahren vierzehn Milliarden. Doch ein Teil des Geldes wurde niemals ausbezahlt, ein weiterer Teil verschwand in den Koffern korrupter Beamter und Warlords, und bis zu 40 Prozent flossen über Profite, Verwaltungsausgaben und Gehälter westlicher Entwicklungshelfer wieder in den Westen zurück.[25] Wie eine Studie der Denkfabrik RAND berechnete, bekam Afghanistan während dieser Zeit pro Kopf nur halb so viel westliche Unterstützung wie Mosambik, ein Viertel der Unterstützung für Serbien und ein Fünfundzwanzigstel (!) dessen, was im Kosovo ausgegeben wurde.[26] Auch der vormalige BND-Präsident August Hanning gesteht ein: «Wir haben da falsche Schwerpunkte gesetzt. Wir hätten sehr viel mehr tun müssen für die wirtschaftliche Entwicklung.»[27]

Ähnliches galt für die Sicherheitssituation. Die fünftausend Soldaten, die die ISAF anfangs bereitstellte, waren viel zu wenig, um in einem so großen Land für Sicherheit zu sorgen. Als der Konflikt eskalierte, stieg die Zahl zwar deutlich an (im Jahr 2007 waren in Afghanistan knapp zwanzigtausend nichtamerikanische ISAF-Soldaten stationiert; im Jahr 2010 fast vierzigtausend), doch es gelang zu keinem Zeitpunkt, den Aufstand unter Kontrolle zu bringen. Einer der Gründe war, dass vielen Europäern das politische Mandat und die Ausrüstung fehlte, um gegen die Taliban vorzugehen, und dass ein großer Teil von ihnen mit Nachschub, Logistik und dem Schutz der eigenen Streitkräfte (*Force Protection*) beschäftigt war. Von den fünfzig in Afghanistan vertretenen Nationen nahm in der Praxis neben Amerika nur eine Handvoll anderer Länder an Kampfeinsätzen teil.[28]

Selbst bei politisch unbedenklichen Aufgaben gab es große Schwierigkeiten. Deutschland zum Beispiel erklärte sich im Frühjahr 2002 bereit, die neue afghanische Polizei auszubilden. Dies war eine wichtige Aufgabe, denn neben der afghanischen Armee war es vor allem die Polizei, die die Autorität – und das Gewaltmonopol – der neuen demokratischen Regierung symbolisierte. Die afghanische Nationalpolizei sollte innerhalb von zwei Jahren eine Stärke von vierzigtausend Beamten erreichen. Doch mit dem von Deutschland organisierten Programm hätte dies wohl Jahrzehnte gedauert. Die Bundesregierung stellte ganze siebzehn Ausbilder zur Verfügung und wollte afghanische Rekruten eine dreijährige Ausbildung nach deutschem Muster durchlaufen lassen, bevor sie als Polizisten zum Einsatz kamen.[29] Die Anstrengungen Deutschlands waren so unzureichend, dass ihnen die Aufgabe bereits ein Jahr später – also 2003 – wieder entzogen wurde. Selbst Bernd Mützelburg, der damalige Sicherheitsberater von Bundeskanzler Schröder, sieht das deutsche Engagement mittlerweile kritisch: «Wir hatten keine Polizeiausbilder, die wir aus irgendeinem Schrank hätten herausholen und nach Afghanistan schicken können [...]. Das war ein ganz mühsamer Lernprozess.» Seine Schlussfolgerung ist bezeichnend: «Letztlich haben wir Deutsche immer nur so viel gemacht, dass wir ruhig schlafen konnten. Das hat weite Phasen unseres Afghanistan-Engagements bestimmt.»[30] Stefan Kornelius, der Außenpolitik-Chef der *Süddeutschen Zeitung*, sieht das ähnlich: «Aus Angst vor der öffentlichen Stimmung und der eigenen Überforderung hat Deutschland die politischen Ambitionen auf ein Minimum reduziert.»[31]

Westlicher Widerwille, wie er hier zum Ausdruck kam, war auch der Grund, weshalb sich lange Zeit niemand darüber Gedanken machte, was die Taliban repräsentierten und wie mit ihnen umzugehen war. Eine der wenigen Positionen, auf die sich Europäer, Amerikaner und die neue afghanische Regierung schnell einigen konnten, war, dass die Taliban militärisch besiegt werden mussten. Besonders bei Europäern war das «Feindbild Taliban» so stark ausgeprägt, dass lange Zeit jegliches politisches Engagement unmöglich schien. Wie sich Mützelburg, der zum Ende der Dekade deutscher Afghanistan-Beauftragter wurde, erinnert:

> Ich bin in allen Parteien auf ziemliches Unverständnis gestoßen, wenn ich gesagt habe, dass man Frieden auch – und gerade – mit der anderen Seite schließen muss. Insbesondere bei den stark an Menschenrechten orientierten Parteien. Die haben immer gesagt: «Sie wollen uns doch nicht allen Ernstes empfehlen, dass wir mit diesen Leuten, die bis zu den Knöcheln im Blut waten, dass wir die einbinden sollen.»[32]

Obwohl der BND zu dieser Zeit bereits Kontakt mit den Taliban hatte, dauerte es bis zu den frühen 2010er Jahren, dass die Taliban als politischer Akteur, der in den paschtunischen Gebieten Südafghanistans tief verwurzelt war, akzeptiert wurden.[33]

Kulturkämpfer

Hätten sich europäische Politikeliten früher – und intensiver – mit Afghanistan auseinandergesetzt, wäre ihnen aufgefallen, wie weit die eigenen Vorstellungen einer Modernisierung von der Lebenswirklichkeit vieler Afghanen entfernt waren. Was die Menschen im Land für sich und ihre Gesellschaft wollten, erfuhren Europäer hauptsächlich von der winzigen Minderheit «progressiver» Afghanen, die in der Hauptstadt Kabul zu Hause waren, bei Besuchen westlicher Politiker «ihre Schleier ablegten», fließend Englisch sprachen und in lukrativen Jobs für die «internationale Gemeinschaft» arbeiteten. Mit den drei Vierteln der afghanischen Bevölkerung, die außerhalb der großen Städte wohnten, wenig formale Bildung hatten, von der Landwirtschaft lebten und sich an Stammesnormen, ihrer Interpretation des Islam und den Jahreszeiten orientierten, hatten europäische Modernisierer kaum Kontakt.

Doch es waren genau diese Leute, die bereits in den achtziger Jahren die Mudschaheddin unterstützt hatten und zwanzig Jahre später mit den Taliban sympathisierten. Erneut richtete sich ihr Zorn gegen Ausländer und «progressive» Afghanen, die den Rest des Landes von seiner vermeintlichen Rückständigkeit «befreien» wollten. Und genau wie damals präsentierten sich die Aufständischen als Verteidiger von Religion und traditioneller Lebensweise. Ohne sich dessen bewusst zu sein, wurde der Westen damit zur Partei in einem innerafghanischen «Kulturkampf», der seit den 1920ern schwelte und immer wieder zu gewaltsamen Konflikten geführt hatte.

Allein die Präsenz «nichtgläubiger» Ausländer beförderte häufig schon das Narrativ der Taliban. Neben westlichen Soldaten siedelte sich in Kabul und den Provinzhauptstädten eine Schar von westlichen Entwicklungshelfern und Aufbauarbeitern an, die oftmals wenig Rücksicht auf afghanische Gesellschaftsnormen nahmen, sich provokant kleideten, laute Partys feierten und Alkohol tranken. Genauso schockierend war der Anblick weiblicher Soldaten, die schwer bewaffnet und mit engen T-Shirts bekleidet in den Straßen patrouillierten. Öffentliche Ereignisse, die im Westen als Zeichen für «Fortschritt» und «Modernisierung» gefeiert wurden – wie etwa Auftritte westlicher Popstars oder die Wahl der ersten «Miss Afghanistan» –, galten konservativen Afghanen als Demütigung oder Beweis für den Niedergang der eigenen Kultur.[34] In Verbindung mit steigenden Preisen und der Tatsache, dass sich die Lebensbedingungen nur sehr langsam verbesserten, ergaben sich Ressentiments, die den Gegnern der westlichen Intervention in die Hände spielten. «Jetzt seht ihr, was euch die Demokratie bringt», predigten die Mullahs: «Sie zerstören unsere Werte.»[35]

Auch die Frauenrechtsagenda trug zur Mobilisierung der Taliban bei. Keine der westlichen Regierungen, die nach dem Fall der Taliban auf «Gleichberechtigung» pochten, hatte sich ernsthaft mit der Rolle und Situation von Frauen in Afghanistan beschäftigt. Viele der extrem restriktiven Praktiken, die nach 2001 den Taliban vorgeworfen wurden, waren in weiten Teilen des Landes tief verwurzelt. Selbst in liberaleren Provinzen war es üblich, dass nur Männer mit Außenstehenden kommunizierten. Ausschließlich die engsten Mitglieder der eigenen Familie bekamen Frauen außerhalb des eigenen Haushalts zu Gesicht, und es war völlig unvorstellbar, dass sich ein Fremder – egal, welchen Geschlechts – allein mit einer afghanischen Frau traf.[36] Die Wahrscheinlichkeit, dass sich solche Frauen durch westlich finanzierte Projekte erreichen ließen, war praktisch null. Im Gegenteil: Versuche westlicher Nichtregierungsorganisationen, Frauen in ländlichen Gebieten bei der Durchsetzung ihrer Rechte zu helfen, führten vielerorts zu Unruhe und einem konservativen Backlash.[37] Chris Johnson, eine britische Entwicklungshelferin, die in Afghanistan für Oxfam arbeitete, argumentiert deshalb, dass «eine Veränderung für Frauen [in Afghanistan] nur möglich ist, wenn sich zuerst die Einstellungen der Männer ändern.»[38]

Natürlich gab es auch Fortschritte. Nach dem Sturz der Taliban förderte die neue Regierung mit westlicher Hilfe den Bau von Schulen, und viele afghanische Mädchen bekamen zum ersten Mal die Chance auf Bildung. Im Jahr 2004 betrug der Anteil der Schülerinnen bereits ein Drittel, und selbst die Taliban schwächten ihre Opposition gegen die Schulpflicht für Mädchen ab. Auch hier gab es jedoch große Unterschiede zwischen «moderneren» Städten wie Kabul und Herat, wo zwei Drittel der Mädchen zur Schule gingen, und ländlichen Gebieten, speziell im Süden, in denen der Anteil weiblicher Schüler nach wie vor unter 5 Prozent lag. Es kam vor allem in diesen Teilen des Landes vor, dass brandneue Schulgebäude leer standen, weil sich keine Lehrer finden ließen, und Schulen als «antiislamisch» oder Symbole westlichen Einflusses angegriffen wurden.[39]

Rory Stewart, ein britischer Diplomat und später Entwicklungshilfeminister, der mehrere Jahre in Afghanistan lebte und dort eine Stiftung gründete, schrieb bereits im Januar 2008, dass die Herausforderung weit über die Taliban hinausging: «Die ländlichen Gebiete Afghanistans sind weit isolierter, konservativer und veränderungsresistenter, als wir öffentlich anerkennen.» Das Vorhaben, in Afghanistan eine Demokratie mit Menschenrechten, Gleichberechtigung und Rechtsstaat zu errichten, sei mit den zur Verfügung stehenden Mitteln nicht zu verwirklichen: «Viele dieser Ziele sind nicht nur schwierig, sondern unehrlich und zum Scheitern verurteilt.»[40] Die grüne Europaabgeordnete und Konfliktforscherin Hannah Neumann sieht das heute ähnlich:

> Es wurde völlig überschätzt, was man als Außenstehender erreichen kann. Die internationale Gemeinschaft glaubte, dass das irgendjemanden in den Bergen interessiert, wenn wir in Kabul ein Hauptquartier bauen. Das Narrativ war: Wir gehen da hin und befreien die Frauen. Ich finde das nachvollziehbar, und die Idee ist natürlich nicht falsch. Aber es basiert eben auf einem sehr staatlich zentrierten Demokratieverständnis, so wie wir das in Europa haben. […] Wir hätten fragen sollen: Was sind eigentlich

> die Ressourcen? Wie machen die Leute das bisher? Und wie kann man das an drei oder vier Stellen ein bisschen zum Positiven verändern?[41]

Es dauerte mehr als ein Jahrzehnt, bis sich diese Auffassung unter europäischen Politikeliten durchsetzte. Selbst die mehr als 130 000 westlichen Soldaten (davon 90 000 aus Amerika), die der Westen in den Jahren 2011 und 2012 nochmals mobilisierte, vermochten nicht, den Aufstand zu brechen. In Afghanistan scheiterte der Westen – und besonders Europa – nicht nur an den Taliban, sondern vor allem an sich selbst.

KAPITEL 8

Regimewechsel

Anders als Afghanistan war der Irakkrieg vom März 2003 ein zutiefst amerikanisches Projekt. In den Medien hieß es damals, Europa sei «gespalten» und das «europäische Projekt» gefährdet.[1] Doch die Gräben, die sich innerhalb des Kontinents aufgetan hatten, waren nicht ideologischer, sondern geopolitischer Art. Diejenigen, die sich in den Jahren 2002 und 2003 auf die Seite Amerikas schlugen, taten dies aus pragmatischen Erwägungen heraus. Weder Spaniens Ministerpräsident José María Aznar noch Portugals Regierungschef José Manuel Barroso oder die damalige deutsche Oppositionsführerin Angela Merkel teilten die zentrale Prämisse des amerikanischen Krieges. Sie unterstützten die amerikanischen Pläne nicht, weil sie tatsächlich an die «Befreiung» des Irak glaubten, sondern weil sie einen «Bruch» mit Europas wichtigstem Bündnispartner vermeiden wollten.

Selbst Tony Blair, der zu Bushs engstem Verbündeten wurde, war anfangs alles andere als überzeugt. Wie die britische Untersuchungskommission zum Irakkrieg später gezeigt hat, sah Großbritannien den irakischen Diktator Saddam Hussein nicht als akute Bedrohung, und Amerikas grandiose Pläne für eine «Transformation» des Nahen Ostens vernahm man in London mit Sorge. Als Blair Mitte 2002 an Bush schrieb, dass Großbritannien «in jedem Fall» an seiner Seite stehen würde, waren er und seine engsten Berater bereits zu dem Schluss gekommen, dass ein Krieg mit dem Irak «unausweichlich» geworden war. Blairs Hoffnung war, dass sich das amerikanische Verhalten durch eine enge Partnerschaft besser beeinflussen lassen würde. Sein Ziel war ein zutiefst «europäisches» – nämlich die «Verrechtlichung» des Krieges durch eine bindende Resolution des UN-Sicherheitsrats.[2]

Die Idee, dass sich ein nahöstlicher Staat wie der Irak mühelos vom Westen erobern lassen und sich anschließend – quasi ohne eigenes Zutun – in eine liberale Demokratie verwandeln würde, wurzelte in Selbstüberschätzung und wurde von der Bedrohungshysterie nach den Anschlägen vom 11. September begünstigt. Das Problem war nicht ein Mangel an Planung oder Vorbereitung, wie von Verteidigern des Krieges behauptet, sondern seine ideologischen Grundannahmen, die die demokratische Transformation des Landes unkompliziert erscheinen ließen. Der Preis, den Amerika und der Westen für diese Fehleinschätzung bezahlten, war hoch: Der Irakkrieg kostete nicht nur unzählige Leben, sondern verschärfte auch die Bedrohung durch den Terrorismus, untergrub die Glaubwürdigkeit liberal-moderner Ideen und fügte Amerikas Stellung als einzig verbliebene Supermacht schweren Schaden zu.

Bedrohungsszenarien

Einer der Mythen im Zusammenhang mit dem Irakkrieg ist, dass dieser von langer Hand geplant gewesen war.[3] Es mag richtig sein, dass «Schurkenstaaten» für George W. Bushs neue Regierung eine außenpolitische Priorität waren und dass mehrere Mitglieder seines Kabinetts im Jahr 1997 einen offenen Brief unterzeichnet hatten, der Saddams Sturz forderte.[4] Doch von einem Angriffskrieg war beim Amtsantritt der neuen Regierung im Januar 2001 noch keine Rede. Laut seinem ehemaligen Redenschreiber David Frum hatte Bush aus der Wahlniederlage seines Vaters gelernt, dass außenpolitische Erfolge von der Bevölkerung nicht honoriert würden. Deshalb wollte er sich in seiner ersten Amtszeit auf innenpolitische Themen konzentrieren: «Die Anschläge zwangen ihn, ein außenpolitischer

Präsident zu werden, aber das war niemals der Plan.»[5] Hierzu passt, dass diejenigen, die Saddam für «eingedämmt» hielten und eine Eskalation des Konflikts vermeiden wollten, zunächst die Oberhand hatten. Außenminister Colin Powell forderte «smarte» Sanktionen, keinen Krieg, und setzte sich mit seiner Position während des Sommers 2001 durch. William Kristol und Lawrence Kaplan, zwei der einflussreichsten Neokonservativen, beschwerten sich damals noch, dass Powell die Eindämmungsstrategie «verwässert» habe und die Regierung von einer Politik des «Regimewechsels» weiter entfernt sei als je zuvor.[6]

Entscheidend für die Wende zum Krieg war die dramatisch veränderte Bedrohungswahrnehmung nach dem 11. September. Wie schon erwähnt, galt die Verbindung von Terrorismus und Massenvernichtungswaffen plötzlich als größtmögliches Risiko, und Saddam war derjenige, unter dem sie am ehesten zustande kommen würde. Die Idee, dass der Irak Massenvernichtungswaffen besaß, war damals nicht nur bei Kriegsbefürwortern, sondern auch außerhalb der Bush-Regierung weit verbreitet – nicht zuletzt, weil Saddam die internationalen Inspektionen seines Waffenarsenals immer wieder behindert hatte. Sogar die Nachrichtendienste von Frankreich und Deutschland, die sich gegen den Krieg aussprachen, hielten es für möglich, dass der irakische Diktator weiterhin im Besitz solcher Waffen war.[7] Doch im Gegensatz zu diesen eher vorsichtigen Einschätzungen blendete besonders Vizepräsident Dick Cheney nach dem 11. September alle Zweifel aus. Ausgehend davon, dass selbst der *mögliche* Besitz von Massenvernichtungswaffen ein nicht hinzunehmendes Risiko war, ignorierte er jegliche Widersprüche, präsentierte Gerüchte als Fakten und interpretierte alles, was ins eigene Narrativ passte, als schlagenden Beweis.[8] Ergebnis war eine völlig verzerrte Darstellung, die irakische Massenvernichtungswaffen als Tatsache – und wachsende Bedrohung – erscheinen ließ.

Ähnliches galt für die Annahme, dass Saddam mit den Dschihadisten kooperierte. Die Kriegsbefürworter wussten genau, dass es im Irak keine nennenswerte – oder vom Staat tolerierte – Präsenz dschihadistischer Gruppen gab und dass Saddam ein laizistischer Diktator war, der Dschihadisten im eigenen Land foltern und hinrichten ließ, weil er sie für unkontrollierbar hielt. Doch aus ihrer Sicht war entscheidend, dass dies nicht immer so bleiben musste. Laut Kenneth Pollack, einem ehemaligen Regierungsbeamten, war der irakische Diktator bei Weitem nicht so rational und berechenbar wie von den Verteidigern der Eindämmungsstrategie behauptet. Saddam verstand sich als Feind Amerikas, unterhielt Beziehungen zu einer Vielzahl meist nationalistischer oder antiimperialistischer Terrorgruppen und hatte die Anschläge vom 11. September offen begrüßt. Es sei nur eine Frage der Zeit, so Pollack, bis er seine Vorbehalte gegenüber den Dschihadisten aufgeben würde:

> Auch wenn bislang keine Beweise dafür existieren, dass Saddam und al-Qaida miteinander kooperieren, gibt es immer ein erstes Mal. Vor allem, wenn sich Saddam und al-Qaida in einer verzweifelten Situation befinden [...], könnten sie ihre Differenzen begraben, um gemeinsame Sache gegen ihren gemeinsamen amerikanischen Feind zu machen.[9]

Der Zusammenhang zwischen den Anschlägen vom 11. September und dem Irakkrieg, der von Gegnern des Krieges immer bestritten wurde, war in den Augen seiner Befürworter nicht nur offensichtlich, sondern zwingend: Was theoretisch vorstellbar war – wenn auch nur mit einprozentiger Wahrscheinlichkeit –, wurde nach dem 11. September zur hundertprozentigen Gewissheit.

«Kinderspiel»

Vor diesem Hintergrund waren die neokonservativen Ideen, die selbst innerhalb der Bush-Regierung bis dahin wenig Einfluss hatten, plötzlich gefragt. Sie ermöglichten genau das, was die

Bush-Regierung in der neuen Situation suchte: eine Politik, die ein aggressives, an Amerikas Sicherheitsinteressen orientiertes Vorgehen mit einer universalistisch klingenden Modernisierungsagenda verknüpfte. Und in der Tat: Laut den Neokonservativen war Saddam nicht nur ein Sicherheitsrisiko und eine Bedrohung für Amerika, sondern ein brutaler Diktator, der Hunderttausende seiner politischen Gegner umbringen ließ und die gesamte Region mit seinen Kriegen und ständigen Drohungen in eine Schockstarre versetzt hatte, die jegliche politische und wirtschaftliche Entwicklung unmöglich machte. Sein Sturz würde deshalb nicht nur das Problem irakischer Massenvernichtungswaffen lösen und seine Unterstützung für den Terrorismus beenden, sondern auch eine der wichtigsten Wurzeln für die Rückständigkeit der gesamten Region beseitigen.[10] «Regimewechsel», so der führende Neokonservative Paul Wolfowitz, war kein Grund für Instabilität, wie von Gegnern des Krieges behauptet, sondern der Anfang von ihrem Ende.[11]

Von der Transformation des Irak erhofften sich die Neokonservativen eine Art Kettenreaktion. Wenn es möglich war, den am brutalsten regierten Staat der Region innerhalb kurzer Zeit in eine friedliche, moderne Demokratie zu verwandeln, dann würden sich Menschen in anderen arabischen Staaten fragen, ob dies nicht auch in ihrem Land möglich sei. Mehr noch: Die Entschlossenheit Amerikas, demokratischen Wandel notfalls mit Waffengewalt zu unterstützen, würde die Machthaber in diesen Staaten dazu bringen, den von Amerika gewünschten Wandel selbst zu initiieren. Mit jeder erfolgreichen Transformation nehme der militärische Aufwand weiter ab. Saddam, so die Vorstellung der Neokonservativen, war der erste Dominostein, der alle anderen zu Fall bringen würde.[12] Am Ende des Prozesses stünde eine Region, die nicht nur demokratischer, sondern auch sicherer war und in der es keinen Platz mehr für Massenvernichtungswaffen oder Terrorismus gab. Sogar Frieden mit Israel sei dann möglich, so Wolfowitz.[13]

Das Verführerische an den Ideen der Neokonservativen war nicht nur ihre ehrgeizige, modernistische Vision, sondern auch, wie einfach alles erschien. Nach dem schnellen Sieg in Afghanistan gab es aus ihrer Sicht kein Land mehr, das der Kombination aus amerikanischer Technologie und Schlagkraft standhalten konnte. So sah es auch der vormalige Diplomat Ken Adelman:

> Saddams militärische Macht zu zerstören und den Irak zu befreien wäre ein Kinderspiel. Lassen Sie mich vier einfache Gründe nennen: (1) Das letzte Mal [der Golfkrieg im Jahr 1991] war ein Kinderspiel; (2) die Iraker sind mittlerweile viel schwächer; (3) wir sind viel stärker; und (4) diesmal meinen wir's ernst.[14]

Dieses Selbstbewusstsein übertrug sich auf die Einschätzung der politischen Situation. Für die Neokonservativen war das einzige Hindernis auf dem Weg zur Demokratie die Person Saddam Hussein. Er war eine Art «Stöpsel», der nur entfernt werden musste, damit sich die demokratischen Kräfte im Irak Bahn brechen konnten. Sobald dies geschah, würden die enormen Erdölvorhaben dafür sorgen, dass das Land und seine Bewohner innerhalb kurzer Zeit zu Wohlstand kämen.

Dass der Irak eine komplexe, multiethnische Gesellschaft war, schien die Neokonservativen genauso wenig zu interessieren wie die Tatsache, dass in einem neuen, demokratischen Irak Saddams eigene Volksgruppe, die sunnitischen Araber, ihre Macht und Privilegien verlieren würden. Niemand machte sich Gedanken darüber, dass es nach Jahrzehnten der Diktatur außerhalb von Moscheen praktisch keine Zivilgesellschaft gab, aus der demokratische Strukturen hätten erwachsen können, oder dass Nachbarländer wie der Iran nur darauf warteten, das Machtvakuum nach dem Fall Saddams für ihre eigenen Ambitionen zu nutzen. Die skeptischen Einschätzungen von Experten, die sich seit Jahrzehnten mit dem Irak und der irakischen Gesellschaft beschäftigt hatten, wurden systematisch ignoriert oder als «Teil des Problems» zurückgewiesen.[15] Frei nach dem Motto: Es kann nicht sein, was nicht sein darf.

Die größte Fehlkalkulation war die Vorstellung, dass die Amerikaner als Befreier begrüßt und die Iraker ihnen auf ewige Zeit dankbar sein würden. Wie häufig bei westlichen Modernisierern fehlte den Neokonservativen jedes Gespür dafür, dass andere Völker den Westen – und besonders die Supermacht Amerika – nicht immer als so wohlwollend und uneigennützig sahen, wie es ihrem Selbstbild entsprach, und dass es bei Regimewechseln immer auch Verlierer gab. Der amerikanische Professor Michael Doran, der die Neokonservativen damals unterstützte, sieht sein eigenes Engagement heute kritisch:

> Wir Amerikaner haben einen sehr naiven Glauben daran, dass, wenn es irgendwo eine Diktatur gibt, und wenn man diese Diktatur loswird, die Demokratie dann blüht. Das war die amerikanische Erfahrung [nach dem 2. Weltkrieg] in Deutschland und Japan. Sie hat uns in dem Glauben bestärkt, dass das überall so funktioniert und dass es unsere Aufgabe ist, dieses Projekt voranzutreiben. Die Neokonservativen haben die Leute nicht absichtlich getäuscht. Sie waren tatsächlich davon überzeugt.[16]

Abgesehen von der Idee, dass der Krieg rechtmäßig sei, unterschieden sich europäische Eliten vor allem in diesem letzten Punkt von ihren amerikanischen Kollegen. Trotz der eigenen, zutiefst europäischen Illusionen über die universelle Gültigkeit liberaler Ideen glaubte in Europa fast niemand daran, dass eine von Amerika erzwungene Demokratisierung ein «Kinderspiel» werden könnte oder dass amerikanische Truppen im Herzen des Nahen Ostens auf Dauer als «Befreier» gesehen würden.

Aufstand der «Verlierer»

Wie sich herausstellte, war der Sturz Saddams tatsächlich relativ einfach. Zwischen dem Beginn der Invasion am 19. März 2003 und der Einnahme der Hauptstadt Bagdad durch amerikanische

Truppen lagen nur knapp drei Wochen. Die irakische Armee leistete kaum Widerstand, und weniger als zweihundert westliche Soldaten kamen bei Kampfeinsätzen ums Leben. Doch es dauerte nur wenige Wochen, bis der Enthusiasmus über den schnellen Sieg verflogen war. Aus der gewaltsamen «Befreiung» des Landes entstand keine Demokratie, sondern zunächst Anarchie und daraus innerhalb weniger Monate ein blutiger Bürgerkrieg, der Hunderttausende von Opfern forderte. Der Irak stellt heute zwar keine direkte Bedrohung mehr für den Rest der Welt dar, aber die Instabilität, die nach wie vor von ihm ausgeht, ist einer der Gründe, weshalb die Region nicht zur Ruhe kommt.

Genauso wie in Afghanistan hatten die Amerikaner im Irak niemals die Absicht, über längere Zeit am Staatsaufbau mitzuwirken. Während sich die Lage stabilisierte, so die Vorstellung der Bush-Regierung, würde die Besatzungsbehörde mit den Repräsentanten irakischer Gruppen zusammenarbeiten und innerhalb kurzer Zeit die Regierungsverantwortung an eine provisorische Regierung übergeben. Für den Wiederaufbau sollten dann die Vereinten Nationen zuständig sein. Aus amerikanischer Sicht war es deshalb gar nicht notwendig, einen umfangreichen Plan zu erarbeiten.[17] Wie sich Emma Sky, die britische Vertreterin in der Besatzungsbehörde, erinnert, glaubten die Amerikaner, dass mit dem Sturz Saddams ihre Arbeit bereits erledigt sei:

> Es herrschte ein unglaublicher Optimismus. Alle Amerikaner, mit denen ich zusammengearbeitet habe, waren davon überzeugt, dass sie den Irakern die Demokratie gebracht hätten. Dass ihr Job derselbe war wie zuvor in Japan und Deutschland [...]. Das war eine Kombination aus Idealismus und unglaublicher Naivität – die Vorstellung, dass wir jedes Problem lösen konnten; und dass Amerika eine wohlwollende, keine imperialistische Macht war [...]. Ich weiß noch, wie mir Paul Bremer [der amerikanische Chef der Besatzungsbehörde] erzählte, dass Amerika keine großen Infrastrukturprojekte in Angriff nehmen würde, so wie es die Briten in ihrer

Zeit als Kolonialmacht getan hatten. Er sagte: «Unser Vermächtnis ist die Demokratie.»[18]

Diese Einstellung war nicht nur eine Ursache für den Krieg, sondern auch für die großen Fehler, die im Anschluss begangen wurden. Im Glauben daran, dass es Demokratie und Freiheit schon irgendwie richten würden, hatte sich niemand darüber Gedanken gemacht, wie die sunnitischen Araber, die unter Saddam eine privilegierte Stellung genossen und die wichtigsten Positionen in Staat, Militär und Geheimdiensten besetzt hatten, in den neuen Staat integriert werden sollten. Schon aufgrund der Tatsache, dass sie nur ein Viertel der Bevölkerung stellten, war klar, dass sie in einem demokratischen System an Macht und Einfluss verlieren würden. Doch statt sie in das neue politische System einzubinden, signalisierte die Besatzungsbehörde bei jeder Gelegenheit, dass sie an sunnitischer Beteiligung kein Interesse hatte. Noch bevor es zum Aufstand gegen die amerikanischen «Besatzer» kam, lehnte Paul Bremer mehrere Angebote sunnitischer Stammesführer ab, die Amerikaner beim Aufbau neuer Sicherheitsstrukturen zu unterstützen. Stammesführer, so der australische Militärexperte David Kilcullen, passten nicht in sein Konzept eines «‹modernen›, demokratischen Irak».[19]

Am folgenreichsten war die sogenannte De-Baathifizierungs-Politik. Aus Sicht der Neokonservativen war Saddams Baath-Partei das irakische Äquivalent der deutschen Nazi-Partei, und weder ihre Mitglieder noch die von ihr geprägten Sicherheitsbehörden sollten im «neuen» Irak irgendeine Form von Einfluss haben.[20] Bereits einen Monat nach dem Sturz Saddams erließ Bremer deshalb zwei Dekrete, mit denen alle Baathisten aus dem gehobenen Staatsdienst entlassen und die irakische Armee, Polizei und Geheimdienste mit unmittelbarer Wirkung aufgelöst wurden. Die Besatzungsbehörde zerstörte damit quasi über Nacht nicht nur die irakische Verwaltung, sondern setzte zudem alle Iraker, deren Job es war, in einer bereits chaotischen Situation für Sicherheit zu sorgen, auf die Straße. Schlimmer noch: Von den rund siebenhunderttausend Soldaten und Polizisten, die auf diese Weise ihre Arbeit, ihr Einkommen und ihren Status verloren, waren überdurchschnittlich viele Sunniten.[21] Aus ihrer Sicht gab es fortan keinen Grund mehr, dem neuen Staat gegenüber loyal zu sein,[22] und statt den Aufstand zu bekämpfen, schlossen sich viele bereits wenige Monate später den Aufständischen an.

Doch obwohl es bereits im Herbst 2003 zu mehr als tausend Anschlägen pro Monat kam, dauerte es fast ein Jahr, bis die Amerikaner sich selbst – und der Öffentlichkeit – eingestanden, dass sie in einen kriegerischen Konflikt verwickelt waren. Das amerikanische Militär beschrieb Aufständische bis dahin auch intern als «Verlierer», «Fanatiker», «Saddam-Loyalisten» oder «Banditen». Niemand konnte verstehen, wie das amerikanische «Geschenk» – die Befreiung des Irak – bei den Befreiten auf so viel Widerstand stoßen konnte. Keiner wollte zugeben, wie organisiert und hartnäckig der Aufstand innerhalb so kurzer Zeit geworden war. «Wir waren auf den Einsatz chemischer Waffen vorbereitet», so Emma Sky, «aber nicht auf das.»[23]

Bereits zwei Jahre später, auf dem Höhepunkt des Bürgerkriegs, war die Idee eines geeinten, demokratischen Irak in weite Ferne gerückt. Es gab kaum noch jemanden, der von «Befreiung» sprach. Im Gegenteil: Das Einzige, worin sich eine große Mehrheit der Iraker einig war, war die Ablehnung der amerikanischen «Befreier». In einer Meinungsumfrage aus dem Jahr 2005 erklärten fast 80 Prozent der Befragten, dass sie den «amerikanischen Einfluss» auf ihr Land ablehnten; mehr als 60 Prozent befürworteten Anschläge auf amerikanische Truppen.[24]

Niederlage

Ende des Jahrzehnts war offensichtlich, dass Amerika mit dem Irakkrieg keines seiner strategischen Ziele hatte erreichen können. Auch wenn das Land ab dem Jahr 2007 mithilfe einer neuen amerikanischen Strategie und dreißigtausend zusätzlicher Soldaten einige Jahre lang befriedet werden konnte und der Bürgerkrieg nicht weiter eskalierte, war die Gesamtbilanz düster. Bei Anschlägen und in Kampfhandlungen kamen zwischen der Invasion im Jahr 2003 und dem Rückzug amerikanischer Truppen im Jahr 2011 mindestens hunderttausend Iraker ums Leben; bis zu einer Million starben an den Konsequenzen des Krieges, wie zum Beispiel einem dysfunktionalen Gesundheitssystem.[25] Statt einer stabilen, «modernen» Demokratie war der Irak am Ende der Dekade eine zutiefst gespaltene Gesellschaft, in der Schiiten, Sunniten und Kurden ihre Beziehungen als Nullsummenspiel begriffen und die Existenz des Staates routinemäßig zur Disposition stand. Die amerikanische Intervention hinterließ keinen starken, sondern einen «schwachen» oder «gescheiterten» Staat, der vor allem durch die Angst vor noch mehr Krieg und Chaos zusammengehalten wurde.

Auch die von den Neokonservativen erhoffte regionale «Kettenreaktion» blieb aus. Statt demokratischen Wandel zu initiieren, unternahmen die Staaten, die Amerika als Nächstes «befreien» wollte,[26] alles in ihrer Macht Stehende, um genau dies zu verhindern. Der syrische Präsident Baschar al-Assad zum Beispiel öffnete die Grenze seines Landes zum Irak und schuf dadurch eine «Pipeline», über die die Aufständischen Nachschub bezogen. Auch ist mittlerweile belegt, dass Assad Hunderten von libanesischen und syrischen Islamisten die Reise in den Irak ermöglichte, damit sie dort am Kampf gegen die amerikanische Besatzung teilnahmen. Die Verbindung der Aufständischen nach Syrien wurde für die Amerikaner zu einem so großen Problem, dass sie zunehmend auf Assads Kooperation angewiesen waren.[27] Das Thema «Regimewechsel» war damit vom Tisch.

Ähnliches galt für das östliche Nachbarland Iran, das nach dem Sturz Saddams Zugang zum Irak und zur schiitischen Bevölkerungsmehrheit bekam. Die Beziehungen zwischen irakischen Schiiten und der iranischen Regierung waren komplex, doch niemand bezweifelt, dass Teheran wichtige Parteien und Politiker im «neuen» Irak beeinflusste und am Aufbau schiitischer Milizen beteiligt war, die später Anschläge auf amerikanische Truppen verübten. Der Irakkrieg vergrößerte damit nicht nur Irans regionalen Einfluss, sondern gab seiner Regierung auch eine zusätzliche «Stellschraube», um politischen und militärischen Druck auf Amerika auszuüben. Für die Neokonservativen war dies eine Überraschung: «Wir hatten das Thema Iran total verdrängt», so Michael Doran. «Für mich war es ein Schock, dass wir durch den Krieg den Iran gestärkt haben.»[28]

Besonders desaströs war die Bilanz, was den Terrorismus anging. Die Neokonservativen hatten den Irakkrieg als Teil des «Kriegs gegen den Terror» präsentiert – nicht zuletzt, weil sie glaubten, dass die Modernisierung des Landes dem Terrorismus seinen «Nährboden» entziehen würde. Doch stattdessen wurde der Irak zum Geburtsort einer neuen, noch aggressiveren Variante des Dschihadismus. Die Präsenz amerikanischer Truppen im Herzen des Nahen Ostens half der Bewegung, sich nach der Niederlage in Afghanistan zu erneuern. Wenn auch nicht in dem Ausmaß wie später im syrischen Konflikt (siehe Kapitel 12), so wurde bereits der Irak nach 2003 zum Magneten für Dschihadisten aus aller Welt. Der jordanische Dschihadist Abu Musab al-Zarqawi gründete hier den sogenannten Islamischen Staat im Irak (ISI), der später nach Syrien migrierte und sich in Islamischer Staat (IS) umbenannte.[29]

Auch im Westen kam es infolge des Irakkriegs zu einem deutlichen Anstieg der terroristischen Bedrohung und zu zahlreichen Anschlägen, wie zum Beispiel in Madrid (2004) und London (2005). Laut Jonathan Evans, dem vormaligen Chef des britischen Inlandsgeheimdienstes MI5, lieferte der Krieg den Dschihadisten «nützliche Propaganda» und bestätigte ihre Behauptung, dass «der Westen dem Islam feindlich gesinnt» sei.[30] Evans' Vorgängerin, Eliza Manningham-Buller, meinte sogar, die britische Teilnahme habe «eine ganze Generation junger Menschen radikalisiert».[31] Selbst in Deutschland, das sich vom Krieg distanziert hatte, ließ sich diese Entwicklung klar beobachten. Der Terrorismusexperte

Guido Steinberg, der damals im Bundeskanzleramt arbeitete, konstatierte eine «massive Radikalisierung» junger Muslime. Viele davon seien bereits vorher marginalisiert gewesen, so Steinberg, «aber es brauchte einen Auslöser, und der Irakkrieg war der wichtigste von allen».[32]

Genauso groß war der Schaden am ideologischen Projekt der liberalen Moderne. Nach dem 11. September 2001 glaubten westliche Modernisierer, das «Versprechen» der liberalen Moderne müsse auch im Nahen Osten eingelöst werden. Doch der «Krieg gegen den Terror» sowie der Versuch, Demokratie von außen – und mit Gewalt – zu etablieren, erreichte das Gegenteil. Selbst nach dem Amtsantritt von Obama, das heißt mehr als sechs Jahre nach der Invasion, hatten laut Meinungsumfragen neun von zehn Arabern eine negative Einstellung gegenüber Amerika. Fast die Hälfte glaubte, dass Amerikas Prioritäten im Nahen Osten hauptsächlich Öl und der Schutz Israels seien. Nur jeder Zwanzigste war der Meinung, dass Amerika ein aufrichtiges Interesse an der Verbreitung von Demokratie und Menschenrechten habe.[33] Für die Demokratie gab es nach wie vor großen Zuspruch, doch fast 90 Prozent wollten, dass demokratische Reformen behutsam – nicht schockartig – durchgeführt würden. Ein Drittel befürchtete, dass Demokratie zu Chaos führen könnte. Und bis zu einem Viertel wünschte sich einen «starken Führer», der einen Bürgerkrieg «mit harter Hand» verhindern würde.[34] Die neokonservative Fantasie, dass Menschen im Nahen Osten nur darauf warteten, von Amerika die Demokratie zu erhalten, war also auf ganzer Linie gescheitert. Die Skepsis gegenüber der Demokratie und westlicher Demokratieförderung war eher noch größer geworden.

Auch in Amerika selbst hinterließ der Irakkrieg tiefe Spuren. Hierzu zählten in erster Linie die knapp fünftausend amerikanischen Soldaten, die im Krieg ihr Leben verloren, und die astronomischen finanziellen Kosten, die der Wirtschaftsnobelpreisträger Joseph Stiglitz auf drei Billionen Dollar schätzte.[35] Genauso wichtig war jedoch die Zeit und enorme Aufmerksamkeit, die der Krieg über viele Jahre hin verschlang. Während China sich auf sein Wachstum konzentrierte und fast unbemerkt seinen Einfluss in Asien und Afrika vergrößerte, mussten sich amerikanische Präsidenten mit dem Irak herumschlagen, wo es ab spätestens 2004 nicht mehr um einen geopolitischen Vorteil, sondern um Schadensbegrenzung ging. Nicht nur für den Nahen Osten, auch für Amerika war das Jahrzehnt, das dem Irakkrieg folgte, aus strategischer Sicht eine «verlorene Dekade».[36]

Hinzu kam die tiefe Verunsicherung, die der verlorene Krieg bei der amerikanischen Bevölkerung auslöste. Die Neokonservativen waren davon überzeugt, dass Amerika einen historischen Auftrag hatte, liberal-moderne Werte – und damit sein eigenes Gesellschaftsmodell – in der Welt zu verbreiten. Doch es war genau diese Mission, die mehr und mehr Amerikaner nach dem Irakkrieg infrage stellten. Wie sich in der Unterstützung für den Isolationisten Ron Paul bei der Präsidentschaftswahl 2008 – und später, in ähnlicher Weise, für Donald Trump – zeigte, wollten sich viele Amerikaner nach der Erfahrung im Irak zurückziehen und mit Kriegen und Konflikten in anderen Teilen der Welt nichts mehr zu tun haben. Amerika sollte Supermacht sein, aber ohne die Verantwortung und Verpflichtungen, die aus dieser Rolle erwuchsen. Wie schwer dieser Widerspruch aufzulösen war, wurde bereits während Obamas Präsidentschaft deutlich.

KAPITEL 9

Exzess der Märkte

Keine Betrachtung der 2000er Jahre kommt ohne eine Diskussion ökonomischer Veränderungen aus. In der neueren Wirtschaftsgeschichte gab es keine Periode, in der so viele Menschen der Armut entkamen und die Wirtschaft in ärmeren Ländern so große Wachstumsraten verzeichnete. In den fünf Jahren vor – und einschließlich – 2008 wuchs die Weltwirtschaft im Durchschnitt um 4,6 Prozent pro Jahr. Am stärksten war der Zuwachs in Asien, wo die Hälfte der Weltbevölkerung lebte und die Wirtschaft Jahr für Jahr um durchschnittlich 9,5 Prozent wuchs. Selbst in Afrika und im Nahen Osten gab es Wachstumsraten von über 6 Prozent, während es in den am höchsten industrialisierten OECD-Ländern nur 2,5 Prozent waren.[1] Der «globale Süden» – und ganz besonders China – holte mit großen Schritten auf.

Hatte Friedman also recht behalten? Waren Globalisierung und wirtschaftliche Liberalisierung Prozesse, die Wohlstand für alle schufen und in denen es nur Gewinner gab? Die Antwort lautete ja und nein. Sie lautete ja, weil die Veränderungen in der Weltwirtschaft enorm waren; weil praktisch alle Volkswirtschaften, aber besonders die im «globalen Süden», von ihnen profitierten; und weil sie tatsächlich durch die Öffnung und engere Integration globaler Märkte verursacht wurden. Sie lautete jedoch gleichzeitig nein, weil die «neoliberalen» Ideen, die Leute wie Friedman propagierten, ein hochgradig labiles System schufen, dessen Kollaps ab 2007 enormen finanziellen und gesellschaftlichen Schaden anrichtete. Und sie lautete ebenfalls nein, weil die wirtschaftlichen Veränderungen zwar die Unterschiede zwischen «Nord» und «Süd» verringerten, aber im selben Moment die Ungleichheit *innerhalb* von Gesellschaften vergrößerten. Eine der unmittelbaren Folgen hiervon war der Aufstieg der rechtspopulistischen Tea Party in Amerika, die auf geschickte Weise ökonomische mit politischen und kulturellen Entwicklungen verflocht und damit nicht nur die Globalisierung oder bestimmte wirtschaftliche Entwicklungen angriff, sondern die liberale Moderne insgesamt.

Turbo-Liberalisierung

Die Ideen, die hinter den enormen wirtschaftlichen Veränderungen in den 2000er Jahren steckten, waren nicht neu. Bereits ein Vierteljahrhundert vor dem Ende des Kalten Krieges entwickelten Milton Friedman und seine Kollegen an der Universität von Chicago die Grundlagen dessen, was in den achtziger Jahren unter den Regierungen von Ronald Reagan in Amerika und Margaret Thatcher in Großbritannien zur wirtschaftspolitischen Orthodoxie wurde: der weitestmögliche Rückzug des Staates aus der Wirtschaft, die Reduktion von Steuern und staatlicher Regulierung sowie die Liberalisierung der Märkte. Der Zusammenbruch der osteuropäischen Planwirtschaften schien die Richtigkeit dieser Ideen zu bestätigen, und auch wenn sich einige Staaten dem «neoliberalen Diktat» widersetzten, wurden die Maßnahmen, die Friedman als «goldene Handschellen» bezeichnete, während der neunziger Jahre zum globalen «Konsens».[2]

In den 2000ern setzte sich die Ausbreitung neoliberaler Ideen nicht nur fort, vielmehr spitzte sie sich dramatisch zu. Innerhalb westlicher Staaten kam es neben der Liberalisierung der Arbeitsmärkte auch zu einer weitgehenden Liberalisierung der Finanzmärkte, deren Anteil an der Wirtschaftsleistung bis zum Beginn der Finanzkrise im Jahr 2007 stetig zunahm. Westliche Politikeliten sahen diese Entwicklung generell positiv, und besonders in angelsächsischen Staaten herrschte die Überzeugung, dass die Regulierung der Finanzmärkte nicht nur unnötig, sondern schädlich sei. Wie der ehemalige Direktor der britischen Finanzbehörde, Adair Turner, erklärt, war man der Auffassung, dass der Markt sich selbst überwachen sollte:

> Der Ansatz basierte darauf, [...] dass sich Märkte im Allgemeinen selbst korrigieren; [...] dass Unternehmen das Risiko von Geschäftsmodellen besser einschätzen können als Bankenaufsichtsbehörden; [...] und dass der Kundenschutz am besten nicht durch Produktregulierung oder direkte Eingriffe gewährleistet wird, sondern durch möglichst freie und transparente Märkte.[3]

Grundlage dieser Philosophie war die sogenannte Markteffizienzhypothese – eine finanzökonomische Theorie, nach der die Preise in einem freien Markt zu jedem Zeitpunkt alle verfügbaren Informationen widerspiegelten, also gewissermaßen eine perfekte Reflexion der dahinterstehenden Güter oder Produkte seien. Keine politische Intervention sei demzufolge fähig, eine effizientere Allokation von Werten vorzunehmen als der Markt, und jeder Versuch, dies zu tun, sei nicht nur zum Scheitern verurteilt, sondern führe zu Verzerrungen und Verlusten. Wie selbst der langjährige Chef der amerikanischen Zentralbank, Alan Greenspan, später eingestand, gab es während dieser Periode für die Politik wenig zu tun.[4]

Auf internationaler Ebene ging es vor allem um die Stärkung des Freihandels. Dazu trug in Europa die Osterweiterung bei: Die EU vergrößerte sich im Jahr 2004 um zehn und im Jahr 2007 nochmals um zwei weitere Staaten und schuf dadurch den weltweit größten Binnenmarkt, in dem sich Güter, Dienstleistungen, Kapital und Menschen frei bewegen konnten. Der *Gamechanger*, der die Dynamik des Welthandels völlig veränderte, war jedoch Chinas Beitritt zur Welthandelsorganisation im Jahr 2001. Westliche Politikeliten erwarteten, dass China damit Teil des internationalen Regelsystems würde und sich wirtschaftlich und politisch gegenüber dem Rest der Welt öffnen müsse.

Zumindest wirtschaftlich geschah dies auch – und zwar mit dramatischen Konsequenzen: Zwischen 2001 und 2007 verfünffachten sich die chinesischen Exporte von knapp 300 auf 1500 Milliarden Dollar, und im Jahr 2009 wurde China zum ersten Mal (vor Deutschland) «Exportweltmeister». Die chinesische Volkswirtschaft wuchs im selben Zeitraum jährlich um etwa 10 Prozent, und der Anteil der Bevölkerung, der nach internationalen Definitionen unter Armut litt, verringerte sich von knapp 50 auf unter 20 Prozent.[5] Auch wenn politische Reformen ausblieben, hatten Kapitalismus, «goldene Handschellen» und die «neoliberale Ideologie» des Freihandels mehr Chinesen aus der Armut befreit als Jahrzehnte der Entwicklungshilfe und staatlicher Programme. Thomas Friedman prophezeite im Jahr 2005, dass China zu einer «asiatischen Version Amerikas» werden könne: «Wenn sich China [...] weiterhin in diese Richtung bewegt, dann wird die Welt nicht nur ‹flacher›, sondern wohlhabender.» Sein Fazit: «Zwei Amerikas sind besser als eins.»[6]

Ein weiterer Faktor war technologische Innovation. Hierzu zählten Verbesserungen bei Transporttechnologien, besonders in der Schifffahrt und im Luftverkehr, die es einfacher machten, Güter über Kontinente hinweg zu bewegen und dadurch Länder wie China und Indien in globale Lieferketten zu integrieren. Noch entscheidender war die sogenannte Informationsrevolution, die Kommunikation nicht nur beschleunigte und Menschen in aller Welt miteinander vernetzte, sondern – ganz nebenbei – auch eine völlig neue Industrie entstehen ließ, die Billionen an Umsatz generierte und deren Unternehmen innerhalb weniger Jahre wertvoller wurden als die Öl- und Industriegiganten des 20. Jahrhunderts.

Für westliche Politikeliten war dies eine Inspiration. Aus ihrer Sicht bestätigte die Informationsrevolution die eigene liberal-moderne Grundannahme, wonach größtmögliche individuelle Freiheit die Voraussetzung für Wachstum und Innovation war. Sie setzte einen Prozess der «kreativen Zerstörung» in Gang, der die westlichen Wirtschaftssysteme erneuern sollte. Und sie nährte die Hoffnung, dass wissenschaftlicher Fortschritt früher oder später zu gesellschaftlichem Fortschritt führen würde. Der britische Finanzjournalist Martin Wolf war überzeugt: «Moderne Computer- und Kommunikationstechnologien sperren die Menschen nicht ein, sondern befreien sie.»[7]

Trotz der Kriege im Nahen Osten waren die Jahre, die der globalen Finanzkrise vorangingen, deshalb eine Periode großen Optimismus. Ein neuerlicher Abschwung oder gar eine Depression waren unvorstellbar. Dem amerikanischen Wirtschaftsnobelpreisträger Robert Lucas zufolge war das «zentrale [makroökonomische] Problem der Depressionsverhinderung gelöst»;[8] und der britische Finanzminister, Gordon Brown, verhieß gar ein Ende der ökonomischen Zyklen («no more boom and bust»).[9] Westliche Politikeliten waren sich einig: Solange sich Regierungen darauf beschränkten, ökonomischen und technologischen Kräften freien Lauf zu lassen, würde aus den gewaltigen Veränderungen ein neues, besseres, globaleres Wirtschaftssystem entstehen, von dem alle profitierten.

Umverteilung

Natürlich profitierten auch westliche Länder von diesen Veränderungen, aber der Wohlstand, der durch sie geschaffen wurde, war nicht so gleichmäßig verteilt wie von ihren Befürwortern suggeriert. Durch den Freihandel entstand eine internationale Arbeitsteilung, in der die Herstellung von Gebrauchsgütern zunehmend in Niedriglohnländer wie China verlagert wurde. Für westliche Konsumenten war dies von Vorteil, denn Produkte wurden dadurch günstiger: Das amerikanische Nationale Institut für Wirtschaftsforschung schätzt, dass amerikanische Konsumenten in den ersten fünf Jahren nach Chinas WTO-Beitritt mehr als 340 Milliarden

Dollar sparten.[10] Doch den Preis dafür zahlten geringer Qualifizierte, die plötzlich mit Arbeitern am anderen Ende der Welt um Löhne und Sozialleistungen konkurrieren mussten. Einen ähnlichen Effekt hatte die Einführung neuer Technologien. Zunächst entstanden dadurch Millionen neuer Arbeitsplätze für Mittel- und Hochqualifizierte, von denen vor allem westliche Länder – und besonders Amerika – profitierten. Aber die Konsequenz war, dass geringer Qualifizierte, oftmals in denselben Ländern, durch Maschinen ersetzt wurden. In Amerika reduzierte sich die Zahl der Industriearbeiter im Laufe der 2000er nicht zuletzt deshalb von siebzehn auf elf Millionen – ein Verlust von über einem Drittel.[11]

Auch wenn westliche Wirtschaften bis zur Finanzkrise im Jahr 2007 stetig wuchsen, gab es also nicht nur Gewinner. Dies drückte sich besonders in wachsender wirtschaftlicher Ungleichheit aus. In den meisten westlichen Industrieländern wurden die «Armen» zwar nicht unbedingt ärmer, aber mittlere Einkommen gingen leicht zurück, während niedrige Einkommen stagnierten und die «Reichen» deutlich hinzugewannen.[12] In fast allen wichtigen Industrieländern kam es zu einem Anstieg des sogenannten Gini-Koeffizienten, der die Einkommensverteilung misst, und einer immer stärkeren Konzentration von Vermögen in den Händen einer immer kleineren Elite.[13] Der Ökonom Thomas Piketty meint, dass es – außer in den Jahren vor der Französischen Revolution – keine historische Periode gegeben habe, in der die Ungleichheit größer gewesen wäre.[14]

Dies hatte auch geografische Konsequenzen. Während Regionen, in denen sich viele High-Tech-Firmen angesiedelt hatten, boomten, fielen traditionelle Industriegebiete, etwa der Mittlere Westen der Vereinigten Staaten, immer weiter zurück.[15] Genau hier waren die negativen sozialen Folgen des wirtschaftlichen Wandels besonders spürbar.

In der öffentlichen Debatte kamen diese Entwicklungen kaum zur Sprache. Selbst sozialdemokratische Politiker distanzierten sich von der «Klassenkampf-Rhetorik» ihrer Vorgänger, rauchten dicke

Zigarren und gefielen sich als «Genossen der Bosse».[16] Peter Mandelson, ein enger Berater Tony Blairs, verkündete vor Unternehmern, er sei «sehr entspannt, wenn es darum geht, dass Leute steinreich werden».[17] Aus Thomas Friedmans Sicht handelte es sich um eine «Übergangsphase», in der Arbeiter und geringer Qualifizierte in westlichen Industriestaaten neu ausgebildet werden müssten, um ihren Konkurrenten in China und anderswo «einen Schritt voraus» zu sein. Statt den Prozess der Globalisierung zu verlangsamen, so Friedman, müsse es darum gehen, den «gesamtwirtschaftlichen Kuchen» so schnell wie möglich zu vergrößern.[18]

Martin Wolf ging noch einen Schritt weiter. Für ihn war die Globalisierung nicht nur ein praktischer, sondern auch ein moralischer Imperativ. Seit Jahrhunderten habe der Westen in der Produktion von Gebrauchsgütern dominiert. Dass sich dies nun ändere, sei nur gerecht:

> Es wäre unmoralisch, wenn reiche Länder den Armen der Welt eine so große Chance auf Besserung nehmen würden, nur weil sie nicht in der Lage sind, die Verteilung der internen Kosten einer insgesamt höchst vorteilhaften Veränderung vernünftig und gerecht zu handhaben [...]. Nur die egoistischsten Westler können sich über eine Transformation beklagen, die so vielen so schnell so viel geholfen hat.[19]

Doch außer Ausbildungsangeboten und Einkommenstransfers hatte Wolf den vermeintlich «egoistischen» Arbeitern wenig anzubieten. Genauso wie Friedman glaubte er, der Transformationsprozess sei unaufhaltbar und seine «Verlierer» täten gut daran, die Konsequenzen klaglos – wenn nicht sogar dankbar – zu akzeptieren.

Finanzkollaps

Dass es so lange dauerte, bis die ökonomischen Ungleichgewichte offensichtlich wurden, lag vor allem an der gigantischen finanziellen Blase, die sich im Laufe der Dekade gebildet hatte. Die Ursachen für diese Blase sind vielfältig und nach wie vor umstritten. Zu den am häufigsten genannten «Schuldigen» gehören die Niedrigzinspolitik der amerikanischen Zentralbank nach den Anschlägen vom 11. September; ein weltweiter «Überhang» an Ersparnissen, der sich bei großen Banken in London und New York angehäuft hatte; und ein Finanzsektor, der – unbemerkt von Politikern und Aufsichtsbehörden – völlig außer Kontrolle geraten war.[20] Die Konsequenz war, dass Schuldenmachen so einfach wurde wie nie zuvor und dass viele Haushalte in Amerika, Großbritannien und Teilen Kontinentaleuropas zum Teil hohe Kredite aufnahmen, die sie niemals zurückzahlen konnten. Selbst wer keinen Job und kein Vermögen hatte, bekam problemlos sechsstellige Hypotheken, um sich Häuser zu kaufen, die dann wiederum als Sicherheit für weitere Kredite dienten.[21] Wie der amerikanische Politikwissenschaftler Michael Barkun bemerkte: «Die Ungleichheit [...] wurde durch Kredite und steigende Immobilienwerte kaschiert. Solange die Leute ihre Häuser als Geldautomaten benutzen konnten, war alles in Ordnung.»[22]

Mitte des Jahrzehnts galt es als offenes Geheimnis, dass die Hauspreise in Amerika unrealistisch hoch waren. Doch kaum jemand ahnte, dass das Platzen dieser Blase innerhalb weniger Wochen zum Einbruch des gesamten Finanzmarkts und zur schwersten Finanzkrise seit der Großen Rezession in den dreißiger Jahren führen würde. Der Finanzsektor war so komplex geworden, dass alles miteinander zusammenzuhängen schien und niemand mehr genau beurteilen konnte, bis zu welchem Grad andere Banken oder Geschäftspartner in die wertlosen Hypotheken investiert hatten. Das Platzen der Immobilienblase legte damit Schritt für Schritt die

Dysfunktion des gesamten Sektors bloß: das übermäßige Vertrauen in hochkomplexe mathematische Risikomodelle, die völlige Entkopplung vom tatsächlichen Wirtschaftsgeschehen; die Korruption der Rating-Agenturen; und – nicht zuletzt – die ideologisch und politisch so gewollte Abwesenheit jeglicher Kontrolle.[23]

Die Konsequenzen waren dramatisch. In den Jahren 2007 und 2008 kam das wirtschaftliche Geschehen zeitweise zum Stillstand; die globale Wirtschaftsleistung brach um zweitausend Milliarden Dollar ein; und in zahlreichen westlichen Ländern verdoppelte sich die Arbeitslosenquote. Es dauerte fast vier Jahre, bis sich die amerikanische Wirtschaft vom «Schock» der Finanzkrise erholt hatte, und es waren – abermals – die Mittel- und Geringverdiener, die durch Enteignungen, Arbeitslosigkeit und wirtschaftliche Unsicherheit den höchsten Preis bezahlten.[24]

Mehr noch als die Gier der Banker oder die Inkompetenz der Aufsichtsbehörden dokumentierte die globale Finanzkrise das Versagen westlicher Politikeliten. Ihr Offenbarungseid war die «Bankenrettung», bei der westliche Regierungen das Finanzsystem durch Steuergelder und staatliche Garantien vor dem Untergang bewahrten. Dies war unvermeidbar, denn Banken sind «Kreislaufsysteme» einer Volkswirtschaft,[25] und ein Zusammenbruch hätte den Schaden für Wachstum und Arbeitsplätze wahrscheinlich noch größer werden lassen. Doch die Tatsache, dass der vermeintlich wettbewerbsorientierteste Teil der Volkswirtschaft, in dem angeblich nur Leistung zählte, mit riesigen Subventionen vor den Konsequenzen seiner eigenen Entscheidungen gerettet werden musste, war – nicht zuletzt – eine intellektuelle Bankrotterklärung. Klar wurde dabei: Das System, das Banker als «Helden» feierte[26] und den Markt als ultimative Instanz für alle Entscheidungen begriff, war krachend gescheitert. Selbst Josef Ackermann, der umstrittene Vorstandsvorsitzende der Deutschen Bank, erklärte damals, dass er «nicht mehr an die Selbstheilungskräfte des Marktes» glaube.[27]

Kontrollverlust

Man möchte meinen, dass die logische Antwort auf diese Krise ein Ruck nach links sein würde. Doch zur Überraschung westlicher Politikeliten stand die stärkste – und lauteste – neue Kraft im amerikanischen politischen Spektrum nicht am linken, sondern am rechten Ende des politischen Spektrums. Die sogenannte Tea Party, die besonders in den Jahren 2009 und 2010 viel Zuspruch gewann, artikulierte ökonomische, aber ebenso politische und kulturelle Ängste. Ihre Anhänger waren nicht nur gegen Freihandel, sondern auch gegen Einwanderung. Und sie gaben die Schuld an der Krise nicht nur Bankern, sondern den «liberalen Eliten». Einfach ausgedrückt: Ihr Zorn richtete sich nicht nur gegen bestimmte ökonomische Aspekte von Globalisierung und liberaler Moderne, sondern gegen das gesamte «Paket». Auch wenn sie im darauffolgenden Jahrzehnt zunächst an Einfluss verlor, war die Tea Party ein erster Hinweis auf die Art von Backlash, die der liberalen Moderne *innerhalb* westlicher Gesellschaften bevorstand.

Die Bewegung entstand im Februar 2009 nach einer Wutrede des Fernsehkorrespondenten Rick Santelli, der in Anlehnung an Steuerproteste amerikanischer Händler im 18. Jahrhundert eine neue Tea Party gefordert hatte. Die ersten Demonstrationen, die noch im selben Monat stattfanden, richteten sich gegen staatliche Finanzhilfen für Hauseigentümer. Später konzentrierte sich die Tea Party auf den Krankenversicherungsplan der Obama-Regierung, der – genauso wie die Bankenrettung – als Teil einer «sozialistischen Machtübernahme» dargestellt wurde. Auf ihrem Höhepunkt hatte die Bewegung über eine halbe Million aktive Unterstützer.[28] Dies waren vor allem Republikaner weißer Hautfarbe, überwiegend männlich und mittleren Alters, die in der Regel nicht arm oder arbeitslos waren, aber meist der (unteren) Mittelklasse angehörten und überdurchschnittlich häufig aus Regionen kamen, die besonders stark vom Strukturwandel der 1990er und 2000er betroffen waren.[29] Vor den Kongresswahlen im Jahr 2010 war ihr politischer Einfluss so groß, dass ein Dutzend republikanische Abgeordnete, die als «zu lasch» galten, ihre Ämter verloren und durch radikalere Kandidaten ersetzt wurden. Von den 233 Republikanern, die im November 2010 gewählt wurden, waren 60 – mehr als ein Viertel – aktive Unterstützer der Tea Party.

Historisch gesehen war dies nichts Neues. In der amerikanischen Geschichte gab es immer wieder rechtsextreme und rechtspopulistische Bewegungen, die besonders während Perioden ökonomischer Unsicherheit und rapiden gesellschaftlichen Wandels viel Unterstützung bekamen.[30] Prominentestes Beispiel ist der Ku-Klux-Klan, der in drei solchen Perioden – unmittelbar nach dem Bürgerkrieg, zur Zeit der Großen Rezession und während der Bürgerrechtsära in den Sechzigern – speziell bei Weißen im Süden des Landes populär war.[31] Genauso wie ihre Vorgänger hetzte die Tea Party gegen «Eliten» und «Neuankömmlinge», und genauso wie in vergangenen Perioden spielten dabei Verschwörungstheorien[32] eine wichtige Rolle. Die perfideste davon war, dass Obama kein «echter» – das heißt in Amerika geborener – Amerikaner sei und deshalb nach der amerikanischen Verfassung gar kein Präsident sein dürfe. Diese Behauptung, die auf geschickte Weise politische und kulturelle Ressentiments miteinander verband, wurde laut einer Umfrage von 45 Prozent – also fast der Hälfte – aller Tea-Party-Anhänger geglaubt.[33] Zu ihren enthusiastischsten Promotern gehörte Donald Trump.[34]

Der ideologische Deutungsrahmen war für Anhänger der Tea Party von Anfang an viel weiter gesteckt als nur die Finanzkrise. Ihre Empörung galt nicht nur gierigen Bankern, sondern der staatlichen Rettungsaktion und – mit ihr – jedem Versuch, die Konsequenzen individuellen Fehlverhaltens über staatliche Interventionen abzufangen. Warum sollte die Allgemeinheit für die falschen Entscheidungen von Einzelnen bezahlen? Mit ihrer Betonung auf Eigenverantwortung artikulierte die Tea Party die Frustration derjenigen Amerikaner, die zwar selbst nicht sonderlich vermögend waren, aber meist etwas besser dastanden als diejenigen, die auf staatliche Hilfe angewiesen waren. Wer während der Boom-Jahre eine Hypothek aufgenommen hatte und diese später nicht abzahlen konnte, war ihrer Meinung nach selbst schuld. Rick Santelli brachte es auf den Punkt: «Keine Hilfe für Loser!»[35]

Zu ökonomischen Ängsten gesellten sich häufig kulturelle Ressentiments. Seit den neunziger Jahren hatte der Anteil der Amerikaner «europäischer Abstammung» – also Weißer – stetig abgenommen, während die Anzahl der Einwanderer, meist aus Lateinamerika, rapide zunahm. Die Volkszählung im Jahr 2010 ergab, dass bereits knapp die Hälfte aller Amerikaner unter achtzehn Jahren zu sogenannten ethnischen Minderheiten gehörten und dass Weiße in wenigen Jahrzehnten zur «Minderheit im eigenen Land» würden.[36] Hinzu kam mit Obama ein afroamerikanischer Präsident, der ständig von Diversität sprach, und von dem man fürchtete, er wolle seine «elitären» Vorstellungen, zum Beispiel beim Thema Waffenbesitz oder Homoehe, dem Rest der Gesellschaft aufzwingen.

Es war deshalb kein Zufall, dass Tea-Party-Anhänger staatliche Programme, die von «liberalen Eliten» propagiert wurden und vor allem Einwanderern oder Angehörigen von Minderheiten zugutekamen, so vehement ablehnten.[37] Wie der amerikanische Historiker Ronald Formisano erklärt, waren die ökonomischen und kulturellen Ängste der Tea-Party-Anhänger Ausdruck desselben scheinbar allgegenwärtigen Ohnmachtsgefühls einer weißen Mittelklasse, die glaubte, in dem von «liberalen Eliten» propagierten «bunteren», globalisierten Amerika keinen Platz mehr zu haben:

> Millionen von [weißen] Amerikanern [...] haben das Gefühl, dass sich das moralische Gefüge unserer Gemeinschaft – von der Nachbarschaft bis zur Nation – auflöst [...]. Sie haben Angst davor, dass sie die Kontrolle über ihr Leben verlieren und dass riesige unpersönliche Kräfte, einige von globalem Charakter, zu viel Einfluss darauf haben, wie sie leben.[38]

Eine Dekade, die mit grenzenlosem Optimismus begonnen hatte, endete also mit tiefer Verunsicherung. Die Anschläge vom 11. September zeigten, dass der Westen verwundbar war; die Kriege im Nahen Osten belegten die Grenzen seiner militärischen Macht; und der Zusammenbruch der Finanzmärkte offenbarte die Widersprüche seines Wirtschaftsmodells. Wie der Aufstieg der Tea Party deutlich machte, stieß die Durchsetzung liberal-moderner Ideen nicht nur im Ausland, sondern auch in den eigenen Gesellschaften auf Widerstand, und zwar oftmals von denjenigen, die sich trotz aller optimistischen Rhetorik zu ihren «Verlierern» zählten. Die weißen, oftmals islamophoben Amerikaner, die gegen Obama wetterten, hatten deshalb mehr mit den islamistischen irakischen Sunniten gemein als allgemein vermutet.

TEIL III
ERNÜCHTERUNG: 2011–2015

KAPITEL 10

Arabischer Frühling?

Die 2010er Jahre fingen viel optimistischer an, als die vorherige Dekade geendet hatte. Das wichtigste weltpolitische Ereignis gleich zu Beginn des Jahrzehnts war der sogenannte Arabische Frühling, der in Tunesien mit landesweiten Protesten und dem Sturz des langjährigen Präsidenten Ben Ali im Januar 2011 begann. In fast allen Ländern der Region kam es in den darauffolgenden Wochen zu Demonstrationen, die Freiheit und Menschenwürde, ein Ende von Korruption und Repression sowie den Rücktritt der jeweiligen Machthaber forderten. Doch was wie eine «demokratische Welle» aussah, endete – nicht zuletzt wegen der zögerlichen Haltung des Westens – bereits wenige Jahre später in Chaos, Krieg und einem autoritären «Revival».

Die strukturellen Ursachen für den Arabischen Frühling waren dieselben, die bereits die UNDP-Berichte zum «Stand der Entwicklung in der arabischen Welt» in den frühen 2000er Jahren aufgezählt hatten: ein Mangel an wirtschaftlichen und ökonomischen Perspektiven gepaart mit korrupten, repressiven Regimen, die ihrer Bevölkerung weder Sicherheit noch eine Zukunft boten. Die damals identifizierten Trends hatten sich eher noch verschärft. Das Bevölkerungswachstum hatte weiter zugenommen, sodass zu Beginn der neuen Dekade bereits zwei Drittel der arabischen Bevölkerung jünger als fünfundzwanzig Jahre alt waren. Die Arbeitslosigkeit betrug, je nach Land, zwischen 20 und 40 Prozent und betraf die Jungen und Gebildeten am stärksten. Hinzu kam ein dramatischer Anstieg der Lebensmittelpreise ab 2007, der dazu führte, dass Haushalte zwischen einem Drittel (Libanon) und zwei Dritteln (Marokko) ihres Monatseinkommens für die eigene Ernährung ausgeben mussten.[1]

Die autokratischen Regierungen in der Region hatten hierauf keine Antwort. Im Jahrzehnt zuvor hatten viele eine Politik der neoliberalen Liberalisierung betrieben, wobei Sozialausgaben gesenkt und staatliche Betriebe privatisiert worden waren. In Ägypten und Syrien führte dies zu wirtschaftlichem Wachstum, das aber bei Weitem nicht ausreichte, um die eskalierenden sozioökonomischen Probleme einzufangen. Mehr noch: Der Abbau sozialer Leistungen und – vor allem – die Art und Weise, wie Staatsbetriebe privatisiert wurden (im Wesentlichen durch Verkauf an die Familien und Freunde der Machthaber), verschärften den Hass auf die «korrupten Herrscher». Gegen Ende des Jahrzehnts war von vielen arabischen Regierungen nur noch ihr repressiver Apparat übrig.[2]

Dass sich der Unmut so plötzlich entlud und dass er innerhalb weniger Wochen in praktisch allen arabischen Staaten zu Protesten führte, hatte allerdings auch etwas mit der Macht – und den Möglichkeiten – globaler Kommunikation zu tun. Wenngleich weniger als 20 Prozent der Bevölkerung über einen *eigenen* Zugang zum Internet verfügten,[3] konnten mehr Araber denn je lesen und schreiben, eine Mehrheit nutzte die sozialen Medien (meist Facebook), 80 Prozent besaßen Handys, und fast alle bezogen ihre Nachrichten über Satellitenkanäle, insbesondere *Al Jazeera*.[4] Im Gegensatz zu früheren Perioden konnten arabische Regierungen nicht mehr verhindern, dass ihre Bevölkerungen Zugang zu regierungskritischen Informationen hatten, während Regierungskritikern viel mehr Möglichkeiten zur Verfügung standen, miteinander zu kommunizieren und sich zu organisieren.

Über das Internet und *Al Jazeera* verbreiteten sich Neuigkeiten über Proteste oder staatliche Übergriffe innerhalb kurzer Zeit in der gesamten Region. Dass die Demonstranten im bahrainischen Manama dieselben Slogans riefen, die wenige Tage zuvor noch in

Kairo und Tunis gerufen wurden, wäre ohne soziale Medien und Satellitenfernsehen unvorstellbar gewesen. Facebook und *Al Jazeera* waren – so gesehen – nicht die *Ursache* für den Arabischen Frühling, aber sie schufen eine «(gesamt-)arabische Öffentlichkeit», die es möglich machte, den autoritären Status quo in allen Teilen der Region herauszufordern.[5]

Die erste Reaktion westlicher Politikeliten war ein naiver, fast blinder Enthusiasmus. Aus westlicher Sicht verhieß der Arabische Frühling nicht nur ein Ende des dschihadistischen Terrorismus, sondern ein Revival des «liberalen Optimismus» und damit der Hoffnung, dass sich die ganze Welt früher oder später dem Projekt der liberalen Moderne anschließen würde. Wie man auf ihn reagieren sollte, war jedoch weniger klar: Hin- und hergerissen zwischen Begeisterung und der Angst davor, in neue Konflikte hineingezogen zu werden, formulierten westliche Regierungen eine Reihe von mutlosen und widersprüchlichen Strategien, die dem westlichen Führungsanspruch nicht gerecht wurden, zu Chaos und Instabilität beitrugen und den Gegnern der liberalen Moderne Auftrieb verschafften. Statt aus Fehlern zu lernen, wie es der Historiker Heinrich August Winkler forderte,[6] verfiel der Westen in eine Art Schockstarre.

Liberaler Optimismus 2.0

Der prägende Moment des Arabischen Frühlings waren die Demonstrationen auf dem Kairoer Tahrir-Platz, die am 25. Januar 2011 begannen. Ihre Initiatoren waren linke und liberale Jugendliche, denen sich später traditionelle Oppositionsgruppen – allen voran die sogenannte Muslimbrüderschaft – anschlossen. Das Ergebnis war ein größtenteils friedlicher Volksaufstand, der völlig unterschiedliche Gruppen im Kampf gegen Repression und für ein neues, freieres Ägypten zusammenbrachte und zum Rücktritt des Präsidenten Hosni Mubarak führte. Der Erfolg der Proteste sandte ein Signal an die gesamte Region: Wenn es ein paar tausend Jugendlichen gelingen konnte, den Diktator des wichtigsten und bevölkerungsreichsten arabischen Staates zu stürzen, dann gab es die Möglichkeit zur demokratischen Transformation überall. «Die Ägypter haben jetzt die Chance, eine freie und gerechte Gesellschaft zu schaffen», so die *New York Times:* «Ihr Beispiel inspiriert uns alle.»[7]

Kaum waren die Demonstrationen in Kairo vorüber, war bereits von einem «Dominoeffekt» oder einer neuen «demokratischen Welle» die Rede.[8] Beobachter verglichen die Ereignisse mit der Märzrevolution im Jahr 1848,[9] dem «Prager Frühling» des Jahres 1968[10] oder den friedlichen Revolutionen in Osteuropa im Jahr 1989.[11] Kaum jemand bezweifelte, dass dies ein historischer Moment war und dass die Ereignisse in Tunis und Kairo zur Demokratisierung der gesamten Region führen würden. Dabei machte es keinen Unterschied, auf welcher Seite des Atlantiks man sich befand. Der Islamwissenschaftler Daniel Gerlach erkannte bei deutschen Politikern «sehr starke Sympathien», die darauf beruhten, dass «alle Völker der Welt irgendwie zur Demokratie und zum westlichen republikanischen System hinstreben» und dass es – trotz aller Schwierigkeiten – «in der arabischen Welt eine junge, aufgeklärte, moderne Bevölkerung gibt».[12] Der Soziologe Bernard Rougier beobachtete eine ähnliche Stimmung in Frankreich: «Wer Zweifel äußerte, musste sich vorwerfen lassen, ein Rassist oder Orientalist zu sein. Fast alle waren betrunken von der Idee, dass die arabischen Staaten jetzt zu Demokratien würden.»[13] Und auch in Amerika gab es kaum Skepsis oder Widerspruch.[14] Francis Fukuyama ging – wie üblich – noch einen Schritt weiter: In einem Gastbeitrag für das *Wall Street Journal* fragte er: «Kommt China als Nächstes?»[15]

Doch die Vorstellung einer neuen «demokratischen Welle» beruhte auf zwei falschen Annahmen. Die erste war die Idee, dass die «Revolutionen» von einer neuen, westlich orientierten Generation angeführt wurden. In den Augen westlicher Beobachter schien es, als sei in den tief gespaltenen, politisch antagonistischen Gesellschaften des Nahen Ostens plötzlich – und wie aus dem Nichts – eine junge, liberale Mittelklasse entstanden, die die sozialen Medien nutzte, fließend Englisch sprach, mit Religion nichts am Hut hatte und dieselben Ziele und Ambitionen verfolgte wie ihre Altersgenossen in New York oder Paris. «Die Revolutionen von Tunesien über Ägypten bis Libyen zeigen, dass die arabische Welt viel moderner ist, als wir glauben», schrieb etwa der französische Historiker Emmanuel Todd. «Die muslimischen Länder sind voll von jungen, leistungsbereiten Menschen. Sie kämpfen für westliche Werte, Fortschritt und Selbstbestimmung.»[16]

Der Grund für diese Wahrnehmung war die Berichterstattung von *Al Jazeera* und westlichen Fernsehsendern, die sich auf den *Tahrir*-Platz konzentrierte, wo zumindest in den ersten Tagen linke und liberal orientierte Gruppen die Proteste dominierten. Ihr prominentester Repräsentant war Wael Ghonim, ein damals neunundzwanzigjähriger Informatiker, der für Google in Dubai arbeitete und eine Facebook-Kampagne gegen Polizeigewalt gestartet hatte. Mitte Januar 2011 kehrte er in seine ägyptische Heimat zurück, doch bereits zwei Tage nach Beginn der Demonstrationen wurde er von der Polizei festgenommen. Seine Inhaftierung machte ihn zum weltweiten Symbol der neuen, arabischen «Millennials» und ihrer «New-Age-Revolution».[17] Sogar Präsident Obama hatte von ihm gehört. In einer internen Besprechung sagte er: «Ich möchte, dass die Kids auf der Straße gewinnen und der Google-Typ Präsident wird.»[18]

In Wahrheit jedoch waren die «Millennials» nur ein kleiner Teil der «Revolution». Wie der amerikanische Nahostforscher Mark Lynch erklärt, hatten junge, liberale Ägypter die Proteste zwar initiiert, doch «ihre Bewegung wurde erst dann zur Revolution, als sie breite Unterstützung aus [traditionelleren] sozialen Schichten gewann».[19] Diese Unterstützung kam wenige Tage nach Beginn der Proteste, als sich die älteste und stärkste islamistische Organisation in Ägypten, die Muslimbrüderschaft, mit den «Millennials» verbündete. Die Muslimbrüder überließen den «Millennials» weiterhin das Scheinwerferlicht, spielten aber eine wichtige Rolle, als es darum ging, den Tahrir-Platz gegen die Angriffe von Mubarak-Anhängern zu verteidigen.[20] John Sawers, der damalige Chef des britischen Auslandsnachrichtendienstes MI6, erinnert sich:

> Eigentlich stand die Muslimbrüderschaft am Anfang im Hintergrund. Aber es gab entscheidende Momente während der Proteste, als sie ihre Kräfte und Anhänger sammelte. Sie war ganz besonders aktiv [...] bei den Zusammenstößen auf dem Tahrir-Platz in der letzten Januarwoche. Sie hatte deutlich mehr Disziplin [...] als die liberalen Studenten und die Demonstranten der Mittelschicht [...] und gab ihnen die Stärke, die notwendig war, um sich durchzusetzen.[21]

Die Stärke der Islamisten zeigte sich wenig später auch an den Wahlurnen: Bei den Parlamentswahlen im November 2011 wurden die Muslimbrüder mit fast 40 Prozent der Stimmen zur stärksten politischen Kraft, und im darauffolgenden Sommer gewannen sie mit knapper Mehrheit auch die Präsidentschaftswahl. Vom Traum der «liberalen Revolution» war bereits zu diesem Zeitpunkt nur noch wenig übrig.

Der zweite Irrtum westlicher Eliten war die Annahme, dass sich das Problem des dschihadistischen Terrorismus erledigt hatte. Einer der prominentesten Fürsprecher dieser These war der französische Nahostexperte Jean-Pierre Filiu, der in zahllosen Artikeln und Interviews behauptete, die Angst vor der «islamistischen Bedrohung» sei lediglich eine Fantasie der autoritären Herrscher gewesen. Die Revolutionen in Tunesien und Ägypten hätten den Beweis dafür geliefert, dass es keiner Gewalt bedürfe, um sich aus der Unterdrückung zu befreien und Diktatoren aus ihren Ämtern zu jagen. «Den Dschihadisten bleibt keine Rückfalloption», so Filiu: «Die Millionen arabischer Demonstranten trotzen den herrschenden Cliquen und Sicherheitskräften nicht, um die Errichtung eines ‹Kalifats› oder eines ‹islamischen Emirats› zu fordern, [...] sondern um freie und faire Wahlen, eine anständige Verwaltung sowie transparente und repräsentative Institutionen zu bekommen.»[22]

Selbst Terrorismusexperten schlossen sich dieser Interpretation an. Paul Cruickshank, der Herausgeber der amerikanischen Fachzeitschrift *The Sentinel*, sagte voraus, dass der Arabische Frühling zu einem Rückgang des dschihadistischen Terrorismus führen werde.[23] Fawaz Gerges, ein Nahostexperte an der *London School of Economics*, glaubte sogar, dass «nur ein Wunder» den Dschihadismus vor dem Niedergang retten könne.[24] Die Logik, die hinter solchen Aussagen steckte, war stets dieselbe: Je moderner und demokratischer die arabischen Staaten würden, desto weniger Gründe würde es geben, sich Gruppen wie al-Qaida anzuschließen.

Es kam jedoch anders. Die Dschihadisten spielten in den Protestbewegungen zwar keine Rolle, aber sie begriffen schnell, welche Chancen die Entwicklung bot. Anwar al-Awlaki, ein jemenitischer Prediger und Mitglied von al-Qaida, schrieb bereits im Frühling 2011, dass es unwichtig sei, ob die neuen Regierungen «demokratisch oder islamisch» seien: «Wie auch immer das Ergebnis ausfällt, unsere Brüder [...] werden nach Jahren endlich wieder eine Möglichkeit haben, durchzuatmen.»[25] Und tatsächlich: Innerhalb weniger Monate kamen Tausende von Dschihadisten aus den Gefängnissen frei; der Verfolgungsdruck durch Polizei und Geheimdienste ließ nach; und zum ersten Mal in Jahrzehnten konnten sich islamistische, salafistische und dschihadistische Gruppen wieder offen organisieren.[26] Als der Arabische Frühling zum «Winter» wurde, die demokratischen Transformationen scheiterten und längst überwunden geglaubte Antagonismen zurückkehrten, war die «Dschihad-Bewegung» stärker denn je.

«Gewollte Impotenz»

Die Begeisterung westlicher Politikeliten für den Arabischen Frühling hatte viel mit der Widersprüchlichkeit westlicher Politik zu tun. Europäische Regierungen hatten sich über Jahrzehnte hinweg in unzähligen Entschlüssen und Sonntagsreden zur Stärkung der Demokratie im Nahen Osten verpflichtet, aber in der Praxis wenig dafür getan. Verglichen mit den Islamisten waren die autoritären Herrscher stets das «kleinere Übel», und wenn arabische Staaten ihre Reformauflagen verletzten, drückten europäische Regierungen meist «beide Augen zu».[27] Ähnliches galt für Amerika. In einer viel beachteten Rede im Juni 2009 hatte sich Präsident Obama zur Verbreitung der Demokratie im Nahen Osten verpflichtet. Er erklärte, dass Meinungsfreiheit, Rechtsstaatlichkeit und repräsentative Regierungen «nicht amerikanische Ideen» seien, sondern universelle Rechte, «die wir überall unterstützen».[28] Doch in Wirklichkeit kooperierte Amerika weiterhin mit denselben Machthabern, die diese Rechte unterdrückten. Kurzum: Nirgendwo war der Widerspruch zwischen liberaler Rhetorik und realpolitischer Praxis eklatanter als im Nahen Osten, und westliche Politiker und Experten – denen dies bewusst war – zeigten sich froh und erleichtert, dass der Arabische Frühling ihn aufzulösen versprach.

Dem entgegen stand jedoch ein zweiter Antrieb, der für den weiteren Verlauf des Arabischen Frühlings mindestens genauso wichtig war. Als die Proteste begannen, befand sich der Westen in einem Zustand politischer und psychologischer Erschöpfung.[29] Die Interventionen in Afghanistan und dem Irak hatten nicht nur keine Demokratie oder Stabilität gebracht, sondern Bürgerkriege ausgelöst, astronomische Kosten verursacht und die Gräben zwischen dem Westen und der «muslimischen Welt» vertieft. Darüber hinaus sorgten sie für eine Sinnkrise. Selbst unter westlichen Politikeliten hörte man häufig, dass jegliche Form von Intervention zum Scheitern verurteilt sei; dass sich der Westen aus der Region heraushalten solle; und dass es genügend andere Probleme gebe, die mehr Aufmerksamkeit verdienten als der Nahe Osten. Obama war sich dieser Stimmung bewusst und versprach, die scheinbar endlosen Kriege im Nahen Osten zu beenden. Auf dem Höhepunkt des Arabischen Frühlings, im Juni 2011, machte er klar, dass seine Priorität «der Staatsaufbau hier zu Hause» war.[30]

Die Idee des Publizisten Michael Lüders, dass Amerika den Arabischen Frühling als Vorwand benutzt habe, um weitere Kriege im Nahen Osten anzuzetteln, ist deshalb absurd.[31] Wenn auch mit katastrophalen Folgen, beabsichtigte Amerika genau das Gegenteil: den demokratischen Wandel zu fördern, ohne sich weiter im Nahen Osten zu verstricken. Das Ergebnis war eine mutlose, oft widersprüchliche Politik, die der arabisch-amerikanische Publizist Hussein Ibish als «gewollte Impotenz» beschreibt.[32] Ihr Hauptantrieb war die Sorge, dass aus der westlichen Einmischung eine Dynamik entstehen könnte, die irgendwann nicht mehr überschaubar oder begrenzbar wäre und mit einem weiteren vermeintlich endlosen Konflikt enden würde. Hierzu passte auch die Überzeugung, dass der Arabische Frühling nur deswegen so erfolgreich gewesen sei, weil er nicht – wie im Falle des Irak – von außen initiiert worden war, und dass jede Form von Intervention den demokratischen Kräften schaden würde. Beide Erkenntnisse deuteten in dieselbe Richtung, nämlich keinerlei Risiken einzugehen und die eigene Rolle so klein wie möglich zu halten.[33]

Bereits im Mai – also gerade mal drei Monate nach dem Sturz Mubaraks – verabschiedete sich Amerika von der Idee einer einheitlichen Strategie. In einer Rede im amerikanischen Außenministerium lobte Obama den Mut der Demonstranten und erklärte erneut, dass er die Durchsetzung von Freiheits- und Menschenrechten unterstützen wolle. Gleichzeitig aber betonte er, dass Amerika den Entwicklungen mit «Bescheidenheit» begegnen und den Menschen im Nahen Osten erlauben sollte, ihre Zukunft selbst zu bestimmen. Es gebe keine «umfassende Doktrin», mit der Amerika auf die Protestbewegungen im Nahen Osten reagieren wolle. Jedes Land sei anders, und die amerikanische Position werde «von Fall zu Fall» entschieden.[34] Für den Nahostexperten Emile Hokayem vom Londoner Internationalen Institut für Strategische Studien (IISS) ist klar:

> Die Amerikaner rangen mit der Situation. Ihr Herz war auf der Seite der Demonstranten. Aber politisch wussten sie nicht, wie sie damit umgehen sollten. Und strategisch hatten sie Angst vor der ganzen Sache. Und ich denke, das hat eine sehr desorganisierte, ambivalente Reaktion hervorgerufen.[35]

Mit Ausnahme des Konflikts in Libyen (siehe Kapitel 11) schloss sich Europa dieser zaghaften, meist reaktiven Politik an. Am deutlichsten ließ sich dies am Beispiel Ägyptens erkennen. Als es danach aussah, dass die «Millennials» an die Macht kämen, gab es breite Unterstützung für liberale Reformen und die Hoffnung auf eine demokratische Transformation. Sobald jedoch klar wurde, dass die stärkste politische Kraft nicht die «Millennials» waren, sondern die Islamisten, änderte sich der Kurs. Innerhalb kurzer Zeit galt die Muslimbrüderschaft als «islamische neue Mitte»,[36] und in Berlin rollte die deutsche Bundesregierung ihrem hochdogmatischen Präsidenten Mohammed Mursi «den roten Teppich aus».[37] Als auch Mursi in Schwierigkeiten geriet, änderte sich die westliche Position abermals. Im Sommer 2013 unterstützten Amerika und Europa den Putsch des Armeechefs Abdel Fattah al-Sisi, der ein autoritäres Regime etablierte, das Mubaraks Diktatur nicht nur ähnelte, sondern sie an Brutalität sogar übertraf. Innerhalb von weniger als drei Jahren hatte sich der Westen also hinter alle politisch relevanten Kräfte in Ägypten gestellt – und das nur, um letztlich wieder dort zu landen, wo die politische Reise begonnen hatte: bei einer autoritären Diktatur.

Die einzig konsequente Politik, die mit dem Arabischen Frühling an Fahrt gewann, war die sogenannte *Internet Freedom Agenda.* Bereits im Januar 2010 hatte die amerikanische Außenministerin Hillary Clinton angekündigt, dass sich die amerikanische Regierung viel stärker für die Freiheit und Verbreitung des Internets einsetzen werde. Die Idee hierfür entstand während der sogenannten Grünen Revolution im Sommer 2009, als ein Mitarbeiter Clintons bemerkte, dass sich junge Iraner per Twitter zu Demonstrationen verabredeten. Der Eindruck, dass das Internet – und besonders die sozialen Medien – bei «demokratischen Revolutionen» eine Schlüsselrolle spielte, bestätigte sich mit dem Arabischen Frühling. In den folgenden Jahren unterstützte die amerikanische Regierung deshalb eine Vielzahl von Initiativen und Programmen, die oppositionellen Aktivisten die Nutzung des Internets ermöglichten und ihnen die neuesten Technologien zur Verfügung stellten.[38]

Die *Internet Freedom Agenda* passte gut zum amerikanischen Techno-Optimismus, der im Internet ein Instrument der politischen Befreiung und Demokratisierung sah. Verglichen mit militärischen Interventionen verursachte sie außerdem relativ wenig Kosten und keine innenpolitische Kontroverse. Am wichtigsten jedoch: Sie barg kein Risiko, dass sich Amerika in weitere Kriege verstrickte. «Tweete dich zur Freiheit»[39] wurde so zum Credo der Obama-Regierung und zum Ersatz für die weltpolitische Führungsrolle, aus der sich Amerika aus Angst vor neuen, scheinbar endlosen Kriegen zurückgezogen hatte.

Konter-Revolution

Fünf Jahre nach dem Beginn des Arabischen Frühlings waren – mit Ausnahme Tunesiens – alle Protestbewegungen und demokratischen Transformationen gescheitert. In den meisten Ländern brachen alte Antagonismen auf, die wiederum zu Polarisierung, Konflikten und Kriegen führten. Schuld daran waren nicht die Proteste oder die Forderung nach Freiheit und Demokratie, sondern die Tatsache, dass autoritäre Herrscher diese Konflikte jahrelang unter den Teppich gekehrt oder aus machtpolitischen Gründen gefördert hatten. Der Fehler des Westens – und speziell Amerikas – lag nicht in der Begeisterung für die demokratischen Protestbewegungen, sondern in dem naiven Glauben daran, dass die Antagonismen und Konfliktlinien, die den Nahen Osten seit Jahrzehnten kennzeichneten, mit dem Arabischen Frühling plötzlich verschwunden seien und dass sich dysfunktionale Gesellschaften ohne aktive Unterstützung in friedliche, stabile und demokratische Staaten verwandeln würden. Man überließ den Nahen Osten sich selbst, schuf ein Vakuum und ärgerte sich anschließend darüber, dass die einzigen Kräfte, die von der historischen Situation profitierten, nicht Liberale, sondern die Feinde der liberalen Moderne waren: Islamisten und Autokraten.

Nicht alle Konflikte endeten so brutal wie in Libyen und Syrien, wo der Mangel an westlicher Führung und westlichem Engagement katastrophale Folgen hatte. Doch nahezu überall kam es infolge der Protestbewegungen zu Instabilität, Unsicherheit und – in einigen Fällen – Chaos. Größter Profiteur war zunächst die Muslimbruderschaft, die überall im Nahen Osten Parteien, politische Netzwerke und gemeinnützige Organisationen aufgebaut hatte und breite Unterstützung genoss. So lautete auch die Einschätzung des damaligen BND-Präsidenten Gerhard Schindler:

> Als wir schauten, wer denn die Akteure in diesen ganzen Bereichen sind, tauchten immer wieder die Muslimbrüder auf: in Tunesien, in Ägypten, im ganzen Nahen und Mittleren Osten. Man konnte feststellen, wie geschickt die das machten. Wie schnell die gleich die Positionen besetzten: in den Medien, in den Verwaltungsapparaten, bei den Gerichten und so weiter. Zum damaligen Zeitpunkt machten wir uns Sorgen, dass das Ganze in Richtung einer großflächigen Islamisierung läuft.[40]

Noch gefährlicher war der Aufstieg salafistischer und dschihadistischer Gruppen, die Demokratie explizit ablehnten, religiöse Intoleranz predigten und – im Falle der Dschihadisten – den Einsatz von Gewalt legitimierten. Wie bereits erwähnt, konnten sich Salafisten und Dschihadisten nach dem Arabischen Frühling in vielen arabischen Staaten zum ersten Mal öffentlich organisieren, ihre Botschaft verbreiten und um Mitglieder werben. Hieraus entstand ein «Ökosystem» zahlreicher Organisationen, das die religiösen und konfessionellen Konfliktlinien vertiefte und terroristische

Anschläge verübte – nicht nur im Nahen Osten, sondern auch in Europa (siehe Kapitel 11 und 12).[41]

Als die Islamisten und Dschihadisten immer stärker wurden, witterten die Autokraten eine neue Chance. Mit Unterstützung von Saudi-Arabien und den Vereinigten Arabischen Emiraten kam es zu einem Revival von Monarchen und autoritären Herrschern, die «Stabilität» als Alternative zu Chaos und Gottesherrschaft versprachen. Ihr Narrativ fiel auf fruchtbaren Boden, und nicht nur in Ägypten, sondern nahezu überall in der Region nahm das Ausmaß staatlicher Repression zu. Ein Herrschertypus, der vor dem Arabischen Frühling noch als «Problem» erachtet wurde, galt bereits wenige Jahre später wieder als «Lösung».

Und auch außerhalb der Region konnten sich Autokraten durch den Arabischen Frühling profilieren. Wladimir Putin unterstützte den syrischen Diktator Baschar al-Assad mit einer Militärintervention. Seiner Meinung nach war nicht Assad an dem seit vier Jahren währenden Bürgerkrieg schuld, sondern die westliche «Demokratieförderung». Er präsentierte seine Intervention als «Anti-Terrorismus-Operation», die der Wiederherstellung von Recht und Ordnung dienen sollte. Wenngleich der Konflikt damit nicht endete, stabilisierte Russlands Eingreifen die Position von Assad, und Russland wurde zum ersten Mal seit Ende des Kalten Krieges wieder zum Machtfaktor im Nahen Osten (siehe Kapitel 12).

Und das Internet? Wie sich herausstellte, verstanden die Gegner der liberalen Moderne die Bedeutung des Internets genauso gut wie der Westen. Am deutlichsten wurde dies im Falle des IS. Während der Jahre 2014 und 2015 war die dschihadistische Miliz auf praktisch jeder westlichen Internetplattform präsent. So konnte sie Zehntausende von sogenannten Auslandskämpfern mobilisieren, die sich auf den Weg ins vermeintliche «Kalifat» machten.[42] Auf dem Höhepunkt ihrer Macht veröffentlichten IS-Anhänger geschätzt zweihunderttausend Propagandabotschaften *am Tag*[43] – womit sie die Hypothese widerlegten, das Internet habe zwangsläufig eine demokratiestiftende Wirkung.

Auch die Autokraten begannen, das Internet für ihre Zwecke zu nutzen. Spätestens seit der Grünen Revolution, so der Autor Evgeny Morozov, sahen die Herrscher in Teheran, Moskau und Peking das Internet als «Instrument westlicher Macht». Was amerikanische Politikeliten als «Demokratieförderung» präsentierten, war in ihren Augen eine Form der «hybriden Kriegsführung», mit der Amerika seine geopolitischen Gegner zu destabilisieren versuchte.[44] Die Konsequenzen waren deshalb nicht nur neue Maßnahmen der Zensur, Abschottung und Überwachung, sondern auch die Entwicklung «offensiver Strategien», um die öffentliche Meinung in westlichen Ländern zu beeinflussen und ihre Spaltung voranzutreiben. Ohne es zu ahnen, hatte die amerikanische Regierung mit ihrer *Internet Freedom Agenda* eine Art virtuelles «Wettrüsten» in Gang gesetzt, das – in letzter Konsequenz – dem demokratischen Diskurs im Westen stärker schadete, als ihn im Ausland zu fördern.

Noch schwerwiegender waren die Folgen westlicher Politik in zwei der Schlüsselländer des Arabischen Frühlings, von denen die folgenden Kapitel handeln.

KAPITEL 11

Frankreichs Abenteuer

Als Muammar al-Gaddafi am 20. Oktober 2011 getötet wurde, waren viele Beobachter davon überrascht, dass der libysche Diktator so lange überlebt hatte. Gaddafi war kein Diktator wie Mubarak oder Ben Ali, der graue Anzüge trug und sich die meiste Zeit in seinen Palästen versteckte. Ausgestattet mit Öldollars und einer exzentrischen Persönlichkeit, entwickelte Gaddafi seine eigene Philosophie, die er im sogenannten Grünen Buch aufschrieb. Er verstand sich als panarabischer Nationalist, Vorkämpfer des Islam und «König von Afrika». Auf Auslandsreisen schlief er in Wüstenzelten, die er aus Libyen einfliegen ließ, und wurde von einer Eliteeinheit weiblicher Bodyguards bewacht.[1] Vielen ging er mit solchen Aktionen auf die Nerven, andere hielten ihn für verrückt.

Dass Gaddafi viele Feinde hatte, lag jedoch nicht nur an seiner exzentrischen Art. Im Innern des Landes hatte er im Namen seiner Philosophie staatliche Institutionen und die Zivilgesellschaft zerstört, Unternehmer und Immobilienbesitzer enteignet sowie politische Strukturen durch «Revolutionäre Räte» ersetzt. Wer sich Gaddafi oder seinen Ideen widersetzte, wurde gefoltert, erschossen oder landete auf unbestimmte Zeit im Gefängnis. Ab Mitte der neunziger Jahre bekämpfte Gaddafi auf diese Weise einen dschihadistischen Aufstand, wobei Zehntausende von Kämpfern, Angehörige und Sympathisanten getötet oder verhaftet wurden.[2]

Auch in seinen Beziehungen zum Ausland unterwarf sich Gaddafi keinen Regeln. Jahrzehntelang unterstützte er sogenannte Befreiungsgruppen und galt als einer der weltweit wichtigsten Sponsoren des Terrorismus. Als Feinde betrachtete er nicht nur andere Herrscher im Nahen Osten, sondern auch – und vor allem – den «imperialistischen» Westen. Im Jahr 1986 war er für einen Anschlag auf eine Westberliner Diskothek verantwortlich, bei dem ein US-Soldat ums Leben kam. Präsident Ronald Reagan konterte mit Luftschlägen gegen die libysche Hauptstadt Tripolis, woraufhin Gaddafi ein amerikanisches Passagierflugzeug über dem schottischen Dorf Lockerbie zum Absturz brachte. Reagan bezeichnete ihn damals als «verrückten Hund» des Nahen Ostens.[3]

Jahrelang herrschte zwischen Gaddafi und dem Westen deshalb Funkstille. Zur Entspannung kam es erst, als Gaddafi den Drahtzieher des Lockerbie-Anschlags einem internationalen Gericht überstellte und sich – infolge des Irakkriegs – dazu bereit erklärte, sein Chemie- und Nuklearwaffenprogramm einzustellen. Zwar wurden die Beziehungen niemals warm oder gar herzlich, doch kam es während der 2000er Jahre zur Aufhebung von Sanktionen und zu einer verstärkten Zusammenarbeit – sei es im Ölgeschäft oder bei der Bekämpfung illegaler Migration und des Terrorismus. Seinen Sohn Saif al-Islam schickte Gaddafi zum Studium an die *London School of Economics*, wo er über die (nicht vorhandene) libysche Zivilgesellschaft promovierte.

An Gaddafis absolutistischem Herrschaftsstil änderte sich trotz der Öffnung zum Westen wenig, und so kam es auch in Libyen während des Arabischen Frühlings zu Protesten. Diese konzentrierten sich zunächst auf die Küstenstadt Bengasi, die besonders stark von der Niederschlagung des islamistischen Aufstands in den 1990er und 2000er Jahren betroffen war. Am 22. Februar 2011 hielt Gaddafi eine Rede, in der er seine Gegner als «Feiglinge und Verräter» bezeichnete und damit drohte, Bengasi «Haus für Haus, Straße für Straße, Person für Person» zu reinigen, «bis von diesem Abschaum nichts mehr übrig ist».[4] Bereits zwei Tage vorher hatte sein Sohn angekündigt, dass es «Flüsse voller Blut» geben werde.[5]

In westlichen Hauptstädten interpretierte man solche Drohungen als Ankündigung eines Völkermords. Das Ergebnis war eine Militärintervention, die im August 2011 zum Fall des Regimes und zwei Monate später zu Gaddafis grausamem Tod führte.[6]

Die westliche Intervention war eine Initiative Frankreichs, mit der der damalige Präsident Nicolas Sarkozy Geschichte schreiben und sein Land zum entscheidenden Faktor in der «Demokratisierungswelle» des Arabischen Frühlings machen wollte. Wenngleich er dabei «mutiger» und ehrgeiziger war als Amerika, indem er aktiv intervenierte und ein «Schutzmandat» zum «Regimewechsel» uminterpretierte, teilten Frankreich und sein Hauptverbündeter Großbritannien die amerikanische Angst vor neuen, scheinbar endlosen Kriegen. Kurz nachdem Gaddafi gestürzt war, zogen sich die zwei Länder überraschend zurück und überließen das Land, in dem nach vierzig Jahren absolutistischer Herrschaft weder politische Strukturen noch Institutionen existierten, sich selbst. Die Konsequenz waren nicht nur Chaos und ein brutaler Bürgerkrieg, sondern auch Konflikte in anderen Teilen Afrikas sowie Instabilität und Terrorismus in Europa.

«Wie die Résistance»

Niemand konnte ahnen, dass gerade Frankreich zum Vorreiter der Intervention in Libyen werden würde. Als der Arabische Frühling begann, hatte die französische Regierung noch keine klare Position. Während die Proteste in Tunesien bereits in vollem Gange waren, bot Frankreichs Außenministerin Michèle Alliot-Marie der tunesischen Regierung an, sie bei ihrer Niederschlagung zu unterstützen.[7] Zur selben Zeit veröffentlichte eine Gruppe französischer Diplomaten einen Brief, der Sarkozys Außenpolitik kritisierte und den Präsidenten beschuldigte, «amateurhaft» und ohne klaren Kompass zu handeln. «Die Stimme Frankreichs in der Welt ist verschwunden», so die Unterzeichner.[8]

Frankreichs zurückhaltende, wenn nicht sogar ablehnende Position änderte sich, als Gaddafi den Aufständischen mit ihrer Vernichtung drohte. Berichte der Vereinten Nationen über Massengräber und Erschießungen schienen zu bestätigen, dass es der libysche Diktator ernst meinte,[9] und ab dem späten Februar war eine militärische Intervention aus französischer Sicht nicht mehr nur vorstellbar, sondern zwingend. Zur Begründung wurde einmal mehr die Doktrin der «Schutzverantwortung» zitiert, wonach die «internationale Gemeinschaft» eine Pflicht zur «Einmischung» hatte, wenn Regierungen die Sicherheit oder Existenz ihrer eigenen Bevölkerungen bedrohten. Was sich in Libyen abzeichnete, so Sarkozy, ähnele dem Genozid in Ruanda oder den Massakern an muslimischen Zivilisten im jugoslawischen Bürgerkrieg. Das Versagen der internationalen Gemeinschaft, die damals dem Mord an Hunderttausenden unschuldiger Zivilisten tatenlos zugesehen hatte, dürfe sich nicht wiederholen. Laut Mark Hecker vom Französischen Institut für Internationale Beziehungen (IFRI) war die Schlussfolgerung: «Plus jamais ça» – «nie wieder».[10]

Von Anfang an verband sich Sarkozys Rhetorik mit einer noch ehrgeizigeren Agenda. Aus Sicht des französischen Präsidenten war das Problem nicht nur Gaddafis Ankündigung, seine politischen Gegner zu vernichten, sondern der Diktator selbst. Selbst wenn Gaddafi *nicht* damit gedroht hätte, einen Völkermord zu begehen, symbolisierte er den alten, autokratischen Nahen Osten, der durch den Arabischen Frühling obsolet geworden war. Für Sarkozy war dies eine Chance, die Fehler seiner Regierung zu korrigieren und sich selbst an die Spitze der «demokratischen Welle» zu setzen. Laut dem Nahostexperten Bernard Rougier erhoffte sich Sarkozy nicht nur geopolitischen Einfluss in einem neuen, demokratischeren Nahen Osten, sondern auch Prestige und einen Popularitätsschub zu Hause: «Er wollte der Öffentlichkeit sagen: Schaut her, wir haben den Arabischen Frühling nicht verpasst. Wir stehen auf der Seite der Demokraten. Wir sind Teil einer universellen demokratischen Agenda.»[11] Genauso häufig wie von der «Schutzverantwortung» sprach Sarkozy deshalb von Frankreichs «Mission» – und von der Idee, dass Frankreich überall dort zu finden sei, «wo die Freiheit der Völker und die Demokratie bedroht sind».[12] Sein Ziel war, die Demonstranten in Bengasi vor dem Tod zu schützen, ebenso aber ging es darum, den Diktator zu vertreiben, der sie bedrohte: «Wir werden ihn in die Knie zwingen», so Sarkozy. «Er wird in den Staub beißen.»[13]

Dass dies möglich schien, hatte mit dem fast überbordenden Idealismus zu tun, der sich unter französischen Politikeliten breitgemacht hatte. «Es war alles sehr sentimental, sehr moralisch begründet», meint auch Rougier: «Der innere Kreis, mit dem sich Sarkozy umgab, hatte seine eigene Wahrheit und ließ keinen Widerspruch zu. Niemand dachte ernsthaft über mögliche Gefahren und Risiken nach.»[14] Einen erheblichen Anteil daran hatte der Philosoph und Intellektuelle Bernard-Henri Lévy, der mit Sarkozy während dieser Periode in engem Kontakt stand. Obwohl er praktisch nichts über das Land wusste, war Lévy zu Beginn der Proteste nach Bengasi gereist und hatte sich dort mit Vertretern der Opposition getroffen, die er anschließend nach Paris brachte und nicht nur Sarkozy, sondern auch anderen westlichen Politikern – darunter Außenministerin Clinton – vorstellte.[15] Lévy überzeugte Sarkozy davon, dass eine Strategie des Regimewechsels in Libyen richtig war; dass eine «vernünftige», westlich orientierte Opposition bereits existierte; und dass Libyen trotz der fast völligen Abwesenheit von Institutionen, Strukturen und Zivilgesellschaft zu einer Demokratie werden konnte. In den Augen Lévys waren die Aufständischen das libysche Äquivalent der französischen Résistance, und genauso wie Millionen französischer Kollaborateure nach Ende der deutschen Besatzung im Zweiten Weltkrieg zu Anhängern des demokratischen Präsidenten Charles de Gaulle geworden waren, würden sich Millionen Libyer nach Ende des Gaddafi-Regimes in aufrichtige Demokraten verwandeln.[16] Noch im November 2011 erklärte Lévy mit großem Pathos, dass die «Versöhnung» von Islam und Demokratie, die sich in Libyen abzeichnete, ein weltpolitisches «Ereignis von herausragender Bedeutung» sei.[17]

Zwar unterstützten Großbritannien und Amerika die französische Intervention, doch herrschte in London und Washington weniger Enthusiasmus. Der britische Premierminister David Cameron teilte die Sorge über einen möglichen Genozid und sprach von einer Verpflichtung, die bedrohten Zivilisten zu schützen. Sein zweites Argument war allerdings pragmatischer: Statt des globalen Kampfes für Freiheit und Demokratie standen für Cameron die negativen Folgen der fortgesetzten Herrschaft Gaddafis im Vordergrund. Wenn der Westen nicht eingreife, so Cameron, werde Libyen in einem brutalen Bürgerkrieg versinken, der in Nordafrika zu Instabilität und im nahen Europa zu Terrorismus und unkontrollierter Migration führen könne. «Nur weil wir nicht *immer* und überall das Richtige tun können», so Cameron im britischen Unterhaus, «heißt das nicht, dass wir es *niemals* tun können – ganz besonders, wenn es eine klare rechtliche Grundlage und ein nationales Interesse gibt.»[18] Großbritanniens Agenda war, so gesehen, viel weniger idealistisch als die französische, auch wenn selbst Camerons Ziele letztlich einen Regimewechsel notwendig machten.

In Amerika gab es zunächst sogar Widerstand. Für den damaligen Vizepräsidenten Joe Biden waren Sarkozys Pläne ein Beispiel für die Art von Intervention, die schnell eskalieren und zu einem nicht mehr begrenzbaren Krieg führen konnte. Gleichzeitig jedoch bildete sich eine Gruppe leidenschaftlicher Befürworter. Hierzu gehörten neben Clinton auch die vormalige Journalistin und Menschenrechtsaktivistin Samantha Power, die ein ganzes Buch über liberale Interventionen geschrieben hatte,[19] und die amerikanische UN-Botschafterin Susan Rice, die während des Genozids in Ruanda für den Nationalen Sicherheitsrat gearbeitet und das Versagen der internationalen Gemeinschaft aus nächster Nähe miterlebt hatte.[20] Obamas «Kompromiss» zwischen den beiden Lagern war, dass Amerika eine begrenzte Intervention unterstützte, aber nur unter der Bedingung, dass Frankreich und Großbritannien die Führung, die Kosten und die volle Verantwortung übernähmen. Amerika war also mit an Bord, doch allen sollte klar sein, dass dies ein «europäischer Krieg» war.[21]

Vertrauensbruch

Die Intervention, die am 19. März 2011 begann, war von Beginn an widersprüchlich. Die UN-Sicherheitsratsresolution 1973 genehmigte nur Maßnahmen «zum Schutz von bedrohten Zivilisten», keinen «Regimewechsel». In den ersten Tagen des Konflikts wurde deshalb penibel darauf geachtet, dass nur solche Ziele unter Beschuss kamen, die tatsächlich bei der Ermordung von Zivilisten eine Rolle spielten.[22] Am 28. März erklärte Präsident Obama, dass eine Strategie des Regimewechsels «ein Fehler wäre».[23] Und ein hoher Nato-Offizier, der die Kampagne koordinierte, machte klar: «Wir sind nicht die Luftwaffe der Opposition.»[24] Doch die so konzipierte Intervention verlief schleppend und brachte wochenlang kaum Fortschritte. Laut Frederic Wehrey, einem Libyen-Spezialisten der Carnegie-Stiftung, verfügte die Nato kaum über verlässliche Informationen, und es dauerte oftmals tagelang, bis ein Luftschlag autorisiert war.[25]

Dies änderte sich, als Frankreich und Großbritannien Spezialkräfte nach Libyen entsandten, um die Aufständischen vor Ort zu unterstützen. Die Informationen, die diese «militärischen Berater» lieferten, wurden zur wichtigsten Quelle für die Luftschläge und trugen entscheidend dazu bei, dass Gaddafis Vormarsch auf Bengasi gestoppt wurde.[26] Das Problem war, dass sich die Nato dadurch zum militärischen «Dienstleister» der Opposition entwickelte und es immer schwieriger wurde, zwischen Operationen, die dem Schutz von Zivilisten dienten, und solchen, die auch – oder ausschließlich – auf den Sturz Gaddafis abzielten, zu unterscheiden. Ab spätestens Mitte April war offensichtlich, dass das Ziel nicht mehr «nur» die Verhinderung eines Völkermords war, sondern der «Regimewechsel». Am deutlichsten wurde dies in einem gemeinsamen Gastbeitrag von Sarkozy, Cameron und Obama, der am 14. April in der *New York Times* erschien. Hierin verpflichteten sich die drei Regierungschefs zur Einhaltung der Sicherheitsratsresolution 1973 und betonten, dass es nicht darum gehe, Gaddafi «mit Gewalt zu beseitigen», fügten aber sogleich hinzu: «Eine Zukunft für Libyen mit Gaddafi an der Macht ist nicht vorstellbar.»[27]

Hatten Sarkozy und Cameron die internationale Gemeinschaft also hinters Licht geführt? Bernard Rougier und der Geheimdienstchef John Sawers, die beide der Intervention skeptisch gegenüberstanden, glauben nicht, dass es sich um eine bewusste Täuschung handelte. Sawers meint, dass die Ziele im Laufe der Kampagne «miteinander verschmolzen», was es irgendwann unmöglich machte, «‹Schutz von Zivilisten› und ‹Regimewechsel› voneinander zu trennen».[28] Ein weiterer Faktor war laut Rougier militärischer Erfolg: «Die Idee [des Regimewechsels] existierte von Anfang an, doch zum Kriegsziel wurde er erst, als es militärische Siege gab und sich daraus eine gewisse Dynamik entwickelte.»[29]

Wahr ist allerdings auch, dass die beiden Regierungschefs von Beginn an Vorstellungen formuliert hatten, die ein Verbleiben Gaddafis im Amt faktisch ausschlossen, und dass es niemals einen Waffenstillstand, eine «Kriegspause» oder ein ernsthaftes Verhandlungsangebot an Gaddafi (oder seinen Sohn) gab.[30] Ob von Anfang an geplant oder nicht: Bei Russland und China, die das «Schutzmandat» durch Enthaltungen im UN-Sicherheitsrat möglich gemacht hatten, entstand der Eindruck, dass sie von den zwei Westmächten hintergangen worden seien und dass man ihren «guten Willen» missbraucht hätte. Wie sich wenig später herausstellte, hatte dieser Vertrauensbruch erhebliche Folgen – und zwar weit über Libyen hinaus.

Schneller Rückzug

Ein weiterer Widerspruch war, dass Sarkozy und Cameron ständig über ein «stabiles» Libyen sprachen, aber ihre Länder zu keinem Zeitpunkt bereit waren, die neue Regierung bei der Stabilisierung zu unterstützen. Laut Rougier wollten Sarkozy und seiner Berater nichts über Probleme hören und hatten «null Interesse» an einem «tieferen Verständnis der libyschen Gesellschaft, dem Stammessystem und den potenziellen Konsequenzen für Nachbarstaaten im Sahel und in Westafrika».[31] In ihren Augen war es Gaddafi, der den Durchbruch zur Demokratie verhinderte, und sobald er gestürzt war, würden sich die westlich orientierten Oppositionsgruppen schnell durchsetzen.[32] Mit anderen Worten: Es existierten keine Pläne für die Zeit nach dem Krieg, weil sie nicht notwendig erschienen.

In Großbritannien war man weniger optimistisch. Aus der eigenen Erfahrung im Irakkrieg heraus machte sich eine Spezialeinheit des britischen Außenministeriums relativ früh daran, ausführliche Pläne für ein neues, demokratisches Libyen zu entwerfen. Das Problem war, dass es dieser Einheit an den hierfür notwendigen Informationen mangelte.[33] Die britischen Nachrichtendienste, so John Sawers, hatten sich bis dahin vor allem mit Libyens Nuklearprogramm und der Bedrohung durch den Terrorismus beschäftigt, aber wussten relativ wenig über die libysche Gesellschaft und ihre Sozial- und Herrschaftsstrukturen.[34] Selbst der damalige Außenminister William Hague gab später zu: «Es lag nicht an einem Mangel an Planung [...]. Die Pläne ließen sich bloß nicht umsetzen.»[35]

Einigkeit herrschte jedoch, was die vermeintlich zentrale Lehre aus dem Irakkrieg anging, nämlich dass eine langfristige Präsenz in einem «befreiten Land» mehr Konflikte verursachte, als sie löste. Vorgesehen war deshalb eine rasche Übernahme der Verantwortung durch andere Länder, Regionalorganisationen oder die Vereinten Nationen. Verteidiger der Intervention argumentierten später, dass dies prinzipiell richtig gewesen sei, da die libysche Opposition eine westlich dominierte Friedensmission stets abgelehnt hätte.[36] Aber in Wirklichkeit stand eine jahrelange «Besetzung» niemals zur Debatte. Was fehlte, waren nicht französische oder britische Soldaten, sondern westliches Geld und Berater, die beim Staatsaufbau geholfen hätten.[37] Selbst eine kleine Präsenz, so der Nahostexperte Emile Hokayem, hätte «einen großen Unterschied gemacht».[38]

Doch die westlichen «Führungsnationen» verweigerten nicht nur die eigene Präsenz, sondern unternahmen auch keinerlei Anstrengung, einen multilateralen Einsatz – der ja von ihnen selbst gefordert wurde – auf die Beine zu stellen. Es sei unentschuldbar, so der französische Konfliktforscher Olivier Schmitt, «dass Großbritannien und Frankreich noch nicht einmal den Versuch unternahmen, die Arabische Liga oder die Afrikanische Union von einer Unterstützungsmission zu überzeugen».[39]

Selbst Obama kommentierte später, dass er sich bei der Nachkriegsplanung von den Europäern «größeren Einsatz» erhofft hatte.[40] Stattdessen überließen die beiden «Führungsnationen» ein Land ohne nennenswerte politische und zivilgesellschaftliche Strukturen, das zweiundvierzig Jahre einer brutalen Diktatur hinter sich hatte, seinem Schicksal. Laut Florence Gaub vom EU-Institut für Sicherheitsstudien war die Einstellung: «Jetzt lassen wir die einfach mal selber machen. Wird schon gut gehen!»[41]

Zerfall

Bei ihrem ersten – und einzigen – Besuch im «freien Libyen» am 15. September 2011 wurden Sarkozy und Cameron wie Helden empfangen. Nach einem kurzen Aufenthalt in der Hauptstadt Tripolis, die wenige Tage zuvor von Aufständischen erobert worden war, ging es weiter nach Bengasi, wo die Revolution ihren Anfang genommen hatte und Hunderte von Einwohnern mit französischen und britischen Flaggen vor dem Gerichtshaus warteten. Sarkozy gratulierte den Libyern zu ihrer Entscheidung für «Frieden, Freiheit und ökonomischen Fortschritt». Und er versprach, dass Frankreich, Großbritannien und Europa «immer an ihrer Seite stehen» würden.[42]

Noch im Sommer des Jahres 2012 herrschte großer Optimismus. «Alle waren euphorisch», so der Nahostforscher Daniel Gerlach. «Viele waren der Ansicht, dass man glimpflich davongekommen sei.»[43] Der damalige BND-Chef Gerhard Schindler erinnert sich, dass auch amerikanische Geheimdienstkollegen die Situation positiv bewerteten: Gaddafi sei weg, so hieß es, die Erdölproduktion laufe wieder, und die vom Westen favorisierte Oppositionsgruppe – der Nationale Übergangsrat (NTC) – habe freie Wahlen organisiert. «Der Eindruck war, dass Libyen auf einem super Weg ist.»[44]

Doch bereits ein Jahr später hatte sich die Einschätzung ins Gegenteil verkehrt. In allen europäischen Hauptstädten herrschte Katerstimmung. Und auch in Washington bewertete man die Situation mittlerweile viel kritischer. Ein Bericht des US-Außenministeriums vom September 2013 präsentierte eine lange Liste von Problemen:

> Eine Regierung mit schwachen Institutionen und kaum existierender Kontrolle über ihr riesiges Staatsgebiet; die Allgegenwart unkontrollierter Waffen und Munition; durchlässige und schwer zugängliche Grenzen; schwerbewaffnete Milizen und Stämme mit wechselnden Loyalitäten und Zielen; hohe Arbeitslosigkeit bei jungen Männern und eine schwache Wirtschaft; tiefe Gräben zwischen verschiedenen Landesteilen, Regionen und Städten; politische Lähmung und Misstrauen zwischen den wichtigsten politischen Akteuren; und die Abwesenheit einer funktionierenden Polizei oder Armee.[45]

Was war passiert? Viele der Probleme entstanden nicht erst im Verlauf des Jahres 2013, sondern existierten bereits vor der westlichen Intervention. Dass sie solche Sprengkraft entfalteten, hatte jedoch mit den Weichenstellungen zu tun, die libysche und ausländische

Akteure in den ersten Monaten nach der «Befreiung» des Landes vorgenommen hatten.

Die vielleicht verhängnisvollste war die Entscheidung des Nationalen Übergangsrats (NTC) im Dezember 2011, Mitgliedern von Milizen einen staatlichen Sold zu bezahlen. Die Absicht war, hierdurch Kontrolle über die unzähligen «Privatarmeen» zu bekommen, die sich im Laufe der Intervention gebildet hatten. Doch der NTC – eine ursprünglich fünfzigköpfige Oppositionsgruppe aus Intellektuellen, Geschäftsleuten und vormaligen Beamten – hatte keine Möglichkeit, die Milizen aufzulösen oder sie zu entwaffnen. So entstand infolge des Beschlusses nicht eine nationale Armee unter Kontrolle der Übergangsregierung, sondern eine noch größere Zahl von Milizen, die zwar vom Staat finanziert wurden, aber nicht bereit waren, sich seiner Autorität zu unterwerfen. Laut Frederic Wehrey war dies «die wahrscheinlich ruinöseste Entscheidung nach dem Fall Gaddafis».[46] Statt den Kriegszustand zu beenden, institutionalisierte sie ihn.

Der NTC war zudem tief gespalten. Für viele, die sich nach dem Sieg der Organisation anschlossen, war die Führung zu säkular, zu liberal und zu tolerant gegenüber ehemaligen Unterstützern des Gaddafi-Regimes. Bereits in den ersten Monaten nach der Machtübernahme kam es zu heftigen Auseinandersetzungen zwischen den eher westlich orientierten Gründern und der «islamischen Strömung», die aus Vertretern der libyschen Muslimbrüderschaft und Veteranen der dschihadistischen Revolte in den neunziger Jahren bestand. Dabei ging es nicht nur um die zukünftige Ausrichtung des Landes, sondern auch – und vor allem – um seine Vergangenheit. Im Mai 2013 verabschiedete die mittlerweile dominante «islamische Strömung» ein Gesetz, wonach vormalige Unterstützer oder Beamte des Gaddafi-Regimes zehn Jahre lang kein politisches Mandat ausüben durften. Hiervon betroffen war selbst der Gründer des NTC, Mahmud Dschibril, den Bernard-Henri Lévy zu Beginn des Konflikts nach Europa gebracht hatte.[47]

Kurzum: Das Vakuum, das der plötzliche Rückzug des Westens hinterlassen hatte, sorgte für eine verworrene und zunehmend gefährliche Situation, in der sich politische, ideologische und regionale Spannungen aufaddierten. Zum Bürgerkrieg kam es dann im Mai 2014, als die verfeindeten Regionalmächte Katar und Vereinigte Arabische Emirate aus den vielen unterschiedlichen Interessen zwei Koalitionen schmiedeten und sie mit Waffen und Geld ausstatteten. Der hieraus resultierende Konflikt dauerte sechs Jahre und machte aus Libyen einen in jeder Hinsicht «gescheiterten Staat».

Büchse der Pandora

Die Konsequenzen der Instabilität in Libyen waren mannigfaltig und reichten weit über das Land hinaus. Noch im Laufe des Jahres 2011 plünderten Mitglieder der Tuareg, einer nomadischen Stammesgruppe, lokale Waffenlager und machten sich auf den Weg nach Mali, wo ihre Stammesbrüder für Unabhängigkeit kämpften. Die Folge war, dass malische Separatisten plötzlich über Mörser, moderne Panzerabwehrwaffen und schwere Maschinengewehre verfügten. Als sie wenige Monate später sogar die Hauptstadt Bamako bedrohten, musste Frankreich der malischen Regierung mit einer Militärmission zu Hilfe kommen, die – in unterschiedlichen Variationen – bis heute andauert.[48]

Über dieselben Schmuggelrouten, wenn auch in umgekehrter Richtung, kamen anschließend westafrikanische Migranten nach Europa. Der Südwesten Libyens – und speziell die Ortschaft Ghat an der Grenze zu Algerien – wurde zur Dreh- und Angelscheibe für die sogenannte zentrale Mittelmeerroute, über die sich Mitte des Jahrzehnts mehr als hunderttausend Afrikaner jährlich auf den Weg nach Europa machten.[49]

Eine weitere Konsequenz war die Ausbreitung des Terrorismus. Während Libyen zu Gaddafis Zeiten überall auf der Welt militante Gruppen unterstützt hatte, aber innerhalb des eigenen Territoriums mit harter Hand gegen jede Form der Rebellion vorgegangen war, entwickelte sich das Land nach der Intervention zu einer Art «Terror-Biotop», in dem sich terroristische Gruppierungen ohne Kontrolle durch eine Zentralregierung einnisten konnten. Dies galt vor allem für dschihadistische Gruppen, die vielerorts auf die Toleranz – wenn nicht sogar aktive Unterstützung – von Salafisten, islamistischen Milizen und anderen Vertretern der «islamischen Strömung» zählen konnten.[50] Ab 2014 entwickelte sich Libyen so zu einer der wichtigsten «Provinzen» des sogenannten Islamischen Staates:[51] Von hier aus organisierte die Gruppe zahlreiche Attentate im benachbarten Tunesien und sogar den Anschlag auf den Berliner Breitscheidplatz vom Dezember 2016.[52] Dies bestätigt auch der damalige EU-Antiterrorismuskoordinator, Gilles de Kerchove:

> Libyen versank im Chaos und begann, den Terrorismus zu exportieren. Das hatte zunächst Konsequenzen für die Nachbarländer und die gesamte Sahelzone, wenig später aber auch bei uns in Europa. Mitte des vergangenen Jahrzehnts wurde Libyen neben Syrien und dem Irak zur wichtigsten ausländischen «Quelle» für terroristische Rekruten, Inspiration und Anleitung zum dschihadistischen Terrorismus in Europa.[53]

Für westliche Regierungen war dies trotz allem kein Grund, sich konstruktiv in Libyen zu engagieren. Nach einem Anschlag auf das amerikanische Konsulat in Bengasi im September 2012 hatten sich viele Staaten komplett zurückgezogen. Statt sich mit den Ursachen des Konflikts auseinanderzusetzen, bekämpften sie dessen Symptome – Proliferation von Waffen, Migration, Terrorismus – und trugen durch ihr Handeln zur weiteren Spaltung und Dysfunktion innerhalb des Landes bei.[54]

Das traurigste Beispiel war Frankreich: Ab 2015 sponsorte die Regierung in Paris die libysche Zentralregierung und diverse Friedensbemühungen der Vereinten Nationen, gleichzeitig aber den Kriegsverbrecher und selbsternannten Feldherrn Khalifa Haftar, der seinen ausländischen «Förderern» versprach, Islamisten zu bekämpfen und Libyen mit «harter Hand» zu regieren. Das Land, das 2011 mit großen Trompeten angetreten war, um Libyen von einem autoritären Herrscher zu befreien, unterstützte vier Jahre später selbst einen.

KAPITEL 12

Die syrische Katastrophe

Als der Arabische Frühling anbrach, wiegte sich der syrische Präsident Baschar al-Assad noch in Sicherheit. Seitdem er zehn Jahre zuvor das Amt übernommen hatte, liberalisierte er die starre, sozialistisch organisierte Planwirtschaft und hatte damit kleinere Erfolge.[1] Seine glamouröse Frau Asma und er waren jung, mischten sich unter die Leute und lebten nicht im Präsidentenpalast, sondern in einer relativ normalen Wohnung am Stadtrand von Damaskus. Vor allem aber: Anders als Tunesien und Ägypten hing Syrien nicht am Tropf des Westens, hatte sich während des Irakkriegs gegen Amerika gestellt und vertrat im arabisch-israelischen Konflikt eine eigenständige Position. Noch Ende Januar 2011, als die Proteste auf dem Tahrir-Platz bereits in vollem Gange waren, schien Assad überzeugt, dass sein Land vom Arabischen Frühling verschont bleiben würde. Gefragt nach den Fehlern von Mubarak und Ben Ali, philosophierte er gegenüber dem *Wall Street Journal:* «Sie müssen mit den Überzeugungen der Menschen verbunden sein. Wo ihre Politik von den Überzeugungen [...] der Menschen abweicht, entsteht ein Vakuum, das für Unruhe sorgt.»[2]

Doch keine sechs Wochen danach kam der Arabische Frühling auch nach Syrien. Auslöser war die Inhaftierung – und Folter – einer Gruppe von Teenagern in der Provinzstadt Daraa. Innerhalb weniger Tage gingen Menschen in allen Teilen Syriens auf die Straße. Für Assad, der das Schicksal von Ben Ali und Mubarak vor Augen hatte, schien klar, dass sich Toleranz und ein Angebot politischer Reformen nicht auszahlen würden. Wenn Mubarak die Proteste früher und entschiedener bekämpft hätte, so nahm er an, wäre die kritische Situation gar nicht erst entstanden.[3] Er entschied sich deshalb dazu, die Demonstrationen in seinem Land niederschlagen zu lassen. Die Brutalität, die die syrischen Behörden dabei an den Tag legten, erschreckte selbst Unterstützer des Regimes. Laut dem britischen Historiker John McHugo war die einzig plausible Erklärung, dass der syrische Präsident seinem Volk «eine Lektion erteilen» wollte.[4] Doch der Plan schlug fehl, und bald schon eskalierten die Proteste zum gewaltsamen Konflikt. Ab Ende Juli hatten die Kämpfe ein solches Ausmaß erreicht, dass das Rote Kreuz von «Bürgerkrieg» sprach.

Die Katastrophe, die sich in den darauffolgenden Jahren abspielte und bis zum heutigen Tag andauert, lässt sich nur schwer in Worte fassen. Die folgenden Zahlen geben einen ersten Eindruck: Nach offiziellen Berechnungen der Vereinten Nationen starben in zehn Jahren des Konflikts 2 Prozent der syrischen Bevölkerung – also mindestens 350 000 Menschen – an seinen direkten Konsequenzen. (Andere Schätzungen sprechen von über 600 000 Toten.[5]) Mehr als die Hälfte der syrischen Bevölkerung war gezwungen, ihren Wohnort zu verlassen; knapp sieben Millionen Menschen flüchteten ins Ausland. Und 50 Prozent der verbleibenden Bevölkerung waren auf Nahrungshilfe angewiesen.[6] Laut Berechnungen der Weltbank wird es zwanzig Jahre dauern, bis das Land wieder die Wirtschaftsleistung erreicht, die es vor Ausbruch des Konflikts – also im Jahr 2010 – hatte.[7]

Die Frage ist: Wie konnte es so weit kommen? Für den Publizisten Michael Lüders ist die Antwort einfach. Seiner Meinung nach ging es in Syrien «nicht um ‹Werte›, sondern [westliche] Interessen».[8] Schuld sei nicht primär Assad, sondern Amerika und der übrige Westen, die in Syrien eine «Politik des *regime change*» fortgesetzt hätten, «die in den letzten Jahren auch im Irak, in Libyen und, verdeckt, im Jemen betrieben wurde und wird».[9] Amerika, so Lüders, sei von Anfang an entschlossen gewesen, Assad zu beseitigen, und habe sich deshalb sogar mit Dschihadisten verbündet. Die terroristischen Anschläge in Paris, Brüssel und London seien so gesehen eine logische Konsequenz westlicher Politik: «Wer andere Länder systematisch und gezielt zerstört», so Lüders, «der sollte sich nicht wundern, wenn eines Tages die Bomben auch im eigenen Vorgarten hochgehen.»[10]

Kaum etwas an diesem Narrativ ist stimmig oder empirisch korrekt. Natürlich war die amerikanische Regierung niemals ein Freund Assads, doch trotz rhetorischer Bekenntnisse gab es zu keinem Zeitpunkt eine wirklich konsequente «Politik des Regimewechsels». Wie in allen anderen Ländern des Arabischen Frühlings hatte Amerika Angst davor, in einen weiteren unüberschaubaren Konflikt hineingezogen zu werden, der enden würde wie Irak. Die Obama-Regierung verfolgte daher eine Reihe von «Vermeidungsstrategien», die den Konflikt immer extremer und chaotischer werden ließen, aber in keiner Weise zu seiner Lösung beitrugen. Amerika trägt also durchaus Schuld an der syrischen Katastrophe – aber nicht etwa, weil es dort eigene, wirtschaftliche oder geopolitische Interessen auf Kosten der syrischen Bevölkerung verfolgt hätte, wie Lüders meint, sondern – im Gegenteil – weil es sich weigerte, seine geopolitische Führungsrolle wahrzunehmen.

Annäherung

Was Lüders und andere Anhänger der Regimewechsel-These gerne verschweigen: In den Jahren vor dem Arabischen Frühling fand zwischen dem Westen und Syrien eine systematische Annäherung statt. Auch Syrien stand in den frühen 2000er Jahren auf der «Liste» der zu stürzenden Regime, doch solche Pläne hatten sich mit dem Irakkrieg erledigt. Bereits die Bush-Regierung kooperierte mit dem Assad-Regime, als es um die Auslieferung mutmaßlicher Terroristen ging.[11] Und während Obamas Amtszeit standen die Zeichen endgültig auf Entspannung. Noch im Jahr 2009 schickte der amerikanische Präsident Geheimdienstvertreter nach Syrien, um über die Terrorbekämpfung zu sprechen. Sarkozy empfing zur selben Zeit Assad in Paris, Tony Blair reiste nach Damaskus, und sowohl französische als auch amerikanische Unternehmen bekamen Sondergenehmigungen, um die wirtschaftliche Zusammenarbeit zu intensivieren.[12] Die damals gängige Auffassung war, dass Assad ein «Reformer» sei, der gegen eine «alte Garde» von korrupten Geschäftsleuten, Militär- und Geheimdienstchefs ankämpfte und dabei unterstützt werden sollte.

Als die Demonstrationen begannen, änderte sich an der westlichen Haltung zunächst wenig. Im Gegensatz zu Tunesien oder Ägypten, wo sich Amerika bereits nach wenigen Tagen auf die Seite der «demokratischen Revolution» geschlagen hatte, hielt man sich im Falle Syriens mit öffentlichen Statements zurück. Die Auffassung war, dass es mit Ägypten, Tunesien, Libyen, Jordanien, Bahrain und dem Jemen bereits genug «Baustellen» gab und der Westen in Syrien über zu wenig Einfluss verfügte, um die Entwicklung zu gestalten. Hinter den Kulissen bemühten sich Amerika und seine Verbündeten, mäßigend auf Assad einzuwirken. Während des gesamten Frühlings trafen sich Vertreter westlicher Regierungen mit syrischen Ministern; in Brüssel diskutierte man über europäische Finanzhilfen.[13] Fast alle wollten, dass Assad im Amt blieb und die Gelegenheit nutzte, um sich gegen die vermeintlichen Hardliner durchzusetzen. Wie Emile Hokayem meint, war die Prämisse der westlichen Syrienpolitik, dass der Präsident einen «Coup gegen sein eigenes Regime» unternehmen solle.[14]

Dies änderte sich erst, als Assad den Aufstand niederzuschlagen begann. Der Wendepunkt waren die Proteste in der Provinzstadt Hama, bei denen syrische Soldaten fast zweihundert Demonstranten töteten.[15] In den darauffolgenden Tagen erschienen zahlreiche Artikel, die die politische Zurückhaltung des Westens gegenüber Assad kritisierten. Am harschesten war dabei die *Washington Post:* «Wundert es irgendjemanden», fragte ein Leitartikel, «dass Herr Assad denkt, er könne die Bevölkerung von Hama ungestraft abschlachten?»[16] Nur wenige Tage später sprach Obama mit Präsident Sarkozy, Premierminister Cameron und Bundeskanzlerin Merkel. Alle stimmten überein, dass Assad seine Legitimität verloren habe und den Weg für einen kompromissbereiteren Nachfolger freimachen sollte. Am 18. August stellte sich Obama vor die Presse und erklärte: «President Assad has to step aside» – «Präsident Assad muss gehen».[17]

In Syrien erzeugten diese Worte eine gewaltige Wirkung. Laut Haid Haid, einem Forscher an der britischen Denkfabrik Chatham House, der selbst zu den Demonstranten gehörte, verbreitete sich die Nachricht wie ein Lauffeuer: «Alle waren enthusiastisch. Wir waren uns sicher, dass Obama einen Plan hatte und dass andere Länder dem Beispiel Amerikas folgen würden.»[18] Der britische Konfliktforscher Christopher Phillips geht noch weiter. Seiner Auffassung nach basierte die gesamte Oppositionsstrategie von diesem Tag an darauf, dass Amerika den Gegnern Assads im entscheidenden Moment zu Hilfe kommen würde:

> Die meisten Syrer, ja die meisten Bürger des Nahen Ostens, waren seit Langem darauf konditioniert worden, die USA für einen allmächtigen Staat zu halten, der alles erreichen kann, was er sich vorstellt [...]. Da der Präsident sich offen gegen Assad ausgesprochen hatte, war es aus Sicht der syrischen Opposition und ihrer regionalen Unterstützer nicht völlig abwegig, sich zu freuen und konkrete Hilfe zu erwarten.[19]

Doch in Wirklichkeit hatte Amerika keinen Plan. Man hoffte stattdessen darauf, dass Obamas Statement einen Prozess beschleunigen würde, der bereits im Gange war. Niemand rechnete damit, dass Assad dem Druck der Straße noch viel länger standhalten konnte.[20] Westliche Nachrichtendienste, inklusive des deutschen BND, sagten einen baldigen Coup voraus.[21] Türkische Minister gaben Assad «maximal sechs Monate»,[22] und selbst die iranische Regierung, die mit seinem Regime verbündet war, nahm vorsichtshalber bereits

Kontakt mit der Opposition auf.[23] Aus westlicher Sicht war Assad der «letzte Dominostein» des Arabischen Frühlings[24] – und Amerika musste nichts weiter tun, als auf seinen Fall zu warten.

Vermeidungsstrategien

Als Assads Rücktritt ausblieb, stand Amerika vor einem Problem. Obama war dem «Regimewechsel» verpflichtet, hatte aber keine Strategie, um diesen herbeizuführen. Mehr noch: Seine Regierung wollte um jeden Preis ein größeres Engagement in Syrien vermeiden. In internen Besprechungen erklärte der Präsident, Amerika dürfe sich nicht vormachen, «dass wir den gesamten Nahen Osten in Ordnung bringen können».[25]

Die erste der «Vermeidungsstrategien», die nun zum Einsatz kamen, war der Versuch einer multilateralen Lösung. Nachdem klar geworden war, dass sich Assad nicht von Obamas Worten allein aus dem Amt vertreiben ließ, setzte sich Amerika für internationale Vermittlermissionen ein und investierte Zeit und politisches Kapital in den sogenannten Genfer Prozess der Vereinten Nationen. Hier kam es zu zwei Verhandlungsrunden, die jedoch aus jeweils unterschiedlichen Gründen scheiterten: weil Assad nicht bereit war, seinen Posten zu räumen; weil die Opposition glaubte, sie könne militärisch gewinnen; oder weil entscheidende Akteure, wie etwa Kurden oder islamistische Milizen, gar nicht mit am Verhandlungstisch saßen.[26]

Eine unbeabsichtigte Konsequenz der Multilateralisierung war, dass Großmächte, die bis dahin relativ wenig mit dem Konflikt zu tun hatten, fortan eine stärkere Rolle spielten. Das wurde vor allem im Falle Russlands zum Problem, denn das Land stand der amerikanischen «Regimewechsel»-Agenda seit Jahren skeptisch gegenüber, war mit Assad verbündet und hatte dem Westen niemals den «Vertrauensbruch» in Libyen verziehen.[27] In den darauffolgenden Jahren blockierte Russland alle westlichen Initiativen und legte im UN-Sicherheitsrat selbst gegen notwendige Resolutionen des Westens sein Veto ein. «Die Russen waren sehr verärgert über Libyen», so der Nahostexperte Rougier, «und Syrien zahlte dafür den Preis.»[28]

Eine zweite Strategie war das Outsourcing. Anstelle von Amerika sollten Staaten die Führungsrolle übernehmen, die sich besser in der Region auskannten, näher am Konflikt waren und deshalb ein größeres Interesse an seiner Lösung hatten. Was zunächst vernünftig klang, sorgte in der Praxis für Spannungen, weil Staaten ihre eigenen, nationalen oder ideologischen Interessen in den Vordergrund stellten. Ein gutes Beispiel hierfür war die Türkei. Obwohl der türkische Präsident, Recep Tayyip Erdoğan, Amerika seine Unterstützung versicherte, förderte die türkische Regierung in Syrien Islamisten und salafistische Milizen; tat alles in ihrer Macht Stehende, um die Position der (mit Amerika verbündeten) Kurden zu schwächen; und drückte bis 2014 beide Augen zu, als dschihadistische Auslandskämpfer zu Tausenden über die türkische Grenze nach Syrien einreisten.[29]

Hinzu kam, dass sich Amerikas Verbündete zum Teil spinnefeind waren. Wie die Türkei standen auch Katar, Saudi-Arabien und die Vereinigten Arabischen Emirate auf Amerikas Seite, doch sie vertraten dabei Vorstellungen und Machtansprüche, die sich oftmals gegenseitig ausschlossen. Ohne eine «ordnende» Instanz, die die Spannungen zwischen den Verbündeten in Schach hielt, wurde Syrien so zu einer weiteren Arena für regionale Machtkonflikte – ähnlich, aber noch ausgeprägter und chaotischer als zur selben Zeit Libyen.

Eine dritte Strategie bestand schlicht in der Weigerung, eigene Zusagen einzuhalten. Dies zeigte sich im Sommer 2013, als syrische Helikopter einen Vorort von Damaskus mit Chemiewaffen angriffen und dabei fast 1500 Menschen töteten. Obama hatte ein Jahr zuvor verkündet, dass der Einsatz chemischer Waffen für ihn eine «rote Linie» sei, die keinesfalls überschritten werden dürfe. Daraufhin mobilisierte er seine Truppen, und einige Tage lang sah alles nach einem Vergeltungsschlag aus, doch in letzter Minute blies Obama den Angriff ab und ließ sich stattdessen auf einen Vorschlag Putins ein, wonach Assad sein (verbleibendes) Arsenal freiwillig abrüsten sollte.[30]

Aus Sicht des Nahostexperten Hokayem war Obamas Rückzieher der «größte strategische Fehler» im gesamten Syrienkonflikt: «Wenn es jemals einen Zeitpunkt gab, an dem Amerika moralische, politische und strategische Argumente auf seiner Seite hatte, dann war es dieser», so Hokayem. «Doch Amerika weckte massive Erwartungen, nur um die Leute dann im entscheidenden Moment hängen zu lassen.»[31] So sieht es auch der ehemalige BND-Chef Schindler:

> Der Westen hat einfach zugeschaut. Man war sich einig: Dieser Assad, das ist ein Dinosaurier, ein Relikt aus alten Zeiten, und das wollen wir als Weltgemeinschaft nicht. Dann hätte man aber auch den nächsten Schritt machen müssen. Dann hätten wir sagen müssen: Okay, dann unterstützen wir die Rebellen. Das, was die Rebellen an Unterstützung erhalten haben, war alles andere als Unterstützung. Das war allenfalls halbherzig.

Schindlers britischer Kollege Sawers geht noch weiter. Aus seiner Sicht war klar, dass Amerikas Zurückhaltung die Situation nicht verbesserte, sondern eher noch verschlimmerte:

> Ich weiß noch, dass wir eine große Überprüfung des Konflikts in Syrien durchgeführt haben. Unsere Schlussfolgerung war, dass das geringe Level an Unterstützung, das der Westen der Opposition gab, keinen strategischen Unterschied machte. Es reichte aus, um die Kämpfe am Laufen zu halten und zu verhindern, dass die Oppositionskräfte zerschlagen wurden. Aber es reichte nicht, um die Richtung des Konflikts zu ändern oder einen Durchbruch herbeizuführen […]. Man könnte also sagen, dass das, was wir in Syrien getan haben, in gewisser Weise das Leiden der Menschen verlängert hat.[32]

In der Tat: Zwei Jahre nach seinem Beginn war der Konflikt eskaliert, Amerikas weltpolitische Autorität beschädigt – und Präsident Assad saß fester im Sattel denn je.

Dschihadisierung

Innerhalb Syriens trugen Amerikas halbherzige Strategie und das politische wie militärische Vakuum, das sie geschaffen hatte, dazu bei, dass der Konflikt immer komplexer, die Zahl der Teilnehmer immer größer und ihre ideologische Ausrichtung immer extremer wurde. Syrien verwandelte sich innerhalb weniger Jahre zu einem Tummelplatz für Extremisten, von denen der sogenannte Islamische Staat nur die erfolgreichste Variante darstellte.

Die Fragmentierung des Konflikts zeichnete sich bereits früh ab. Im August 2013 zählte das amerikanische Carter Center auf Seiten der Opposition mehr als 1000 sogenannte Brigaden und 3250 Bataillone.[33] Selbst die sogenannte Freie Syrische Armee (FSA), die am Anfang des Konflikts eine wichtige Rolle spielte, war in Wirklichkeit wenig mehr als eine sehr lose Koalition lokaler Einheiten, die außer ihrer Opposition zu Assad wenig miteinander zu tun hatten und sich nur selten auf ein gemeinsames Vorgehen einigen konnten.[34]

Der Konfliktforscher Samer Abboud veranschaulicht die verworrene Situation am Beispiel der Al-Tawhid-Brigade, einer bekannten Miliz aus Aleppo. Zu Beginn des Konflikts war die Gruppe Teil der FSA, aber bereits im Jahr 2012 gründete sie eine neue, islamistisch orientierte Dachorganisation namens Syrische Islamische Befreiungsfront (SILF), die wenig später zur Islamischen Befreiungsfront (ILF) wurde und im Jahr 2014 im Syrischen Revolutionären Kommandorat (SRCC) aufging. Zur selben Zeit etablierten Kommandeure der Gruppe die sogenannte Levant-Front, die sich im Jahr 2015 ein weiteres Mal spaltete und größtenteils zu einer Organisation namens Nour al-Din al-Zenki überlief.[35]

Was sich an diesem Beispiel zeigt, lässt sich auf den gesamten Konflikt übertragen: Je mehr der Konflikt eskalierte und je mehr ausländische Sponsoren beteiligt waren, desto kleinteiliger wurde die Opposition. Und je gewalttätiger die Auseinandersetzungen wurden, desto größer die Rolle von islamistischen und dschihadistischen Gruppen, die wegen ihrer Erfahrung, Disziplin und Entschlossenheit als die besten Kämpfer galten.[36] Bewaffnete Gruppen, die anfangs relativ säkular waren, spalteten sich von der FSA ab, legten sich islamische Logos zu, ließen sich lange Bärte wachsen und posteten martialische Videos auf Youtube, um die Aufmerksamkeit ausländischer Förderer zu erlangen.[37] Hieraus entstand eine Dynamik, die zur «Dschihadisierung» der Opposition führte.[38]

Nicht nur verstand am Ende kaum jemand, welche Gruppe wohin gehörte, auch die Übergänge zwischen nichtreligiösen, islamistischen, salafistischen und dschihadistischen Gruppen wurden zunehmend fließend. Die einfache Unterscheidung zwischen «moderaten» und «extremistischen» Rebellen, die westliche Politiker an Schreibtischen trafen, verfehlte oftmals die Realität, da Kommandeure, die am einen Tag für eine «moderate» Miliz kämpften, nicht selten am darauffolgenden Tag – zusammen mit Männern und Waffen – bei einer islamistischen Miliz auftauchten.

Bis zu welchem Punkt ausländische Sponsoren bereit waren, dschihadistische Tendenzen zu akzeptieren, hing vom Zeitpunkt und von der jeweiligen Stimmung ab. Noch im Dezember 2012 erklärte der katarische Außenminister: «Ich bin sehr dagegen, irgendjemanden [von der Opposition] auszuschließen.»[39] Und selbst Obamas außenpolitischer Berater Ben Rhodes wehrte sich dagegen, die dschihadistische Al-Nusra-Front – aus der wenig später der Islamische Staat entstand – als Terroristen zu brandmarken:

> Al-Nusra war wahrscheinlich die stärkste Streitmacht innerhalb der Opposition, und obwohl es extremistische Elemente in der Gruppe gab, war ebenfalls klar, dass die gemäßigtere Opposition Seite an Seite mit al-Nusra kämpfte. Ich argumentierte, dass die

Etikettierung von al-Nusra als «terroristisch» die Leute verprellen würde, denen wir helfen wollten.[40]

Auch wenn es keine Belege dafür gibt, dass Amerika, die Türkei oder verbündete Golfstaaten jemals bewusst den Islamischen Staat unterstützten, landeten beträchtliche Ressourcen deshalb bei salafistischen und dschihadistischen Gruppen, die ideologisch kaum weniger bedenklich waren als der IS – oder sogar später zu ihm überliefen.

Nutznießer

Der «syrische Frühling» begann mit Demonstrationen für Menschenwürde und mehr Demokratie. Doch innerhalb von drei Jahren wurde die Konfrontation zwischen Assad und seinen Gegnern zu einem der brutalsten Bürgerkriege der neueren Zeit. Statt zu Freiheit und einer neuen «demokratischen Welle» hatten die Revolutionen im Nahen Osten zu Zerstörung, Elend und einem massenhaften Exodus geführt, deren Folgen auch Europa vor große Herausforderungen stellten.

Zu den «Nutznießern» der syrischen Katastrophe zählten nicht liberale Demokraten, sondern vor allem ihre Gegner wie etwa der Islamische Staat. Entgegen der öffentlichen Wahrnehmung war die dschihadistische Gruppe nicht aus dem Nichts gekommen, sondern auf dem Nährboden einer ethnisch und religiös tief gespaltenen Gesellschaft entstanden, in der gewaltsamer, konfessioneller Konflikt zur definierenden Logik wurde.[41] Als sie sich im Frühjahr 2013 von al-Qaida abspaltete, erregte dies zunächst wenig Aufsehen. Doch bereits ein Jahr später versetzte der IS die gesamte Region in Angst und Schrecken. Von seiner «Basis» im Osten Syriens ausgehend, eroberte er innerhalb weniger Monate mehrere Provinzen im Westen des Irak, inklusive der Millionenstadt Mosul. Im Sommer 2014 erstreckte sich sein Territorium über mehrere tausend

Kilometer, hatte acht bis zehn Millionen Einwohner und war nur einen Katzensprung von den heiligsten Städten des Islam – Mekka, Medina und Jerusalem – entfernt. Seine militärischen Siege waren so atemberaubend, dass sich Beobachter im Westen Sorgen um die Sicherheit der irakischen Hauptstadt Bagdad, um Jordanien und sogar Saudi-Arabien machten.[42]

Doch das Programm des Islamischen Staats war niemals nur auf Syrien, den Irak oder den Nahen Osten beschränkt. Von Anfang verstand sich der IS als Gegenentwurf sowohl zu anderen Strömungen innerhalb des Islam als auch zur säkularen Moderne. Die Regeln, Gesetze und gesellschaftlichen Normen, die innerhalb seines «Staates» galten, richteten sich explizit gegen vermeintlich westliche Ideen wie Gleichheit und individuelle Freiheit. Das Ziel war es, eine Gesellschaft zu schaffen, die die westliche Moderne nicht nur bekämpfte, sondern überwand. Es war diese Utopie, die mehr als vierzigtausend sogenannte Auslandskämpfer – darunter sechstausend Westeuropäer – ins «Kalifat» des IS lockte.[43]

Es dauerte keine zwölf Monate, bis Konsequenzen auch in Europa spürbar wurden. Der erste Terroranschlag des Islamischen Staats auf europäischem Boden fand am 24. Mai 2014 statt. Sein Ziel war das Jüdische Museum in Brüssel, und der Attentäter war ein französischer Dschihadist, der noch ein Jahr zuvor in Syrien gekämpft hatte. Damit begann die bislang tödlichste «Welle» des dschihadistischen Terrorismus in Europa, die Mitte des Jahrzehnts ihren Höhepunkt mit Anschlägen in Paris, Nizza, London, Manchester, Berlin, Barcelona und Stockholm erreichte. Einige der Attentäter hatten selbst in Syrien gekämpft; andere hatten vergeblich versucht, nach Syrien auszureisen. Wieder andere ließen sich von den grausamen Videos inspirieren, die der Islamische Staat in seinem «Kalifat» produzierte und anschließend im Internet veröffentlichte.[44] Die Welle endete erst, als sich Amerika und der Westen von ihrer «gewollten Impotenz» verabschiedeten, mit militärischen Mitteln in Syrien eingriffen und die Operationsbasis der Gruppe in Syrien und im Irak zerstörten.[45]

Ein weiterer «Nutznießer» war Wladimir Putins Russland, das sich während dieser Zeit immer offener zum Gegenspieler Amerikas aufschwang. Wie das nächste Kapitel zeigt, war Putin im Laufe der 2000er Jahre zu dem Schluss gekommen, dass der «missionarische Eifer» des Westens zur destruktiven Kraft geworden war. Wann immer westliche Regierungschefs von «Regimewechsel» sprachen, betonte er deshalb «Stabilität», pochte auf die Einhaltung staatlicher Souveränität und positionierte sich als Verfechter traditioneller Werte.[46]

Es war deshalb keine Überraschung, dass sich Russland von Anfang an auf die Seite Assads stellte und ab September 2015 auch militärisch intervenierte. In Amerika glaubte man zu dieser Zeit, dass sich Russland in einen endlosen Krieg verstricken und «eine blutige Nase» holen würde.[47] Doch Putin gelang es mit einem begrenzten Einsatz, der sich zielgenau gegen Assads Gegner richtete, den Konflikt innerhalb kurzer Zeit zu Gunsten des syrischen Präsidenten zu wenden. Russland erreichte nicht nur alle seine politischen und strategischen Ziele, sondern erkämpfte sich auch eine Art Veto, das die Lösung des Konflikts ohne seine Zustimmung und Mithilfe unmöglich machte.[48]

Schlimmer noch: Es stellte Amerika bloß und entlarvte dessen politische Verunsicherung. Wie John Sawers meint: «In Putins Augen war Syrien ein weiteres Beispiel dafür, dass der Westen ziemlich schwach war und dass Russland, wenn es nur wollte, Amerika zurückdrängen konnte.»[49] Dies zeigte sich – nicht zuletzt – auch in Europa, wo Putins «Krieg» gegen die liberale Moderne lange Zeit unbeantwortet blieb.

KAPITEL 13

Deutsch-russische Illusionen

Als Wladimir Putin zum Jahreswechsel 2000 Präsident von Russland wurde, hielten sich die Erwartungen in Grenzen. Nach den turbulenten Jelzin-Jahren, in denen der russische Staat praktisch zusammengebrochen war, galt ein nüchterner, effizienter Bürokrat – noch dazu ein vormaliger KGB-Offizier und stellvertretender Bürgermeister von St. Petersburg – im Westen bereits als Hoffnungsträger. Die wichtigste Priorität, aus Sicht der westlichen Staaten wie für Russland selbst, war Stabilität: der (Wieder-)Aufbau eines funktionierenden Staatssystems, geordnete Verhältnisse im Innern und eine verlässliche Politik nach außen. Der Russlandexperte Mark Galeotti erinnert sich: «Putin schien wie eine sichere Hand. Langweilig, trocken. Aber wenigstens kam er aus dem System; er kannte sich aus, und niemand hatte ihn in der Hand.»[1]

In den ersten Jahren seiner Präsidentschaft erfüllte Putin die in ihn gesetzten Hoffnungen. Dank steigender Ölpreise stabilisierte sich die Wirtschaft, zum ersten Mal seit Jahren stiegen die Einkommen, und auf internationaler Bühne bemühte sich Putin, Feindbilder abzubauen und die unter Jelzin gewachsene positive Beziehung mit dem Westen zu festigen. Als er am 25. September 2001 – knapp zwei Wochen nach den terroristischen Anschlägen in Amerika – mit stehenden Ovationen im Deutschen Bundestag willkommen geheißen wurde, beschwor er Russlands Partnerschaft mit dem Westen; distanzierte sich vom Stalinismus; versprach, dass «niemand Russland jemals wieder in die Vergangenheit zurückführen kann»; und bekannte sich zum «Aufbau einer demokratischen Gesellschaft und einer Marktwirtschaft».[2] Wolfgang Ischinger, der damals deutscher Botschafter in Amerika war, meint: «Am Anfang konnte man mit Putin unglaublich gut zusammenarbeiten. Man verstand sich, da klappte alles.»[3]

Doch bereits in der zweiten Hälfte der Dekade war zu erkennen, dass sich Putins Einstellung gegenüber dem Westen änderte. Bei der Münchner Sicherheitskonferenz im Jahr 2007 hielt er eine vielbeachtete Rede, in der er zum ersten Mal einen explizit konfrontativen Ton anschlug. Eine «unipolare Welt», in der nur «ein Herr und ein Souverän» existiere, so Putin, sei «gefährlich». Amerikas aggressives Verhalten schade dem Weltfrieden und zerstöre das Vertrauen in das internationale Recht. An die Stelle einer unipolaren müsse deshalb eine multipolare Weltordnung treten, in der sich verschiedene Machtzentren gegenseitig ausbalancieren.[4] «Seine Botschaft war klar», meint Ischinger, der damals im Publikum saß: «Bis hierher und nicht weiter!»[5]

Auch wenn es unter Putins zwischenzeitlichem Nachfolger Dmitri Medwedew Zeichen der Entspannung gab, verschärfte sich die Situation, als Putin im Jahr 2012 wieder ins Präsidentenamt zurückkehrte. Er und seine Regierung gaben sich jetzt nicht mehr nur als weltpolitische Gegenspieler zu einem – ihrer Meinung nach – übermächtigen Amerika, sondern präsentierten Russland als Gegenentwurf zur liberalen Demokratie. In Putins Reden ging es nicht mehr nur um nationalistische Ideen wie etwa die Verteidigung russischer Souveränität, russischer Minderheiten oder der russischen «Einflusssphäre», sondern um das ideologische Projekt einer patriotischen, christlich-konservativen Gesellschaft im Kampf gegen den angeblich dekadenten, gottlosen Westen.[6] In nur zwölf Jahren war der scheinbar langweilige Bürokrat Putin zum Anführer einer antiliberalen Bewegung mutiert, der seine Ideen weltweit propagierte.[7]

Wie konnte das passieren? Geht es nach dem amerikanischen

Politikwissenschaftler John Mearsheimer, so war die «Radikalisierung» Putins vor allem Schuld des Westens, der Russland immer stärker «eingekesselt» und damit dessen «legitime Sicherheitsinteressen» missachtet habe. Und es schien ja tatsächlich so: Ende der neunziger Jahre waren vier zentraleuropäische Staaten der Nato beigetreten; im Jahr 2004 kamen die baltischen Staaten, die einst zur Sowjetunion gehört hatten, hinzu; und vier Jahre später stand sogar die Mitgliedschaft von Georgien und der Ukraine zur Debatte (die allerdings von Deutschland und Frankreich verhindert wurde).

All dies geschah vor dem Hintergrund der EU-Osterweiterung, amerikanischer «Regimewechsel»-Rhetorik, Volksaufständen in der Ukraine und Georgien, dem Arabischen Frühling sowie der zum Sturz Gaddafis «missbrauchten» Sicherheitsratsresolution in Libyen. Kein Wunder, dass sich Putin bedroht fühlte, so Mearsheimer: Der Westen schien wild entschlossen, sein System überall in der Welt zu verbreiten; und die Institutionen, die seine Ideen am stärksten verkörperten, die EU und die Nato, rückten immer näher an Russland heran.[8] Besonders die Ukraine war aus russischer Sicht eine «rote Linie», denn sie war historisch so eng mit Russland verbunden, dass Putin mit Blick auf die beiden Länder regelmäßig vom ukrainischen «Schwestervolk» oder gar von «einem Volk» sprach.[9]

Doch Mearsheimers Argumentation stimmte nur zum Teil. Es war richtig, dass die amerikanische «Regimewechsel»-Agenda bei autoritären Herrschern überall auf der Welt Paranoia ausgelöst hatte. Und er hatte recht damit, dass die Nato-Osterweiterung ohne Rücksicht auf russische Sensibilitäten betrieben worden war: «Die Amerikaner zeigten zu wenig Fingerspitzengefühl», meint auch Ischinger, «man hätte da etwas stärker auf die Bremse treten müssen.»[10] Aber Mearsheimer ignorierte, dass Russland der Nato-Osterweiterung im Jahr 1997 explizit zugestimmt hatte;[11] dass die Beitrittskandidaten aus freien Stücken die Mitgliedschaft in den westlichen Institutionen anstrebten; und dass ein wichtiger Grund hierfür überwiegend nicht wirtschaftliche Anreize waren, sondern die Angst vor russischem Revanchismus. Dies galt insbesondere für die Ukraine, die sich ab den späten neunziger Jahren kontinuierlich – und auch unter vermeintlich prorussischen Präsidenten – für eine Mitgliedschaft in der Nato und der EU ausgesprochen hatte.[12]

Genauso wichtig war außerdem die russische Innenpolitik, für die Mearsheimer in seiner Analyse keinerlei Interesse zeigt. Als sich Putin abermals als Präsident bewarb, war die Dekade des wirtschaftlichen Aufschwungs zum Ende gekommen. Öl- und Gaspreise waren gefallen, und es gab kaum noch Geld, mit dem sich der russische Staat die Loyalität seiner Bürger erkaufen konnte. Putins Partei erlitt im Herbst 2011 eine herbe Wahlniederlage, und er selbst wurde während eines Auftritts bei einem Kampfsportevent ausgebuht.[13] Wie der ehemalige Obama-Berater und Russlandexperte Michael McFaul schreibt: «Putin brauchte einen neuen Feind.» Ab dem Frühjahr 2012 inszenierte sich der vormalige (und künftige) Präsident deshalb als Kämpfer gegen die «liberale Idee»[14], und Medwedews Modernisierungsagenda war schnell vergessen. Stattdessen ging es plötzlich um die «Wiedergeburt» Russlands und das Zurückdrängen westlicher Einflüsse. Die ideologische Inspiration hierfür besorgte sich Putin unter anderem bei Alexander Dugin, einem national-revolutionären Vordenker, dessen Philosophie eurasische Großmachtfantasien und neurechte Theorien miteinander verband.[15] Bei den Wählern kam das gut an: Putins Zustimmungswerte nach der Annexion der Krim lagen bei 86 Prozent.[16]

Dass die Russen so leicht für ein ultranationalistisches Narrativ zu begeistern waren, deutet auf die tiefen Narben hin, die die Transformationserfahrung in den neunziger Jahren hinterlassen hatte. Russland war keine Supermacht mehr, aber wollte weiterhin so behandelt werden – inklusive eigener Einflusssphäre und einem Vetorecht über die Systementscheidungen von (souveränen) Staaten, die einst zur Sowjetunion gehört hatten. Die antiwestliche Dynamik war deshalb weniger dem aggressiven Vordringen westlicher Ideen und Institutionen geschuldet als dem russischen Gefühl der Demütigung und Schwäche, das mit dem Absturz in den neunziger

Jahren und dem Verlust der Weltmachtrolle verbunden war. Russland war zur «Geisel des Großmachtanspruchs»[17] geworden, und Putin nutzte dies zur Sicherung des eigenen Machterhalts. Einfach ausgedrückt: Er war ein populistischer Imperialist.

Der Fehler des Westens bestand darin, dies nicht rechtzeitig erkannt zu haben. Spätestens ab dem Jahr 2012 war die Konfrontation mit dem Westen für Putin nicht mehr nur Impuls oder gelegentliche Taktik, sondern bewusste, systemerhaltende Strategie. Statt ihr Einhalt zu gebieten, zeigte sich der Westen verunsichert, gespalten oder suchte die Schuld bei sich selbst. Besonders in Deutschland hielten politische Eliten selbst nach der Annexion der Krim an der völlig illusorischen Idee fest, der Konflikt lasse sich durch schrittweise Annäherung und wirtschaftliche Verflechtung überwinden. Die Konsequenzen dieser liberal-modernen, auf Dialog und gegenseitige Verflechtung ausgerichteten Politik waren fatal. Nicht nur begaben sich Länder wie Deutschland in ein politisches und wirtschaftliches Abhängigkeitsverhältnis gegenüber Russland, sondern sie ermutigten Putin dadurch, seine Interessen auf immer dreistere Weise zu verfolgen.

Die neue(ste) Ostpolitik

Die Annexion der Krim im Frühjahr 2014 und der «hybride Krieg», den Russland seitdem in der Ostukraine führte, war ein Anschlag auf die territoriale Integrität der Ukraine. Doch die Sanktionen und Maßnahmen, die daraufhin verhängt und unternommen wurden, waren relativ moderat: Der Westen bestrafte einige russische Amtsträger und Unternehmen; verlegte Truppen in östliche Nato-Staaten; und gewährte der Ukraine zusätzliche Finanzhilfen.[18] Einer der wichtigsten Gründe für die westliche Zurückhaltung war die Einstellung deutscher Eliten, die die Radikalisierung Putins ignorierten und nicht auf Stärke, sondern auf politischen Wandel durch Dialog und wirtschaftliche Verflechtung setzten.

Häufig zitiertes Vorbild war die «neue Ostpolitik» des sozialdemokratischen Bundeskanzlers Willy Brandt und seines «Ministers für besondere Aufgaben» Egon Bahr. Sie entstand während der sechziger Jahre und hatte zum Ziel, die feindlichen Beziehungen zwischen Ost und West zu überwinden. Statt Konfrontation und Sieg über die jeweils andere Seite forderte sie Annäherung und Akzeptanz. Die Idee war, dass Dialog, persönliche Begegnungen und «tausend kleine Schritte» zum Abbau von Feindbildern und zu gegenseitigem Vertrauen führten und dass daraus politischer Fortschritt entstehen könne. Als Brandt und Bahr im Jahr 1969 an die Macht kamen, setzten sie diese Vorstellungen um. Ergebnis war die Anerkennung von Grenzen, neue Handelsverträge und eine allgemeine Entspannung des Ost-West-Verhältnisses, die auch humanitäre Erleichterungen zur Folge hatte. Das Vertrauen, das durch die «neue Ostpolitik» geschaffen wurde, entschärfte zahlreiche Krisen und trug zu einem friedlichen Ende des Kalten Krieges bei.[19]

Bei genauerem Hinsehen war die «neue Ostpolitik» jedoch komplexer und vielschichtiger als von ihren Befürwortern suggeriert. Brandt und Bahr ging es von Anfang an um eine Verbesserung des Verhältnisses nicht nur zur Sowjetunion, sondern auch zu Polen und zur Tschechoslowakei, die damals zum Warschauer Pakt gehörten. Eine Einigung mit Moskau, die die Interessen der zentraleuropäischen Staaten ignorierte oder ihnen zuwiderlief, wäre für Brandt und Bahr unvorstellbar gewesen. Auch stand die damalige Politik nicht, wie manchmal behauptet, im Widerspruch zur amerikanischen Politik, sondern kam mit aktiver Unterstützung Amerikas zustande. Bahr informierte die Regierung in Washington meist noch vor dem Bundestag, denn «ohne amerikanische Rückendeckung hätte es die deutsche Entspannungspolitik nicht gegeben».[20] Nicht zuletzt gehörte zur «neuen Ostpolitik» auch eine militärische Komponente. Während Brandt und Bahr Gesprächskanäle eröffneten, stieg der Verteidigungsetat so stark an wie nie zuvor in der bundesrepublikanischen Geschichte.[21]

Kaum etwas von alldem fand später in den Narrativen der «Russlandversteher» Erwähnung. Die Version der «neuen Ostpolitik», die deutsche Eliten als Vorbild für die Lösung der Probleme mit Putin identifizierten, war so stark verkürzt und romantisiert, dass sie mit den historischen Fakten nicht mehr viel zu tun hatte. Was übrig blieb, waren vor allem Slogans. Der erste war «Wandel durch Annäherung», was in der Praxis bedeutete: Dialog auf allen Ebenen und ohne Vorbedingungen. Gerade Deutschland hatte aus Sicht seiner Eliten eine besondere Verantwortung, denn zum einen waren die Nazis für den Tod von fünfundzwanzig Millionen Sowjetbürgern verantwortlich,[22] zum anderen hatte Deutschland Russland die Wiedervereinigung zu verdanken und stand damit tief in dessen Schuld.[23] Die Hoffnung war, dass Gespräche zwischen Entscheidungsträgern und Mitgliedern der Zivilgesellschaft erneut dazu beitragen würden, Feindbilder abzubauen, Gemeinsamkeiten zu entdecken und Differenzen beizulegen. Voraussetzung hierfür war, dass man die russischen Gesprächspartner, ihre Ansichten und Interessen so akzeptierte, wie sie waren.[24] Alles andere führe zu Konfrontation, werde von Russland als Belehrung empfunden und treibe das Land noch tiefer «in die politische Isolation», so etwa der CSU-Politiker Peter Gauweiler.[25]

Die Art von Dialog, die diesem Ansatz folgte, erbrachte jedoch nicht viel mehr als Floskeln und Freundschaftserklärungen. Am deutlichsten ließ sich dies am «Petersburger Dialog» beobachten, einer jährlichen Konferenz, die die Zivilgesellschaften Deutschlands und Russlands zusammenbringen sollte, aber im Laufe der Jahre zum reinen Wirtschaftsforum mutierte, weil die Veranstalter kontroverse Fragen ausklammerten und immer weniger Repräsentanten der russischen Zivilgesellschaft teilnehmen wollten (oder durften). Noch problematischer war es, wenn Dialog nicht zu Veränderung, sondern zur Identifikation mit den russischen Machthabern führte. Dies war bereits eine Kritik an der «neuen Ostpolitik» gewesen, die sich in den achtziger Jahren derart mit den kommunistischen Machthabern arrangiert hatte, dass Bürgerrechtler als «Störenfriede» empfunden wurden.[26] Ähnliche Tendenzen gab es auch bei Befürwortern der «neue(ste)n» Ostpolitik, die von Offenheit und Dialog sprachen, aber politische Unterdrückung in Russland mit Begriffen wie «normative Differenz» verharmlosten.[27]

Der zweite Slogan war «Wandel durch Handel». Genauso wie im Verhältnis mit China wurde die Idee, dass engere Wirtschaftsbeziehungen zu Liberalisierung führten und dass gewaltsamer Konflikt durch gegenseitige Verflechtung unwahrscheinlicher würde, zur wichtigsten Rechtfertigung für engere Beziehungen zu Putins Regime. Einer der wichtigsten Befürworter war der sächsische Ministerpräsident Michael Kretschmer, der zu Besuchen nach Russland fuhr, um für russische Investitionen zu werben. In Interviews erklärte er: «Wenn man enge wirtschaftliche Beziehungen hat und sich im ständigen Austausch befindet, dann lassen sich bestehende Differenzen auf politischem Gebiet viel besser klären.»[28] Obwohl es keine Belege dafür gab, dass er solche Differenzen konsequent gegenüber seinen russischen Partnern ansprach, war sich Kretschmer ganz sicher: «Gemeinsame wirtschaftliche Verbindungen sind ein guter Schutz gegen Allmachtsträume.»[29] Dieselbe Position vertraten auch die Mitglieder des «Ost-Ausschusses» der deutschen Wirtschaft, dessen 350 Mitgliedsunternehmen sich als Speerspitze der deutsch-russischen Entspannungspolitik verstanden. Frei nach dem Motto: Was gut fürs Geschäft ist, nutzt irgendwann auch der Politik.[30]

Die Idee vom «Wandel durch Handel» verband somit liberale «Überzeugungstäter», die in Wirtschaftsbeziehungen eine Art Friedensprojekt sahen,[31] und zynische Geschäftsleute, für die Wirtschaft und Politik «entkoppelt» werden sollten. Beide Gruppen hielten die Sanktionen, die der Westen nach der Krim-Annexion gegen Russland verhängt hatte, für schädlich. Und beide machten sich für das Pipelineprojekt Nord Stream 2 stark, das von Altkanzler Gerhard Schröder angeführt wurde und Erdgas durch die Ostsee von Russland nach Deutschland transportieren sollte. Aus «ostpolitischer» Sicht war dies eine bahnbrechende Idee, weil es die beiden Länder noch stärker miteinander zu verflechten versprach. Aber in Wirklichkeit verschärfte das Projekt die Spannungen überall in Europa und sogar mit Amerika, denn seine Verwirklichung hätte Deutschland (noch) abhängiger von russischer Energie und die Ukraine (noch) erpressbarer gemacht.[32] Immerhin: Der damalige Außenminister Frank-Walter Steinmeier gab später zu, dass seine langjährige Unterstützung für das Projekt falsch war: «Mein Festhalten an Nord Stream 2 [...] war eindeutig ein Fehler», so der heutige Bundespräsident im April 2022. «Wir haben an Brücken festgehalten, an die Russland nicht mehr geglaubt hat und vor denen unsere Partner uns gewarnt haben.»[33]

Putins (langer) Krieg gegen den Westen

In der Praxis hatten die «ostpolitischen Tagträume»[34] der deutschen Eliten keinen demokratisierenden oder friedensstiftenden Effekt, sondern ermutigten Putin, seine antiliberale Agenda noch aggressiver zu verfolgen. Sein langer Krieg gegen den Westen begann bereits viele Jahre vor dem russischen Überfall auf die Ukraine im Februar 2022; und er wurde an vielen Fronten und mit unterschiedlichsten Mitteln ausgetragen.

Zunächst wurde dies innerhalb Russlands deutlich. Putins Wahlniederlage im Jahr 2011 und die hierauf folgenden Demonstrationen hatten den russischen Präsidenten davon überzeugt, dass der Westen seinen Sturz verfolgte und dabei nach dem gleichen Drehbuch vorging wie während der sogenannten Farbenrevolutionen in der Ukraine (2004) und Georgien (2008) sowie dem Arabischen Frühling.[35] Die russische Regierung verbot deshalb zahlreiche zivilgesellschaftliche Organisationen; schloss die wenigen noch freien Medien; und schränkte den Zugang zum Internet ein. Am härtesten traf es den Oppositionspolitiker Alexej Nawalny, der durch die Proteste im Jahr 2011 im ganzen Land bekannt geworden war. Putin empfand den Korruptionskritiker offenbar als so bedrohlich, dass er ihn immer wieder aus fadenscheinigen Gründen vor Gericht stellen und im Jahr 2020 sogar vergiften ließ.[36] Andere Gegner Putins «fielen aus Fenstern» oder wurden auf offener Straße erschossen – mehrmals sogar im westlichen Ausland.[37]

In Russlands vermeintlicher Einflusssphäre, also den Staaten der vormaligen Sowjetunion, sorgte Putin dafür, dass jegliche Orientierung hin zum Westen unmöglich wurde. Die Instrumente, die er dabei verwendete, reichten von Propaganda über Korruption bis zu aktiver Destabilisierung, zum Beispiel durch die Mobilisierung russischer Minderheiten oder das «Anheizen» ethnischer Konflikte. So unterstützte Russland die Separatisten im ostukrainischen Donbass und sabotierte jahrelang eine friedliche Lösung entsprechend den von Frankreich und Deutschland vermittelten Minsker Abkommen. Die Ukraine kam dadurch niemals zur Ruhe und hatte keine Möglichkeit, weitere Schritte in Richtung einer West-Integration zu unternehmen.[38]

Doch Putins Krieg gegen den Westen ging weit über «defensive» Maßnahmen hinaus. Wo immer der Westen militärisch präsent war, positionierte sich Russland auf der entgegengesetzten Seite. In Syrien unterstützte Putin Assad; in Libyen verbündete er sich mit dem Feldherrn Haftar; und in Afghanistan lieferte er Berichten zufolge Waffen an die Taliban.[39] Zum einen war er aufrichtig davon überzeugt, dass alle Versuche, westliche Vorstellungen von Demokratie und Menschenrechten in andere Kulturkreise zu «exportieren», zu «Chaos und Gewalt» führten.[40] Zum anderen war ihm klar, dass hierdurch Möglichkeiten entstanden, den Westen zu schwächen und die eigene Position zu stärken. Wie der vormalige BND-Chef Gerhard Schindler erklärt: «Putin schuf sich mehrere ‹Spielfelder›, die ihm Verhandlungsmasse gaben. Der Gedanke dahinter war: Wenn er in Syrien gebraucht wurde, konnte er dafür womöglich Konzessionen in der Ukraine verlangen.»[41]

Eine weitere Front war nicht militärisch, sondern digital. Entgegen der Idee, dass das Internet eine «Waffe» der liberalen Moderne sei und zum weltweiten Siegeszug der Demokratie beitragen würde, erkannte Russland weit früher als der Westen das Potenzial digitaler Kriegsführung. Russische Hacker, die mit der Regierung zusammenarbeiteten, griffen westliche Institutionen – wie zum Beispiel den Deutschen Bundestag – an und leakten vertrauliche Informationen. Gleichzeitig bevölkerten Zehntausende russischer Accounts die sozialen Medien und versuchten, die öffentliche Meinung zu manipulieren. Am offensichtlichsten war dies während des britischen Brexit-Referendums sowie der amerikanischen Präsidentschaftswahlen im Jahr 2016 (siehe Kapitel 15 und 16). Zweck solcher Interventionen war es, Bruchlinien innerhalb westlicher Gesellschaften zu vertiefen und ihre Polarisierung zu befördern – was erklärt, warum russische Propaganda oftmals radikale Positionen auf beiden Seiten des politischen Spektrums unterstützte und damit die «Kulturkriege» innerhalb westlicher Gesellschaften befeuerte.

Das bedeutet nicht, dass Russland keine ideologische Präferenz hatte. Die wahrscheinlich wichtigste Rolle, die Moskau in den letzten Jahren in der europäischen Politik spielte, war die als Geburtshelfer einer «antiliberalen Front». Nachdem sich Putin in den Jahren 2011 und 2012 als Verteidiger christlich-konservativer Werte «geoutet» hatte, bauten Vertraute ein europaweites Netzwerk auf, mit dem Russland rechtspopulistische Parteien in ganz Europa unterstützte. Dazu gehörten Reisen nach Moskau und Treffen mit Putins Beratern, aber auch finanzielle Unterstützung wie beispielsweise Spenden an die italienische Lega-Partei oder ein Zehn-Millionen-Euro-Kredit für den französischen Front National.[42] Die russische Führung gewann hierdurch westliche Verbündete, die nicht nur aktiv zur Destabilisierung ihrer eigenen Gesellschaften beitrugen, sondern auch Putin sowie seine Politik und Weltanschauung aufrichtig und mit großem Enthusiasmus unterstützten. So erklärte die Front-National-Vorsitzende Marine Le Pen im Jahr 2017: «Die Politik, die ich vertrete, […] ist die Politik von Herrn Putin.»[43]

Ohne dass es die deutschen «Russlandversteher» bemerkten, kämpfte Putin also bereits seit Jahren gegen den Westen. Wie von einem ehemaligen KGB-Offizier zu erwarten war, bediente er sich dabei nicht nur militärischer Mittel, sondern kombinierte diese geschickt mit politischen, propagandistischen und psychologischen Instrumenten, die meist unterhalb der Schwelle einer offenen Auseinandersetzung blieben. Wie effektiv diese Art der «hybriden» Kriegführung war, zeigte sich gegen Mitte der 2010er Jahre, als die liberale Idee von Europa angesichts der Finanz- und Flüchtlingskrisen zu zerbrechen drohte und ihr von Putin geförderter, antiliberaler Gegenentwurf großen Zulauf gewann.

TEIL IV
KRISE:
2016 BIS HEUTE

KAPITEL 14

Europa unter Druck

Francis Fukuyama wurde häufig vorgeworfen, dass er die ganze Welt zum Ebenbild Amerikas machen wolle. Doch in Wirklichkeit prophezeite seine Theorie vom «Ende der Geschichte» eine ganz andere Entwicklung: Nicht Amerika stand laut Fukuyama am «Ende der Geschichte», wenn alle ideologischen Feinde der liberalen Moderne besiegt seien, sondern die «fetten, wohlhabenden, selbstzufriedenen, auf sich selbst fixierten, schwachen Staaten [Westeuropas], deren größtes Projekt nichts Heldenhafteres ist als die Schaffung eines gemeinsamen Marktes».[1] Der aggressive, oftmals militaristische Universalismus Amerikas sei unter diesen Bedingungen nicht mehr zeitgemäß, so Fukuyama: Das «Ende der Geschichte» bestehe aus Handel, Austausch, friedlichem Miteinander – und «jahrhundertelanger Langeweile».[2]

Eine ähnliche Analyse präsentierte knapp fünfzehn Jahre später der amerikanische Politikwissenschaftler und Neokonservative Robert Kagan. In seinem Aufsatz über «Macht und Ohnmacht» aus dem Jahr 2003 verglich er Europa mit einer Insel der Glückseligen, auf der Macht und Gewalt durch internationales Recht und Verhandlungen ersetzt worden seien. Europäer, so Kagan, glaubten nicht mehr an «Realpolitik», sondern an eine Welt, in der Vernunft, Überzeugungskraft und allgemein verbindliche Regeln jeden Konflikt lösen konnten. Der Kontinent habe ein «post-historisches Paradies des Friedens und relativen Wohlstands» betreten – «die Verwirklichung von Immanuel Kants ‹ewigem Frieden›».[3]

Auch wenn Kagan und Fukuyama stark vereinfachten, lagen die beiden Politikwissenschaftler nicht völlig falsch. Sie erklärten ihrem (amerikanischen) Publikum lediglich in überspitzter Form, was in Europa allgemein akzeptiert war – nämlich, dass die europäische Einigung nach der Katastrophe des Zweiten Weltkriegs als liberales «Friedensprojekt» konzipiert worden war. Europa sollte ein Kontinent sein, auf dem sich Feinde versöhnten; miteinander Handel trieben; und auf dem aus gegenseitigem Austausch, gemeinsamen Regeln und dem Bewusstsein eines «geteilten Schicksals» Schritt für Schritt eine neue, gemeinsame Identität erwuchs.

Die Gründungsväter des modernen Europa, der deutsche Bundeskanzler Konrad Adenauer und der französische Außenminister Robert Schuman, sahen dies genauso wie ihre politischen «Enkel», Helmut Kohl oder etwa der langjährige Kommissionspräsident Jacques Delors. Und obwohl Europa und die europäische Einigung seit dem Maastrichter Vertrag von 1992 politisch stärker umstritten sind,[4] vertreten auch heutige Politikeliten die Idee von Europa als liberalem «Friedensprojekt» mit großer Überzeugung. Wie Nathalie Tocci, die Chefberaterin der ehemaligen EU-Außenbeauftragten Federica Mogherini, erklärt:

> Die EU ist ein liberales Projekt, das in keiner anderen Weise möglich ist. Stellen wir uns mal vor, alle Mitgliedstaaten der EU würden von rechtsextremen Regierungen angeführt: Gäbe es dann eine Europäische Union? Die Antwort ist: Nein! Und der Grund ist: weil sich nationalistische Regierungen auf nichts einigen könnten; weil niemand nachgeben würde; und weil Kompromisse unvorstellbar wären. Die Werte, auf denen die Europäische Union beruht, sind zutiefst liberal und demokratisch.[5]

Nichts an dieser Vision ist falsch oder nicht wünschenswert. Wie sich jedoch herausstellte, verwechselte sie die Idee eines geeinten, liberalen Europa mit der weitaus komplexeren Realität. Und sie führte zu einer Politik, die die Menschen überforderte und die oftmals beständigen kulturellen, wirtschaftlichen und politischen Unterschiede in Europa unterschätzte.

Dies wurde besonders während zwei großer Krisen in den 2010er Jahren offensichtlich. Die Währungskrise, die bereits in der ersten Hälfte des Jahrzehnts begann, resultierte aus einem Prozess, in dem europäische Politiker die Vision eines geeinten Europa über wirtschafts- und finanzpolitische Notwendigkeiten gestellt hatten. Viele der Probleme, mit denen die Eurozone kämpfte, waren absehbar, wurden aber ignoriert, weil sie der Verwirklichung der liberalen Vision im Wege standen. Ähnliches galt für die sogenannte Flüchtlingskrise, die ihren Höhepunkt in den Jahren 2015 und 2016 erreichte. Auch hier hatten ambitionierte Eliten einen Integrationsschritt – in diesem Fall die Schaffung des Schengenraums – vollzogen, ohne die dafür notwendigen Änderungen im Asylrecht durchzusetzen. Die Folge war eine zunehmende Spaltung und die Entstehung eines reaktionären Gegenentwurfs zur liberal-modernen Idee von Europa.

Euro-Vision

Die Währungsunion, die in den Jahren 1999 und 2002 in Kraft trat,[6] war kein ökonomisches, sondern vor allem ein politisches Projekt. Das heißt nicht, dass es keine guten volkswirtschaftlichen Gründe für den Euro gab. Nachdem im Jahr 1992 der Binnenmarkt Wirklichkeit wurde und sich Güter, Dienstleistungen, Kapital und Menschen frei innerhalb der Union bewegen konnten, waren Währungsunterschiede das einzig verbliebene «Handelshemmnis». Jacques Delors hatte bereits in den späten achtziger Jahren davor gewarnt, dass dies zu Spannungen führen würde.[7] Und tatsächlich: Der europäische Wechselkursmechanismus, mit dem Mitgliedsstaaten ihre Wechselkurse koordinierten, war in den neunziger Jahren mehrfach zusammengebrochen. Eine gemeinsame Währung versprach, solche Probleme zu vermeiden: Sie eliminierte Wechselkursrisiken und schuf darüber hinaus eine internationale Ankerwährung, von der europäische Unternehmen auch bei Geschäften außerhalb des Binnenmarkts profitierten.[8]

Entscheidend war jedoch die politische Begründung. Helmut Kohl machte daraus nie ein Geheimnis. In unzähligen Interviews erklärte er, dass die gemeinsame Währung eine «Voraussetzung für Frieden und Freiheit im 21. Jahrhundert» sei; den Prozess der europäischen Einigung «irreversibel» mache; und – noch dazu – identitätsstiftend wirke. «Währungen sind mehr als nur Zahlungsmittel», so der damalige Bundeskanzler: Durch den Euro werde «auf ganz natürliche Weise ein Gemeinschaftsgefühl entstehen».[9] Ruprecht Polenz, der langjährige Vorsitzende des Auswärtigen Ausschusses im Bundestag, sieht das heute noch so: «Die gemeinsame Währung ist eine Klammer, die im Laufe der Zeit ein gemeinsames, europäisches Bewusstsein erzeugen wird.»[10]

Die Konstruktion der Währungsunion folgte deshalb vor allem politischen, nicht ökonomischen Imperativen. Die nach wie vor sehr unterschiedlichen europäischen Volkswirtschaften wurden in das Korsett einer gemeinsamen Währung gezwängt und verloren dadurch die Möglichkeit, ihre Währungen abzuwerten, Zinssätze zu ändern oder die Geldmenge zu vermehren, ohne dass neue Mechanismen geschaffen wurden, um die Schulden der Mitgliedsstaaten abzusichern oder Ungleichgewichte abzubauen. Die niedrigen Zinssätze, die jetzt allen zur Verfügung standen, bargen von Anfang an das Risiko, dass die Handelsbilanzdefizite in den sogenannten Südländern noch größer würden. Und die «Stabilitätskriterien», die eine solide, auf vergleichbaren Prinzipien basierende Finanz- und Wirtschaftspolitik garantieren sollten, waren bereits zu Beginn der Währungsunion so sehr aufgeweicht worden, dass sie praktisch keine Rolle mehr spielten.[11]

Dass diese Art von Währungsunion nicht funktionieren konnte, war selbst Anhängern der europäischen Integration klar. Doch vor dem Ausbruch der Krise wurde kein ernsthafter Versuch unternommen, die offensichtlichen Konstruktionsfehler des Euro zu korrigieren. Der Grund dafür war, dass dies Maßnahmen erfordert hätte, die in Deutschland – dem wichtigsten Staat der Eurozone – auf Widerstand gestoßen wären. Wie Charles Grant, der Direktor der Denkfabrik Centre for European Reform, erklärt:

> Besonders die Schuldenhaftung hätte in Deutschland die Alarmglocken schrillen lassen. Die Deutschen hätten gedacht: «Wir sind das größte Land in Europa und müssen am Ende die Schulden der Griechen und Italiener bezahlen.» Das hätte die Skepsis gegenüber der Währungsunion in Deutschland noch größer werden lassen. Und ohne Deutschland hätte es keine Währungsunion gegeben.[12]

Es war also kein Versehen oder gar ökonomische Inkompetenz, dass notwendige Instrumente nicht geschaffen wurden, denn aus Sicht europäischer Eliten war ein fehlerhafter Euro besser als gar kein Euro. Der promovierte Ökonom und damalige EU-Kommissionspräsident Romano Prodi gab dies sogar offen zu. Im Jahr 2001 erklärte er: «Ich bin mir sicher, dass uns der Euro dazu zwingen wird, neue wirtschaftspolitische Instrumente einzuführen. Doch es ist politisch unmöglich, das jetzt vorzuschlagen.»[13] Er fügte hinzu: «Irgendwann wird es eine Krise geben, und dadurch werden neue Instrumente schon entstehen.»[14]

Eurokrise

Die von Prodi herbeigewünschte Krise begann in Griechenland und führte im Frühjahr 2010 zum ersten «Hilfspaket», mit dem die Euroländer und der Internationale Währungsfonds dem Land insgesamt hundertzehn Milliarden an Krediten zur Verfügung stellten. Die Probleme Griechenlands hatten zahlreiche Gründe wie etwa die chronische ökonomische Schwäche des Landes, unverantwortliches Wirtschaften und die amerikanische Bankenkrise, die das internationale Finanzsystem dramatisch geschwächt hatte.[15] Doch die eigentliche Ursache lag in der Struktur der Währungsunion, die den Verlust der geldpolitischen Souveränität durch nichts ausglich. Dies war auch der Grund, weshalb es in den folgenden Jahren in Portugal, Spanien, Italien und Zypern zu weiteren Krisen kam, die jeweils unterschiedliche Auslöser hatten, aber letztlich auf dasselbe Problem hinausliefen, nämlich das Fehlen einer Garantie für die Staatsschulden von Mitgliedsstaaten, die – aus welchen Gründen auch immer – in Schwierigkeiten geraten waren.

Die Situation beruhigte sich erst, als der damalige Präsident der Europäischen Zentralbank, Mario Draghi, den aus Sicht der Finanzmärkte notwendigen Mechanismus schuf, um den Fortbestand der Währungsunion zu garantieren. Im September 2012 kündigte er an, dass die EZB tun werde, «was auch immer nötig ist», um die Staatsanleihen von Krisenländern zu kaufen. Er signalisierte damit, dass die Zentralbank im großen Stil Geld «drucken» würde, um die Schulden von in Not geratenen Mitgliedsstaaten zu finanzieren.[16]

Der politische Preis war, dass sich die Illusion einer gemeinsamen Währung *ohne* gemeinsame Haftung nicht länger durchhalten ließ. Wie von Prodi vorausgesagt, schufen europäische Politiker in den darauffolgenden Jahren eine Reihe von Instrumenten und Mechanismen, die auf jeweils unterschiedliche Aspekte der Krise reagierten, aber allesamt auf der Idee beruhten, dass die Gemeinschaft für die finanz- und wirtschaftspolitischen Probleme ihrer Mitglieder verantwortlich war und in letzter Konsequenz auch ihre Kosten tragen musste: der Europäische Stabilitätsmechanismus (ESM), der Kredite für in Not geratene Staaten bereitstellte; der «Fiskalpakt», der solche Staaten zu wirtschafts- und haushaltspolitischer Koordination verpflichtete; und die sogenannte Bankenunion, die die Kosten für Bankenrettungen vergemeinschaftete.[17]

Diese Entwicklung trug zur Stabilität des Euro bei, doch die ökonomischen Folgen waren zum Teil katastrophal. Als Gegenleistung für europäische Garantien mussten sich die «Südländer» zu harschen «Reformprogrammen» verpflichten, die ein radikales

Zurückfahren der Staatsausgaben und tiefe strukturelle Reformen – zum Beispiel des Rentensystems – verlangten. Zusammen mit dem Verlust der geldpolitischen Souveränität bedeutete dies, dass Länder wie Griechenland, Spanien und Italien keinerlei wirtschafts- oder finanzpolitischen Hebel mehr hatten, um ihre Volkswirtschaften anzukurbeln. Am deutlichsten wurde dies in Griechenland, wo die Wirtschaft dramatisch abstürzte und erst im Jahr 2017 wieder ein Wachstum von mehr als einem Prozent verzeichnete. Selbst in Spanien und Italien dauerte es bis zur Mitte der Dekade, bis die Wirtschaftsleistung wieder anstieg. Kurzum: Die Mitgliedschaft in der Währungsunion verdammte diese Länder zu Jahren der Stagnation. Sogar die Organisation für wirtschaftliche Zusammenarbeit und Entwicklung (OECD) beschrieb die Situation als eine «Falle», aus der es keinen Ausweg gab.[18]

Vertrauensverlust

Unter den Folgen der Eurokrise litt nicht nur die Wirtschaftsleistung, sondern auch das Vertrauen in die europäischen Institutionen. Am spürbarsten war dies in Italien, der drittgrößten Volkswirtschaft der Eurozone. Während 2007 noch fast 60 Prozent der Italiener die Europäische Union als «vertrauenswürdig» bezeichneten, lag der Wert fünf Jahre später bei wenig mehr als 20 Prozent.[19] In den Augen vieler Italiener wurde «Europa» während dieser Jahre zum Sündenbock und war nicht nur für die verhasste Sparpolitik verantwortlich, sondern für alle möglichen, oftmals «hausgemachten» Probleme.[20] Ab Mitte des Jahrzehnts schlug sich dies auch in Wahlergebnissen nieder: Die europafeindliche Lega-Partei von Matteo Salvini erzielte bei den Nationalratswahlen im Jahr 2017 17,4 Prozent und wurde Teil der Regierung. Bei den Wahlen zum Europäischen Parlament im Jahr 2019 bekam sie sogar 34 Prozent. Seitdem ist ihr Stimmenanteil gesunken – aber nur deshalb, weil sie von einer neuen, noch extremeren Partei überholt wurde. Das traurige

Fazit: Aus einem der proeuropäischsten Länder Europas wurde durch die Eurokrise eines der europafeindlichsten.

Selbst in den «Nordländern», die vom Euro massiv profitierten und wenig unter der Krise zu leiden hatten, kam es zu größerer Europaskepsis. Viele Menschen fühlten sich betrogen, weil ihnen versprochen worden war, dass es mit dem Euro keine «Vergemeinschaftung von Schulden» geben würde. Die hohen Beträge, die bei jedem «Rettungspaket» genannt wurden, erweckten den Eindruck, dass die vermeintlich solideren Staaten des Nordens die Misswirtschaft des Südens finanzierten.[21] In Finnland konnte die Partei der «Wahren Finnen» ihren Stimmenanteil von 4 auf 19 Prozent vergrößern; in den Niederlanden kletterte die «Freiheitspartei» von 6 auf 15 Prozent; und in Deutschland entstand eine völlig neue Partei, die AfD, die vorgab, eine Alternative zu der angeblich alternativlosen Euro-Politik der «Altparteien» zu sein.

Der Traum der liberalen Euro-Visionäre hatte sich in das genaue Gegenteil verkehrt. Statt zu Begeisterung für Europa und einem stärkeren Gemeinschaftsgefühl führte die mangelhaft konstruierte und unehrlich präsentierte Währungsunion zur Spaltung und zum Verlust des Vertrauens in die europäischen Institutionen. Die liberalen Eliten, die die Währungsunion durchgesetzt hatten, konnten nicht verstehen, dass die europäische Identität der meisten Bürger schwächer war als die eigene und dass Transferzahlungen von Deutschland an Griechenland für einen Großteil eben nicht das Gleiche waren wie der innerdeutsche Finanzausgleich «zwischen Hessen und Brandenburg».[22] Anders ausgedrückt: Die liberal-moderne Vision der europäischen Eliten korrespondierte nicht mit dem real existierenden Europa, und der Versuch, sie den Europäern durch Täuschung aufzuzwingen, führte nicht zu Anpassung, sondern zu Ablehnung.

Von Schengen nach Dublin

Die zweite große europäische Krise begann im Sommer 2015, als mehr und mehr Flüchtlinge aus Syrien, dem Irak, Afghanistan und Westafrika über verschiedene Routen in die Länder der Europäischen Union kamen. Bis zum März 2016 schafften es auf diese Weise geschätzt zwei Millionen Menschen nach Europa, von denen die meisten in Deutschland, Österreich und Schweden aufgenommen wurden.[23] Für Europa war dies die größte «Flüchtlingswelle» seit Ende des Zweiten Weltkriegs, und sie stellte die Ankunftsländer vor enorme praktische und politische Herausforderungen. Doch obwohl der genaue Zeitpunkt und das Ausmaß überraschend waren, hatte sich die Krise lange angekündigt und war letztlich Ergebnis einer mangelhaften europäischen Asylpolitik.

Anfangspunkt war das Abkommen von Schengen, das im Laufe der neunziger Jahre zur schrittweisen Abschaffung von Grenzkontrollen zwischen EU-Staaten führte. Natürlich gab es auch hier ökonomische Argumente (Grenzkontrollen kosteten Zeit und unterbrachen Lieferketten), aber mehr noch als bei der Währungsunion ging es um die Verwirklichung der Vision eines Europa ohne Grenzen. Waldemar Schreckenberger, der das Abkommen für Kohl ausgehandelt hatte, sagte später, es sei «mit das wichtigste Werk seines Lebens» gewesen: «Jahrhundertelang haben sich die Staaten in Europa feindlich gegenüber gesessen, aber heute gehören fünfundzwanzig Staaten zum Schengener Raum.»[24]

Doch genau wie bei der Einführung des Euro setzte man die positiven, vermeintlich identitätsstiftenden Aspekte des Abkommens um, ohne sich mit den politisch schwierigen Folgen auseinanderzusetzen. Ein dringendes Erfordernis war neben dem Schutz der Außengrenzen und der Zusammenarbeit von Sicherheitsbehörden vor allem eine Vereinheitlichung der Asylpolitik. Wie Charles Grant meint: «Es gibt keinen funktionierenden Schengenraum ohne [...] eine Art gemeinsames System für den Umgang mit Asylbewerbern.

Denn ansonsten gehen sie alle nach Deutschland und Schweden. Und das ist nicht fair.»[25]

Das sogenannte Dublin-Verfahren, auf das sich die Schengenstaaten im Jahr 1997 einigten, sah vor, dass Asylbewerber nur in einem Schengenland Anträge stellen durften und dass dies der Staat sein sollte, in dem sie den Schengenraum zuerst betreten hatten. Dies war besonders für Deutschland von Vorteil, da es von anderen Schengenstaaten umgeben und deshalb selten der Ersteintrittsstaat war. Das Problem war nur, dass das Verfahren in der Praxis nie funktionierte. Die meisten Flüchtlinge wollten nicht im Ersteintrittsstaat bleiben, und die meisten Ersteintrittsstaaten hatten keinerlei Interesse, sie bei sich zu behalten. Bereits lange vor der Flüchtlingskrise gab es deshalb eine «Kultur des Durchwinkens», die dazu führte, dass viele der Flüchtlinge in Deutschland und den anderen «Nordstaaten» landeten. Griechenland und Italien behandelten ihre Asylbewerber außerdem so schlecht, dass selbst diejenigen, die den Dublin-Regeln entsprechend aus Deutschland dorthin «zurückgeschoben» wurden, sich schnell wieder auf den Weg in die «Nordländer» machten. Das Bundesverfassungsgericht unterstützte diese Praxis, indem es «Rückschiebungen» nach Griechenland und Italien wegen der dortigen Bedingungen verbot, sodass Deutschland bereits Jahre vor der Flüchtlingskrise – und trotz des Dublin-Verfahrens – die meisten Asylbewerber behielt.[26] Dennoch verteidigte Deutschland die Einhaltung dieses Systems mit aller Kraft und setzte sich noch im Jahr 2013 gegen die Einführung eines europäischen Quotensystems ein.[27] Ruprecht Polenz erinnert sich:

> Als ich das Thema [in Berlin] ansprach, haben mich die Innenpolitiker immer wieder darauf hingewiesen, dass wir Dublin hätten und das Ganze eben ein Problem der Länder mit Außengrenzen sei. Und fertig. Deutschland hat sich in dieser Zeit konsequent gegen eine gemeinsame Asyl- und Flüchtlingspolitik der EU gesperrt. Das gehört zur Wahrheit dazu.[28]

Spätestens ab dem Jahr 2011 war außerdem klar, dass mehrere Krisen außerhalb Europas den Migrationsdruck erhöhen würden. Italien konnte sich nach dem Fall Gaddafis nicht mehr darauf verlassen, dass Libyen Flüchtlinge aus Afrika zurückhalten würde, während der Konflikt in Syrien den Druck auf die Türkei erhöhte. In allen Nachbarstaaten Syriens verschlechterte sich die Lage dramatisch. 85 Prozent der Flüchtlinge waren laut dem UN-Flüchtlingshilfswerk (UNHCR) Anfang des Jahres 2015 unterversorgt; knapp 40 Prozent hatten kein sauberes Trinkwasser.[29] Doch statt sich vorausschauend um eine Lösung zu bemühen und Abkommen mit nichteuropäischen Nachbarländern zu schließen, kürzten europäische Staaten die Zuschüsse für das UNHCR. Obwohl Europa mit Schengen einen gemeinsamen Migrationsraum geschaffen hatte, gab es also keinerlei Anstrengung, die sich anbahnende Flüchtlingswelle vor Europa abzufangen.[30]

Flüchtlingskrise

Die Konsequenzen dieser fahrlässigen Politik wurden im Spätsommer 2015 offensichtlich. Während des gesamten Jahres war die Zahl der Flüchtlingsankünfte in der Europäischen Union angestiegen; im Herbst und Winter übertraf sie oftmals zehntausend pro Tag. Keine europäische Regierung war hierauf vorbereitet; und es existierte kein effektives System, um die Flüchtlinge zu identifizieren, sie zu verteilen oder den Flüchtlingsstrom einzudämmen. Ein Berater des damaligen EU-Ratspräsidenten Donald Tusk verglich die Situation mit einem Tropensturm – «einer Naturkatastrophe, die zu einem Zusammenbruch von Recht und Ordnung führt [...] und die eigene Ohnmacht offenbart».[31] Erst im März 2016 – nach sieben langen Monaten – kam es zu einem deutlichen Rückgang.

Bis heute wird darüber diskutiert, ob Deutschland seine Grenzen nicht einfach hätte schließen sollen. Dies scheint, zumindest für einige Tage, der Plan gewesen zu sein: Laut dem Journalisten

Robin Alexander gab es eine entsprechende Anordnung, die jedoch im letzten Moment so geändert wurde, dass der Befehl zur Schließung nicht mehr enthalten war.[32] Der Migrationsforscher Gerald Knaus meint, dass dies auch gar nicht möglich gewesen wäre, denn obwohl fast alle Flüchtlinge über die österreichische Grenze nach Deutschland kamen, erforderte auch die «Rückschiebung» in ein anderes Schengenland die Zustimmung des betroffenen Staates. Hinzu kam: Für eine effektive Schließung wäre die gesamte Bundespolizei nötig gewesen; auf der österreichischen Seite wäre es zu chaotischen Zuständen gekommen; und die meisten Flüchtlinge hätten es immer wieder versucht. «Das wäre maximal acht Tage gutgegangen», so Knaus.[33]

Der ehemalige BND-Chef Schindler sieht das anders. Obwohl er zugibt, dass eine dauerhafte Grenzschließung nicht möglich gewesen wäre, ist Schindler überzeugt, dass selbst eine Schließung für wenige Tage einen dramatischen psychologischen Effekt gehabt hätte, der weitere Flüchtlinge von der Reise nach Europa abgehalten hätte:

> Das Entscheidende bei dieser Art von Vorgehen wäre das Signal gewesen, das sie senden. Nach dem Motto: «Leute, so geht's nicht mehr. Ihr müsst euch jetzt einen anderen Weg suchen, andere Verfahren suchen. Aber über diese Grenze kommt ihr nicht mehr rüber. Ihr seht die Bilder. Das ist zu Ende.»[34]

Ob dies funktioniert hätte, lässt sich schwer beurteilen, denn die Bundesregierung setzte ab September auf einen anderen Plan: die sogenannte europäische Lösung – also genau das Quoten- und Verteilungssystem, das sie selbst jahrelang blockiert hatte. Schon im Sommer hatte die Bundesregierung damit begonnen, bei anderen Staaten um Unterstützung zu werben, aber sie stieß vor allem in Teilen Osteuropas, wo es kaum Migranten gab und die Ablehnung von außereuropäischer Immigration sehr stark war, auf Widerstand.[35] Innenminister Thomas de Maizière ignorierte solche Bedenken, sprach von einer «gerechteren Lastenverteilung» innerhalb Europas und erinnerte die skeptischen Osteuropäer daran, dass sie mit einer Kürzung der Mittel aus europäischen Strukturfonds rechnen müssten, wenn sie dem neuen deutschen Enthusiasmus für ein europäisches Quotensystem nicht folgten.[36]

Die (damals noch) liberale Regierung in Polen gab dem deutschen Drängen schließlich nach, und der deutsche Vorschlag erreichte Ende September die notwendige Mehrheit. Doch dies war ein Pyrrhussieg: Nicht nur wurde der Plan niemals umgesetzt, er führte außerdem zu einem Aufbrechen der seit Langem schwelenden Konflikte zwischen West- und Osteuropäern. Herbert Reul, der damals Abgeordneter im Europäischen Parlament war, erinnert sich:

> Wir haben [die Zustimmung zur Verteilung der Flüchtlinge] alle zuerst gefeiert. Das war der große Durchbruch. Erst später haben wir gemerkt, dass die Reaktion in Osteuropa eine ganz andere war. Dass die das als Diktat aus Brüssel und Berlin gesehen haben. Die fühlten sich an «Anweisungen aus Moskau» erinnert. Für Viktor Orbán war das die Chance. Der hat sich von diesem Zeitpunkt an als Anführer aufgespielt.[37]

In den darauffolgenden Monaten betrieben Orbán und Österreichs damaliger Außenminister Sebastian Kurz die Schließung der Grenzen entlang der sogenannten Balkanroute, während die «Westeuropäer», angeführt von Merkel und dem niederländischen Premierminister Mark Rutte, ein Abkommen mit der Türkei verhandelten. Dies reflektierte die jeweils unterschiedlichen Philosophien: Kurz und Orbán wollten potenzielle Flüchtlinge durch Grenzschließungen abschrecken, während Rutte und Merkel auf Diplomatie und Zusammenarbeit mit der Türkei setzten. Beide Ansätze hatten Stärken und Schwächen. Ein Türkei-Deal *ohne* Drohung, die Balkanroute zu schließen, wäre am Widerstand Griechenlands gescheitert. Und eine Schließung der Balkanroute *ohne* Türkei-Deal hätte Griechenland in ein «gigantisches Flüchtlingslager» verwandelt, weil

Flüchtlinge dort auf dem Weg nach Deutschland und Schweden stecken geblieben wären.[38] Die für alle Seiten großzügigste Interpretation ist deshalb, dass es die Kombination aus beidem war, die sieben Monate nach Beginn der Krise zu einer deutlichen Abnahme des Flüchtlingsstroms führte.

Reaktionäres Revival

Für die liberale Idee von Europa hatte die Flüchtlingskrise noch weitreichendere Folgen als die Währungskrise. Während die Eurokrise in vielen Staaten zu einem Verlust des Vertrauens in die europäischen Institutionen geführt hatte, brachte die Flüchtlingskrise einen reaktionären Gegenentwurf hervor, zu dessen politischem Champion der ungarische Premierminister Orbán wurde. Seine wichtigste Rede in diesem Zusammenhang hielt er bereits im September 2015. Sie begann mit einer vernichtenden Kritik der «liberalen Ideologie»:

> Warum sind wir [von der Flüchtlingswelle] überrascht? Nun, meine Damen und Herren, wir haben [die Menschen in anderen Teilen der Welt] jahrelang belehrt und ihnen gesagt, dass diese Welt ein globales Dorf ist [...]. Wir haben ihnen gesagt, dass es universelle Menschenrechte gibt, die für alle gleichermaßen gelten, egal, in welcher Ecke der Erde. Wir haben ihnen unsere Ideologie aufgezwungen [...]. Und wer diese Ideologie nicht akzeptieren wollte, den haben wir bombardiert [...]. Wir haben das World Wide Web geschaffen; die Informationsfreiheit der Welt verkündet, und wir haben gesagt, dass jeder Mensch Zugang haben muss. Sofort! [...] Und nun sind wir überrascht, dass sie an unsere Tür klopfen?[39]

Alldem setzte Orbán seine Idee eines «identitären» Europa entgegen, die mit Wladimir Putins Ideologie nahezu identisch war. Er forderte ein Europa, das konservativ und nationalistisch war, seine ethnische Zusammensetzung bewahrte, die europäischen Grenzen schützte und wie ein Bollwerk gegen «Islamisierung» und «Invasionen» aus anderen Kulturkreisen stand. Die Flüchtlingskrise sei eine «riesige Chance», diese Vision durchzusetzen, so Orbán.[40]

Auch wenn der ungarische Regierungschef vom liberalen Mainstream abgelehnt wurde, waren seine Ideen vielerorts populär. In den Visegrád-Staaten Ungarn, Polen, Slowakei und Tschechien wurden seine Auffassungen zur quasi-offiziellen Orthodoxie. Und auch im «alten», westlichen Europa gab es immer mehr Parteien und politische Bewegungen, die Orbáns Weltanschauung teilten. Dies war nicht nur in Frankreich und Österreich der Fall, wo rechtspopulistische Parteien seit Jahrzehnten Erfolg hatten, sondern auch – und vor allem – in Ländern, die stark von der Flüchtlingskrise betroffen waren, so zum Beispiel in Deutschland und dem traditionell liberalen Schweden.[41] Nach dem Ende der Krise verstetigte sich der Erfolg dieser Parteien und wurde in einigen Ländern, wie zum Beispiel Frankreich, noch größer. Zum ersten Mal in der modernen Geschichte des «europäischen Projekts» existiert damit praktisch überall in Europa eine reaktionär-rechte Fundamentalopposition, die die liberalen Parteien vor sich hertreibt.

Die Art und Weise, wie die zwei großen, liberalen Träume der Europa-Visionäre durchgesetzt wurden, hat die liberale Idee von Europa also nicht befördert, sondern ihr geschadet. Ergebnis war nicht ein «stärkeres Gemeinschaftsgefühl», sondern neue Konflikte und ein Zerbrechen der Idee, dass ein geeintes Europa notwendigerweise auch ein liberales Europa sein müsse. Europa war ab Mitte der 2010er Jahre weder eine «Insel der Glückseligen», wie von Kagan behauptet, noch ein «fetter, wohlhabender, selbstzufriedener» Hort der Langweile, wie von Fukuyama vorausgesagt, sondern ein Kontinent in der Krise.

KAPITEL 15

Die Brexit-Revolte

Eine der dramatischsten und überraschendsten Konsequenzen der europäischen Krise war der Brexit. Dass die Gegner von Großbritanniens EU-Mitgliedschaft das Referendum vom 23. Juni 2016 gewinnen würden, war noch am Abend der Abstimmung nicht abzusehen. Die ersten Nachwahlumfragen prognostizierten einen knappen Sieg der EU-Befürworter mit 52 zu 48 Prozent – also genau umgekehrt wie das tatsächliche Ergebnis. Bereits am frühen Abend erklärte Nigel Farage, der Anführer der rechtspopulistischen UKIP-Partei, gegenüber einem Reporter, dass es die EU-Befürworter «wohl schaffen» würden.[1] Boris Johnson, der die Kampagne für den Austritt anführte, gestand sogar ein, dass die Befürworter die «besseren Argumente» gehabt hätten.[2] Doch als gegen Mitternacht die ersten Auszählungsergebnisse bekannt gegeben wurden, drehte sich die Stimmung. Besonders in den ehemaligen Industriegebieten im Norden Englands erzielten die EU-Gegner viel größere Mehrheiten als erwartet. Zwar gab es auch Befürworter-Hochburgen wie etwa London, die Universitätsstädte Oxford und Cambridge sowie Schottland, aber die Wahlbeteiligung dort war oftmals geringer. Bereits am frühen Morgen erklärte Premierminister Cameron, der erst ein Jahr zuvor wiedergewählt worden war, seinen Rücktritt. Und in ganz Europa schrillten die Alarmglocken: So kurz nach der Währungs- und der Flüchtlingskrise, war dies der Anfang vom Ende des europäischen Einigungsprojekts?

Verteidiger des «liberalen Europa» rationalisierten den Brexit als «rein britisches Trauma», das nichts mit den Entwicklungen im Rest Europas zu tun hatte und deshalb auch ohne Konsequenzen für sie blieb. Großbritannien, so hieß es, sei durch Jahrzehnte negativer Berichterstattung in den britischen Medien «geschädigt»; habe sich nie mit der Vision einer «immer enger werdenden Union» identifiziert; und leide noch immer unter dem Zusammenbruch des einstigen Empire. Wie Nathalie Tocci meint, war der Austritt deswegen «nicht unbedingt ein schlechtes Ergebnis [...] – aus Sicht der EU vielleicht sogar das bessere Ergebnis».[3]

Doch diese Interpretation stimmte nur zum Teil. Natürlich hatte Großbritannien seit vielen Jahren einen Ruf als «Bremser», und die Zustimmungsrate zu Integrationsschritten lag stets unter dem europäischen Durchschnitt. Aber die Mitgliedschaft in der Europäischen Union stand niemals zur Disposition. In den Jahren von 2000 bis 2015 überstieg der Anteil derjenigen, die laut Umfragen einen vollständigen Austritt aus der EU wünschten, zu keinem Zeitpunkt ein Drittel.[4] Noch während der Referendumskampagne ergab eine Umfrage unter sechshundert britischen Journalisten, Wissenschaftlern und Meinungsforschern, dass 87 Prozent mit einem Sieg der EU-Befürworter rechneten.[5] Weder traditionelle Euro-Skepsis noch Empire-Nostalgie – oder etwa die Aktivitäten russischer «Bots» in den sozialen Medien[6] – können erklären, warum es zu diesem selbst für britische Verhältnisse außergewöhnlich hohen Ausmaß an Ablehnung kommen konnte.

Ein tieferer Grund war, dass es bei der Abstimmung über den Brexit nicht nur um Großbritannien oder das britische Verhältnis zur EU ging. David Goodhart, ein konservativer britischer Intellektueller, räumt ein:

> Der Austritt aus der Europäischen Union war eine Art Kollateralschaden. Die Menschen hatten seit zwanzig oder dreißig Jahren – oder möglicherweise noch länger – nicht die Möglichkeit gehabt, über die allgemeine Ausrichtung der Gesellschaft abzustimmen,

> weil keine der großen Parteien vom liberalen Pro-Markt-, Pro-EU-Konsens abgewichen ist. Wer Probleme mit der Richtung hatte, in die die Gesellschaft ging, hat gegen die Europäische Union gestimmt. In den Augen der Leute war das ein- und dasselbe.[7]

Genauso wie die Anhänger der Tea Party in Amerika oder die anderer rechtspopulistischer Parteien in Westeuropa waren Brexit-Wähler meist älter, männlicher, weißer und weniger gut gebildet als der Bevölkerungsdurchschnitt. Viele gehörten zur unteren Mittelklasse und stammten aus Gebieten, die unter dem Strukturwandel litten. Am wichtigsten: Fast alle waren vom politischen, ökonomischen und kulturellen Wandel zutiefst verunsichert und hatten das Gefühl, dass es in einer hypermodernen, -diversen und -globalisierten Welt keinen Platz für sie gab. In vielen Artikeln wurden sie als «Left behinds» bezeichnet – als «Abgehängte».[8]

Die politische Gemengelage, die zum Brexit führte, war deshalb alles andere als «rein britisch». Wenn auch unterschiedlich stark und nicht immer mit derart ernsthaften Konsequenzen, so durchlebte fast jede westeuropäische Gesellschaft ab Mitte der 2010er Jahre ihre eigene «Revolte gegen die liberale Demokratie».[9] Am Brexit lässt sich exemplarisch zeigen, welche Mobilisierungskraft diese Revolte hatte; wie schwer es den politischen Eliten fiel, sie zu begreifen; aber letztlich auch, wie wenige der Probleme, die zu ihr geführt hatten, durch sie gelöst wurden.

«Take Back Control»

Worum es den Brexit-Befürwortern ging, ließ sich an dem Motto ihrer Kampagne ablesen: «Take Back Control» («die Kontrolle zurückgewinnen») klang nicht nur vernünftiger und moderater als irgendeine dumpfe Parole, sondern artikulierte auch auf eindringliche Weise das Gefühl des «Kontrollverlustes», das viele Wähler empfanden.

Das wichtigste Thema war zweifellos die Migration. Aus Sicht der EU-Gegner hatte der «Kontrollverlust» in diesem Bereich bereits mit dem Beitritt der mittel- und osteuropäischen Staaten im Jahr 2004 begonnen, denn anders als die meisten anderen EU-Staaten hatte sich die damalige britische Regierung gegen eine sogenannte Übergangsregelung entschieden und den «neuen» EU-Bürgern sofort volle Freizügigkeit gewährt. Als Konsequenz kamen anstatt der von den britischen Behörden vorausgesagten dreißigtausend innerhalb von weniger als drei Jahren fast eine halbe Million Polen nach Großbritannien.

Für die britische Volkswirtschaft war dies ein Segen, denn die Neuankömmlinge befriedigten die damals sehr starke Nachfrage nach Handwerkern, Krankenpflegern, Bauarbeitern und anderen gering- und mittelqualifizierten Arbeitskräften. Doch gleichzeitig machten die osteuropäischen Migranten den Briten, die in diesen Sektoren arbeiteten, Konkurrenz, sie drückten die Löhne und erhöhten in den oftmals strukturschwachen Vororten, wo sie sich niederließen, schlagartig die Nachfrage nach Wohnraum und öffentlichen Diensten.[10] Es war ein typisches Beispiel dafür, wie eine Entwicklung, von der die Volkswirtschaft insgesamt profitiert, im selben Moment «Verlierer» schafft – auch wenn die Politikeliten dies lange nicht zu interessieren schien.[11]

Ein weiterer wichtiger Moment war die europäische Flüchtlingskrise, die gerade mal drei Monate vor dem Referendum geendet hatte. Obwohl Großbritannien selbst fast keine Flüchtlinge aufnahm, war die politische Wirkung der Ereignisse «auf dem Kontinent» aus Sicht von EU-Befürwortern katastrophal. Wie der britische Europaexperte Mark Leonard erklärt:

> Erstens wurden die Schlagzeilen während der gesamten Referendumskampagne komplett vom Thema Einwanderung dominiert. Zweitens erzeugten die Bilder, die jeden Tag im Fernsehen liefen, das Gefühl, dass die Situation völlig außer Kontrolle war. Und drittens verstärkten sie den Eindruck, dass die EU ein

gescheitertes Projekt war, das kurz vor dem Zusammenbruch stand.[12]

Den EU-Gegnern erlaubte die Flüchtlingskrise, das Thema Migration in den entscheidenden Wochen vor der Wahl zuzuspitzen. Immer wieder ging es dabei um eine mögliche EU-Mitgliedschaft der Türkei, die fast achtzig Millionen Menschen erlauben würde, nach Großbritannien zu ziehen, und gleichzeitig «die Tore nach Syrien und zum Irak öffnete».[13] Eng hiermit verbunden war die Warnung, dass Terroristen – als Flüchtlinge getarnt – nach Europa kämen und dann auf irgendeine Weise ihren Weg nach Großbritannien fänden.[14] Auch wenn viele dieser Argumente fehlgingen, weil es keine Aussicht auf eine baldige EU-Mitgliedschaft der Türkei gab und weil Großbritannien nicht Teil des Schengenraums war und deshalb die Einreise von Flüchtlingen aus anderen EU-Ländern jederzeit blockieren konnte, fiel es EU-Befürwortern schwer, mit nuancierten Argumenten durchzudringen.

Das zweite Thema war die «Kontrolle über Gesetze». Vordergründig ging es dabei meist um sogenannte Binnenmarkt-Direktiven, die von der EU-Kommission in Brüssel verabschiedet wurden und von den nationalen Parlamenten umgesetzt werden mussten. Seit Jahrzehnten gab es in Großbritannien hiergegen Widerstand, oftmals mit der Begründung, dass der Prozess weder transparent noch demokratisch sei. Auch die Urteile des Europäischen Gerichtshofs, mit denen nationale Regelungen außer Kraft gesetzt werden konnten, standen regelmäßig am Pranger. Doch im Laufe der Referendumskampagne vermischten sich solche eher traditionellen Forderungen nach «Wiederherstellung der nationalen Souveränität» mit einer allgemeinen Kritik am «Establishment», das nach Ansicht von Brexit-Befürwortern nicht nur den Ausverkauf nationaler Interessen betrieb, sondern dem Rest des Landes eine elitäre Interpretation von «politischer Korrektheit» aufzwang. Laut dem britischen Journalisten Tim Shipman wurde die EU zu einem Symbol für das «liberal-moderne Projekt», und ihre Ablehnung war auch – und vor allem – eine «Revolte der provinziellen Klassen [...] gegen den gemütlichen Konsens der Metropolen».[15]

Drittens ging es um die «Kontrolle über das Geld». Großbritannien war seit Jahrzehnten ein «Netto-Zahler», trug also nach Abzug aller Rückflüsse mehr zum EU-Budget bei, als es an Zuschüssen und Subventionen daraus bekam. In den 1980er Jahren hatte sich die damalige Premierministerin Margaret Thatcher einen «Rabatt» erstritten, der die Beitragsleistung verringerte, doch am Netto-Zahler-Status änderte sich dadurch nichts. Natürlich profitierte Großbritannien von der Teilnahme am EU-Binnenmarkt, der es britischen Firmen ermöglichte, Güter, Kapital und Dienstleistungen ohne Zoll oder irgendwelche Steuern und Beschränkungen in den größten gemeinsamen Wirtschaftsraum der Welt – die Europäische Union – zu exportieren. (Viele amerikanische Konzerne wählten aus genau diesem Grund London als ihr europäisches Hauptquartier.) Aber solche Gewinne ließen sich weniger leicht quantifizieren als die Beitragsleistung, und so wurde der jährliche «Mitgliedsbeitrag», den die britische Regierung an die europäischen Institutionen überwies, zu einem der Argumente der EU-Gegner. Provokant formuliert: Die Idee, dass der britische Steuerzahler Olivenbäume in Griechenland subventionieren sollte, während in Großbritannien das Geld für dringend notwendige medizinische Operationen fehlte, war in den Augen vieler Wähler absurd. Genauso wie bei den Themen Migration und Souveränität versprach die Brexit-Kampagne, dass Briten durch ein Kreuz an der richtigen Stelle die Kontrolle über das eigene Schicksal zurückgewinnen würden.

Mehr als nur Geld

Die EU-Befürworter taten sich schwer damit, solche Angriffe zu parieren. Ihr zentrales Argument war, dass der Brexit ein «Sprung ins Ungewisse» sei, der Jobs und Wohlstand gefährde. Sie hofften, dass das «wirtschaftliche Argument» entscheidend sein würde und sich die meisten Menschen bei Volksabstimmungen konservativ verhielten, das heißt, dass sie am Ende – und trotz aller Zweifel – für den Status quo stimmten.

Doch diese Annahmen waren falsch. Wie alle Nachwahlumfragen zeigten, drangen die EU-Befürworter zwar mit ihrem wirtschaftlichen Argument durch (das heißt, die meisten Wähler glaubten, dass ein EU-Austritt wirtschaftlich riskant sei), aber die Entfremdung und Unzufriedenheit mit dem existierenden System war so groß, dass viele bereit waren, solche Bedenken zu ignorieren. Auch dass die meisten Menschen zum Status quo tendierten, traf nicht zu. Denn obwohl die EU-Befürworter gegen Ende der Kampagne tatsächlich einige Punkte aufholten, waren die Gegner viel stärker motiviert und gingen in größerer Zahl zur Wahl. Dass gerade im strukturschwachen Wales und im Norden Englands, die Milliarden aus EU-Fördertöpfen erhalten hatten, am Ende große Mehrheiten für den Austritt stimmten, galt vielen EU-Befürwortern als Widerspruch. Doch in Wahrheit ging es beim Brexit von Anfang an nicht nur ums Geld – sondern um den vermeintlichen Kontrollverlust.

Weil die EU-Befürworter dies nicht verstanden, trugen viele ihrer Aktionen zum Erfolg ihrer Gegner bei. Sie berechneten beispielsweise, dass der Austritt aus der EU jeden britischen Haushalt um 4300 britische Pfund (5200 Euro) pro Jahr ärmer machen würde. Aber diese Zahl erschien abstrakt und – besonders für Geringverdiener – so hoch, dass sie kaum jemand für glaubwürdig hielt. Statt neuer Anhänger brachte sie den EU-Unterstützern den Vorwurf der Angstmacherei ein.

Noch schädlicher waren die Statements wichtiger Personen oder Institutionen, die vor den ökonomischen Konsequenzen eines Austritts warnten. Hierzu gehörten neben Cameron und seinem Finanzminister die Chefs großer Banken und globaler Unternehmen, der Internationale Währungsfonds (IWF), die Organisation für wirtschaftliche Zusammenarbeit und Entwicklung (OECD), die Wirtschaftsminister der G7-Staaten sowie Präsident Obama, der bei einem Besuch in London klarmachte, dass Großbritannien im Falle eines Austritts nicht mit einem schnellen Freihandelsdeal rechnen könne. Solche Interventionen sollten die Ernsthaftigkeit der Situation unterstreichen, doch in den Augen vieler Wähler bestätigten sie nur, dass die EU ein Elitenprojekt war, von dem «normale Bürger» kaum profitierten. Diesen Eindruck hatte auch der Labour-Abgeordnete Phil Wilson: «Viele Wähler fragten sich: ‹Was ist der IWF? Was ist die OECD? Was hat das mit mir zu tun?›»[16]

Am ungeschicktesten war das Agieren beim Thema Migration. Bis vier Wochen vor der Abstimmung versuchten die EU-Befürworter, das Thema ganz außen vor zu lassen. Als es unausweichlich wurde, präsentierten sie einen «Plan», der so komplex war, dass ihn niemand außerhalb der Kampagne verstand.[17] Die EU-Befürworter hatten deshalb keine plausible Antwort auf die Argumente der Brexit-Kampagne, und es gab keinen ernsthaften Versuch, das System der Freizügigkeit zu erklären. Kurz vor dem Wahltag schlug einer der Kampagnenchefs vor: «Warum beenden wir nicht einfach die Freizügigkeit?» Worauf sein Kollege antwortete: «Nun, das würde bedeuten, die EU zu verlassen.»[18]

«Ein wunderbares Gefühl!»

Für die liberale Vision von Europa war der Brexit ein herber Schlag. Auch wenn Großbritannien zunächst keine weiteren Staaten folgten, war zum ersten Mal in der Geschichte der europäischen Einigung ein Mitgliedsland aus dem «europäischen Projekt» ausgestiegen und hatte das Mantra einer immer größer und enger werdenden europäischen «Friedenszone» widerlegt. Doch das bedeutete nicht, dass der Brexit ein Erfolg war oder dass es seinen Unterstützern gelungen wäre, ihre Vision von «Kontrolle» und nationaler Souveränität zu verwirklichen. Im Gegenteil: Die vergangenen Jahre haben gezeigt, dass der Brexit praktisch keine Vorteile brachte und viele der Probleme, die zu ihm führten, eher noch verschärfte.

Zahlreiche Schwierigkeiten rührten daher, dass die EU-Gegner niemals einen konkreten Plan formulieren mussten und deshalb völlig unklar war, welche Beziehung Großbritannien nach dem Austritt mit der Europäischen Union haben würde. Hatten die Leute für einen «soften» oder für einen «harten» Brexit gestimmt?[19] Sollte es ein Handelsabkommen mit der EU geben, und wenn ja, basierend auf welchem Modell? Der ehemalige britische Außenminister David Miliband sieht in der mangelnden Definition einen der Hauptgründe dafür, dass es überhaupt zum Brexit kam:

> Die [EU-Gegner] hatten einen riesigen strukturellen Vorteil, weil sie niemals einen konkreten Vorschlag auf den Tisch legen mussten, den die andere Seite hätte angreifen können. Bis zur Abstimmung war Brexit ein leeres Gefäß, in das jeder hineinprojizierte, was ihm am besten gefiel.[20]

Die Konsequenz war, dass die Bestimmung dessen, was der Brexit in der Praxis bedeuten sollte, erst *nach* dem Referendum erfolgte, und dass andere, für die meisten Wähler wahrscheinlich dringendere Themen – wie etwa Bildung, Renten, Gesundheit – infolgedessen jahrelang zu kurz kamen.[21]

Im Innern war die Folge nicht «neue Stärke», sondern Spaltung. Je länger der Prozess andauerte, desto häufiger ging es nicht um Substanz, sondern um Schuldzuweisungen. Und statt unterschiedliche Lager miteinander zu versöhnen, vertiefte das Referendum die gesellschaftlichen Gräben. Wie verschiedene Studien zeigen, wurde die Einstellung zum Brexit zu einer «sozialen Identität», nach der Briten ihre Freunde und sogar ihre Liebespartner aussuchten.[22] In Nordirland führte der Austritt zu einem Wiederaufleben des Konflikts zwischen Protestanten und Katholiken. Und in Schottland, wo 62 Prozent gegen den Austritt gestimmt hatten, forderte die Unabhängigkeitsbewegung nun ein weiteres Referendum – und zwar über den Austritt Schottlands aus dem Vereinigten Königreich.

Ähnliches galt für Großbritanniens Rolle in der Welt. Viele Brexit-Befürworter glaubten, dass Großbritannien außerhalb der EU eine eigenständigere Rolle spielen könne und dass die Beziehungen speziell zu Amerika und anderen englischsprachigen Ländern wie Kanada und Australien ohnehin wichtiger, enger und spannungsfreier seien als die Beziehung zu Europa. Doch in Wirklichkeit war es gerade Großbritanniens Mitgliedschaft und seine Rolle in der EU, die das Land zu einem so einflussreichen Partner machten. Besonders die amerikanische Regierung sah das Land seit Jahrzehnten als «Brücke» zu Europa.[23] Laut Miliband war der Brexit deshalb ein «Akt der bewussten Selbstbeschädigung»:

> Durch ihn entstanden nicht nur Handelsbarrieren, sondern Großbritannien zog sich ohne Not aus der größten, engsten, wertvollsten und beständigsten Gruppe von Alliierten zurück – und das zu einem Zeitpunkt, als die Werte und Interessen dieser Länder wie nie zuvor in der Nachkriegszeit angegriffen wurden.[24]

Dies betraf insbesondere die Auseinandersetzung mit den geopolitischen Rivalen Russland und China, aber auch mit Konzernen wie Amazon und Facebook, für die Großbritannien nach dem Brexit nur noch eines von vielen mittelgroßen Ländern war. Statt seine Souveränität zu mehren, verlor Großbritannien also an internationalem Einfluss und fand es immer schwerer, seine Interessen durchzusetzen.

Im Hinblick auf die Wirtschaft war die Kluft zwischen Anspruch und Wirklichkeit besonders groß. Die Brexit-Befürworter hatten ein Großbritannien versprochen, das sich von den vermeintlich schwachen, überregulierten europäischen Volkswirtschaften «befreien» und in den Wachstumsmärkten Asiens «riesige neue Deals» und Handelsabkommen schließen würde. Fünf Jahre später sah die Realität völlig anders aus. Das einzige neue Handelsabkommen, das seitdem geschlossen wurde, war eines mit Australien, das nach Schätzungen von Ökonomen die britische Wirtschaftsleistung um bestenfalls 0,1 Prozent erhöhen wird. Wie von

Obama prophezeit, war das Land von einem ähnlichen «Deal» mit Amerika Jahre entfernt, während der Handel mit Großbritanniens engsten Wirtschaftspartnern – den EU-Ländern – um mehr als 15 Prozent einbrach. Und mehr noch: Statt von der europäischen Bürokratie befreit zu sein, mussten britische Exporteure seit Großbritanniens Austritt zahlreiche neue Formulare ausfüllen, wenn sie ihre Produkte weiterhin in den EU-Binnenmarkt verkaufen wollten.[25]

Obwohl nach wie vor nicht alle Bestimmungen des neuen Handelsabkommens mit der EU umgesetzt sind, führte der Brexit bereits im Jahr 2021 zu einem Rückgang der britischen Wirtschaftsleistung um 1,6 Prozent. Nach einer aktuellen Schätzung der Regierungsbehörde für Budgetverantwortung wird der EU-Austritt mittelfristig in einem Verlust von etwa 4 Prozent der britischen Wirtschaftsleistung resultieren. Das ist etwa doppelt so viel wie der projizierte Verlust durch die Corona-Pandemie und entspricht etwa 80 Milliarden britischen Pfund (96 Milliarden Euro) pro Jahr.[26] Umgerechnet auf die britische Bevölkerung und basierend auf einer Haushaltsgröße von 3,5 Personen, ergibt dies rund 4200 Pfund (5100 Euro) – also fast genau die Summe, die von den EU-Befürwortern während der Referendumskampagne prognostiziert wurde, und ein Vielfaches des «Mitgliedsbeitrags», den sich Großbritannien angeblich «sparte».

Am deutlichsten wurde die Absurdität des Brexits beim Thema Immigration. Wie bereits erwähnt, war «Kontrolle über Grenzen» eines der zentralen Argumente der Brexit-Befürworter. Doch die Umsetzung dieses Prinzips hatte unvorhergesehene Folgen. Die erste war, dass noch vor dem offiziellen Austritt Großbritanniens mehr als zweihunderttausend EU-Bürger das Land verließen. Wie sich schnell zeigte, waren diese Immigranten mehrheitlich keine «Einwanderer in die Sozialsysteme», wie von Brexit-Befürwortern behauptet; vielmehr hatten sie die für das Funktionieren einer Gesellschaft entscheidenden Schaltstellen besetzt: im Einzelhandel, in der Gastronomie, im Gesundheitswesen und – vor allem – im Transport.[27] Als im Herbst 2021 plötzlich keine Lkw-Fahrer mehr zur Verfügung standen, kam die Volkswirtschaft zum Stillstand, und die Regierung musste über Nacht Tausende von Fahrern aus Osteuropa anwerben, um die entstandenen Lücken zu schließen.

Eine weitere Folge war, dass die verbleibenden EU-Staaten ein viel geringeres Interesse daran hatten, den Weiterzug von Asylbewerbern nach Großbritannien zu verhindern. Die Zahl der Migranten, die in Schlauchbooten von Frankreich über den Ärmelkanal nach Großbritannien gelangten, erhöhte sich von knapp 2000 im Jahr 2019 auf 8000 im Jahr 2020 und fast 25 000 im Jahr 2021. Großbritannien warf Frankreich daraufhin vor, dass es Flüchtlinge nach Großbritannien «durchwinke». Doch aus französischer Sicht gab es keinen Grund mehr, Flüchtlinge, die ganz offensichtlich nach Großbritannien wollten, in Frankreich gegen ihren Willen zu stoppen und auf unbestimmte Zeit zu versorgen. Statt sich, wie bei früheren Flüchtlingswellen, innerhalb der EU zu verständigen, bestand die «Lösung» darin, dass Großbritannien dem französischen Staat über sechzig Millionen Euro überwies, damit dieser seine Küstenwache verstärkte.[28] «Kontrolle über Grenzen», so stellte sich heraus, hatte einen Preis.

Je konkreter der Brexit umgesetzt wurde, desto offensichtlicher wurde, dass sich Großbritannien zwar vom «liberalen Projekt» der Europäischen Union trennen konnte, nicht aber vom europäischen Kontinent und dass «Kontrolle» und Souveränität in einer komplexen, von liberal-modernen Ideen geprägten Welt niemals absolut waren. Der Versuch, sich hiergegen aufzulehnen, scheiterte auf ganzer Linie. Großbritannien war infolge des Brexit nicht reicher, sondern ärmer geworden; und es hatte nicht mehr, sondern weniger Kontrolle über das eigene Schicksal. Statt eines inhaltlich kohärenten «Gegenentwurfs» zur liberalen Vision von Europa war der Brexit lediglich ein Versuch, die Vorteile des europäischen «Projekts» in Anspruch zu nehmen, ohne hierfür irgendeinen Preis zu bezahlen. Im Ergebnis wurde keines der Versprechen, die die

EU-Gegner während der Referendumskampagne gegeben hatten, eingelöst. Auf die Frage, welchen konkreten Vorteil der Brexit bisher gebracht habe, antwortete die ehemalige Ministerin Edwina Currie Anfang des Jahres 2022: «Brüssel den Stinkefinger zeigen zu können. Es ist ein wunderbares Gefühl!»[29]

KAPITEL 16

Populist im Weißen Haus

Zur selben Zeit, als britische Wähler für den Austritt aus der Europäischen Union stimmten, fand auf der anderen Seite des Atlantiks eine ähnlich dramatische Revolte statt. Die Vorstellung, dass Donald Trump – ein Immobilienmogul, Reality-TV-Star und «dreimal verheirateter Schürzenjäger» mit keinerlei Erfahrung in der Politik – im ersten Anlauf zum Präsidenten der Vereinigten Staaten gewählt würde, war – so der amerikanische Journalist Tim Alberta – «ziemlich wild».[1]

Als Trump im Sommer 2015 seine Kandidatur bekannt gab, glaubte niemand, dass er es ernst meinte. Trump hatte kein Team, keine Wahlkampagne und kaum Unterstützer in den wichtigsten Vorwahlstaaten.[2] Die meisten Kommentatoren waren der Überzeugung, die ganze Aktion sei ein Werbegag, um sein nächstes Buch zu verkaufen. Als Trump ein halbes Jahr später in den Umfragen noch immer vorne lag, hieß es, die Partei werde ihn auf ihrem Nominierungsparteitag zu Fall bringen. Und als er dennoch zum Kandidaten gekrönt wurde, gingen viele davon aus, dass ihn seine demokratische Konkurrentin, Hillary Clinton, problemlos besiegen würde. Wenige Tage vor der Wahl im November 2016 hatten die meisten Republikaner praktisch aufgegeben, und Trumps Mitarbeiter begannen bereits, sich nach neuen Jobs umzuschauen.[3] Es gab keine seriöse Umfrage, die einen Trump-Sieg voraussagte – auch nicht unter denjenigen, die die Republikanische Partei selbst in Auftrag gegeben hatte. Die *New York Times* bezifferte die Wahrscheinlichkeit, dass Clinton die nächste Präsidentin Amerikas werden würde, kurz vor der Wahl auf 91 Prozent.[4]

Für amerikanische Politikeliten war Trumps Sieg nicht nur eine Überraschung, sondern ein heftiger Schock. Mehr als sechzig Millionen Amerikaner hatten sich für einen Kandidaten entschieden, der sich als radikale Antithese zum gesamten politischen System darstellte. Wie sich zeigte, war Trump nicht nur ein geschickter Demagoge, der moderne Technologien nutzte, um mit spalterischer Rhetorik die Ängste seiner oftmals älteren weißen Wähler zu mobilisieren. Vielmehr vertrat er politische Ideen, die den liberal-modernen Konsens der amerikanischen Innen-, Außen- und Gesellschaftspolitik fundamental infrage stellten. Auch wenn es ihm nicht gelang, große Teile seines Programms umzusetzen, hatte seine Präsidentschaft verheerende Folgen: In den vier Jahren seiner Amtszeit polarisierte sich die amerikanische Gesellschaft so stark, dass die demokratischen Institutionen noch heute angeschlagen sind und das Land in vielen Bereichen so geschwächt ist, dass es seine globale Führungsrolle kaum wahrnehmen kann.[5]

Zurück in die Zukunft

Die Republikaner hatten eigentlich ganz andere Pläne. Spätestens seit der Präsidentschaft von George W. Bush waren sich die Parteieliten bewusst, dass der Anteil der weißen, ethnischen «Europäer» an der Bevölkerung rückläufig war, während der Anteil von Latinos und anderen nichteuropäischen Einwanderergruppen stetig zunahm. Und sie verstanden, dass eine Partei, die bei diesen «neuen Amerikanern» kaum Unterstützung fand, es immer schwerer haben würde, Mehrheiten zu gewinnen. Der Wendepunkt war die Wahl im Jahr 2012, als Mitt Romney haushoch gegen Obama verlor. Die sogenannte Autopsie der Partei, ein hundertseitiger Bericht, der vom damaligen Vorsitzenden Reince Priebus in Auftrag gegeben wurde, kam zu dem Schluss, dass Romneys ablehnende

Haltung zur Migration entscheidend gewesen war. Die wichtigsten Empfehlungen lauteten, dass die Partei ihre Antimigrationspolitik ändern, spalterische Rhetorik vermeiden und ein diverseres, einladenderes Bild für Minderheiten vermitteln müsse.[6] Bis 2015 war es innerhalb der Parteiführung zu einer Art «Glaubenssatz» geworden, dass die «bestehende demografische Basis [der Republikaner] nicht mehr ausreiche» und dass der nächste Präsidentschaftskandidat jemand sein müsse, der als «inklusiv» angesehen werde.[7]

Trump war auf dem entgegengesetzten Weg. In seiner Fernsehsendung *The Apprentice* hatte er häufig hispanische und afroamerikanische Kandidaten in positiven, aufstrebenden Rollen gezeigt und war bei Minderheiten beliebt gewesen. Doch das änderte sich, als er in die Politik einstieg. Die damals dynamischste politische Bewegung war die Tea Party, deren Populismus und Feindschaft gegenüber dem Establishment gut zu seinen Überzeugungen passten. Statt der Idee eines Landes, in dem Menschen unterschiedlicher Herkunft die gleichen Chancen hatten, artikulierte Trump ab etwa 2011 eine negative, ja pessimistische Botschaft, die vor Vielfalt warnte, demografischen Wandel mit Niedergang gleichsetzte und sich an Menschen richtete, die dem diversen, multikulturellen Amerika, das Shows wie *The Apprentice* porträtierten, nichts abgewinnen konnten. Mit anderen Worten: Seine Zielgruppe waren weiße Amerikaner, die sich vom demografischen Wandel bedroht fühlten. Wie der Fernsehjournalist Hayes Brown erklärt: «Der Kern der Tea Party war derselbe wie der von Donald Trump: ein nostalgischer Appell an alte, weiße Amerikaner. Darum ging es bei dem Slogan ‹Let's make America great again!›.»[8]

Migration wurde zu Trumps wichtigstem Thema. Laut Sam Nunberg, einem langjährigen Mitarbeiter, hatte Trump verstanden, dass durch den progressiven Schwenk seiner Partei eine «Marktlücke» entstanden war: «Jedes Mal, wenn er in den Jahren 2013, 2014 gegen eine Amnestie [für illegale Einwanderer] twitterte, bekam er Hunderte und Aberhunderte von Retweets.»[9] Niemand würde behaupten, dass Trump zu diesem Zeitpunkt bereits eine kohärente

Weltanschauung entwickelt hatte, aber seine Statements zu diesem Thema sowie sein begeistertes Eintreten für die sogenannte «Birther»-Verschwörung, nach der Obama kein gebürtiger Amerikaner sein sollte, positionierten ihn eindeutig am rechten Rand der Republikanischen Partei. Sie verschafften ihm Zugang zu rechten Blogs, Webseiten und Talkshows, in denen er schnell zum Star wurde.[10]

Die Leute, die von Trumps Botschaft begeistert waren und glaubten, dass er «die Jobs zurückbringen», die letzte Einwanderungswelle umkehren und Amerika wieder «groß» machen würde, unterschieden sich nicht fundamental von der republikanischen Wählerschaft insgesamt: Am Ende hatten mehr als 90 Prozent der Wähler, die sich als Republikaner bezeichneten, für Trump gestimmt. Wie verschiedene Studien zeigen, waren sie tendenziell jedoch etwas älter, männlicher und weniger gebildet, und sie lebten eher in ländlichen Gebieten und dem sogenannten Rust Belt, also den Industriegebieten des Mittleren Westens und Nordostens, die unter dem Strukturwandel besonders gelitten hatten. Auch standen Trump-Wähler der «politischen Korrektheit» noch feindlicher gegenüber als Republikaner insgesamt und lehnten entschieden ab, was der Politikwissenschaftler Matt Grossmann als «Ansprüche struktureller Benachteiligung» bezeichnet; also die Idee, dass weiße Männer Rassismus und Diskriminierung betrieben.[11]

Bei der Abstimmung im November 2016 gewann Trump nicht die Mehrheit der Stimmen. Sein Sieg war weder «vernichtend» noch so «überragend» wie von ihm selbst behauptet. Doch seine Wähler waren vor allem in besonders wichtigen, umkämpften Staaten konzentriert und – ganz offensichtlich – stärker motiviert, zur Wahl zu gehen als die von Clinton. Mit kleinen Mehrheiten in mehreren großen (und ehemals demokratischen) Bundesstaaten wie Michigan, Wisconsin, Ohio und Pennsylvania bekam Trump im Wahlmännergremium gerade genug Stimmen, um zum Präsidenten gewählt zu werden. Die Wahlkampfstrategie hatte also funktioniert. Trump war zur Stimme des «Backlashs» geworden und hatte – trotz des demografischen Wandels – ausreichend wütende weiße Männer (und Frauen) gefunden, die bereit waren, ihn bei seinem Aufstand gegen die liberal-moderne Version von Amerika zu unterstützen.

Wutmaschinen

Ein wichtiger Grund für Trumps Erfolg war die Art und Weise, wie er die Medien für sich nutzte. Im Gegensatz zu seinen Mitbewerbern war Trump den Amerikanern seit Jahrzehnten bekannt. Seine Rolle in der TV-Show *The Apprentice* – in der er als Unternehmer einen Bewerber nach dem anderen feuerte – verfestigte das Image eines harten, aber erfolgreichen Geschäftsmanns. Auch wenn dieses Bild nur wenig mit der Realität zu tun hatte (Dutzende von Trumps Unternehmen waren pleite gegangen),[12] galt er vielen Amerikanern als idealer Kandidat für die Politik: «In einem Land, das den Stillstand und die Stasis in Washington satthatte», so der Historiker Victor Davis Hanson, «schien die Idee eines toughen CEO faszinierend.»[13] Auch dank seines schillernden Privatlebens und seiner unverblümten Art wurde Trump innerhalb kurzer Zeit zum Liebling von Nachrichtenkanälen wie Fox News und CNN, die seine Wahlkampfveranstaltungen oftmals in voller Länge – und ohne Unterbrechung – übertrugen. Während seine Mitbewerber für Werbespots bezahlen mussten, bekam Trump kostenlose Sendezeit im Wert von fünf Milliarden Dollar.[14]

Mindestens genauso wichtig war Trumps Präsenz in den sozialen Medien, ohne die sein Wahlsieg – und seine Präsidentschaft – kaum vorstellbar gewesen wären. Trumps Twitter-Feed, so hieß es in einem Kommentar, «ging direkt von der Plattform in die Psyche der Nation».[15] Während des Wahlkampfs erhöhte sich die Zahl der Follower von sieben auf über dreißig Millionen. Trumps Statements entfachten tagelange «Shitstorms» und dominierten sogar die Berichterstattung in vermeintlich seriösen Medien wie der *New*

York Times oder der *Washington Post.* Für Trumps Konkurrenten gab es oftmals keine andere Möglichkeit, in den Medien Beachtung zu finden, als auf seinen jeweils neuesten Tweet zu reagieren.[16]

Was machte Trump als «Influencer» so erfolgreich? Für Nick Pickles, einen leitenden Direktor bei Twitter, war es schlicht und einfach die Tatsache, dass er die Plattformen besser zu nutzen verstand als seine Konkurrenten:

> Authentizität war entscheidend. Wenn wir Leuten erklären, wie sie Twitter verwenden sollen, sagen wir immer: «Seien Sie Ihr authentisches Selbst.» Bei Trump war das zweifellos der Fall. Es war, als würde man mit ihm im selben Raum sprechen. Zweitens: Geschwindigkeit. Dadurch, dass er keine zehn Leute um sich herum hatte, die seine Tweets erst mal überprüften, konnte er unmittelbar auf Ereignisse reagieren. Quasi in Echtzeit. Und drittens: Interaktivität. Es gab immer wieder Momente, wo Trump auf Tweets von ganz normalen Nutzern antwortete. Das gab Leuten das Gefühl, dass er sie ernst nahm und nicht Teil irgendeiner Elite-Blase war.[17]

Einen vierten Faktor lässt Pickles unerwähnt, nämlich die Tatsache, dass kein anderer Politiker so bereitwillig gesellschaftliche Tabus brach – und dass keine andere Form von Kommunikation dies so «belohnte» wie die sozialen Medien. Viele von Trumps Tweets waren herabsetzend, beleidigend, griffen Minderheiten an oder enthielten Falschinformationen.[18] Doch für Trump war das kein Problem. Im Gegenteil: Er verstand, dass die einzige Chance, seine besser finanzierten, besser vorbereiteten Mitbewerber zu schlagen, darin bestand, ständig Empörung zu erzeugen – und dass es hierfür kein besseres Medium gab als Twitter und Facebook. Laut dem Journalisten Bob Woodward ließ sich Trump jeden Tag seine Tweets ausdrucken, um zu prüfen, welche am erfolgreichsten waren. Fast immer, so Woodward, «waren die effektivsten Tweets gleichzeitig die schockierendsten».[19]

Zwanzig Jahre, nachdem es sich allgemein durchgesetzt hatte, war das Internet also nicht, wie erhofft, zum Instrument der Demokratisierung und des interkulturellen Dialogs geworden. Vielmehr vertiefte es Gegensätze, trug zur Polarisierung von Gesellschaften bei und half zynischen Kandidaten wie Trump, ihre Wähler aufzustacheln. Anstelle eines «Marktplatzes», auf dem die Auseinandersetzung zwischen «guten» und «schlechten» Ideen stets zu einem Sieg der «Vernunft» – also der vermeintlich «guten» Ideen – führte, kam es in den sozialen Medien zu einem Schreiduell, bei dem die lautesten, krassesten Stimmen am stärksten profitierten. Hinzu kam, dass antiwestliche Mächte das Internet immer systematischer nutzten, um den Westen zu schwächen. So betrieb Russland laut einer amerikanischen Untersuchung während der Präsidentschaftswahl eine Art «Informationskrieg» mit Tausenden von Fake-Accounts auf Facebook, Twitter, Instagram, YouTube und anderen Plattformen, deren Inhalte Trump unterstützen und «politische und soziale Zwietracht […] provozieren» sollten.[20]

Dass das Internet zu einem so negativen Instrument wurde, hatte viele Gründe. Brian Fishman, ehemals leitender Angestellter bei Facebook, bestreitet nicht, dass große Technologiekonzerne hierfür Verantwortung trugen – nicht zuletzt wegen der Verwendung von Algorithmen, die kontroverse Inhalte verstärkten. Das tieferliegende Problem, so Fishman, sei jedoch die Logik des Internets: «Wenn du jedem ein Mikrofon in die Hand gibst, dann hörst du alle Stimmen. Und die verrücktesten sind meistens die lautesten.»[21] Für Trump war dies von Vorteil – für den demokratischen Diskurs eine Katastrophe.

Populistischer Nationalismus

Was war Trumps Programm? Die gängige Meinung ist, dass Trump ein intellektuell unbeschriebenes Blatt war und dass es deshalb keinen Sinn ergibt, nach einer Doktrin oder einem Ideengerüst zu suchen. Selbst der Journalist Joshua Green, Autor eines der wichtigsten Bücher über Trumps Weg in die Politik, schlussfolgerte, dass Trump kein Interesse an politischen Ideen habe:

> Trump glaubt nicht an Nationalismus oder irgendeine politische Philosophie. Er ist im Grunde genommen ein Geschöpf seines eigenen Egos. Im Laufe der Jahre hat er immer wieder bestimmte populistische Themen wiederholt [...]. Aber das war Ausdruck einer Attitüde – eher eine Marketingkampagne als ein wirkliches Bekenntnis zu einer Reihe von Prinzipien.[22]

In gewissem Sinne hat Green wohl recht: Trump ist ein Narzisst; seine Ansichten sind nicht besonders feinsinnig; und er sagt Dinge, weil er glaubt, sie seien populär. Es gibt auch keine Beweise dafür, dass er viel lesen würde oder Freude an theoretischen Debatten hätte. Doch gleichzeitig artikuliert er, wie auch Green zugibt, seit Jahren – wenn nicht sogar Jahrzehnten – immer wieder ähnliche Positionen. Diese sind weder komplex noch intellektuell herausfordernd, aber das macht sie nicht weniger «echt» oder «aufrichtig». Obwohl sich Trump ihrer Herkunft nicht bewusst sein mag,[23] sind die hieraus resultierenden politischen Vorstellungen relativ kohärent und haben eines gemeinsam: Ähnlich wie die von Putin und Orbán repräsentieren sie einen reaktionären, wenn auch amerikanisch eingefärbten Gegenentwurf zur liberalen Moderne.

Das überragende «Markenzeichen» von Trumps Weltanschauung ist sein Populismus, der in Amerika oft mit der Präsidentschaft von Andrew Jackson (1767–1845) in Zusammenhang gebracht wird. Laut dem Historiker Walter Russell Mead artikulierte Jackson eine Art «Volkskultur», deren erste Repräsentanten Einwanderer aus Irland und Schottland waren. Aus ihrer Sicht waren «Probleme schwierig, aber Lösungen einfach»; politische Vorstellungen orientierten sich am «gesunden Menschenverstand»; und Entscheidungen entsprachen nicht den Interessen großer Institutionen, Intellektueller und (liberaler) Eliten, sondern dem gefühlten Volkswillen.[24] Dies war genau die Haltung, die Trumps Präsidentschaft prägte. Obwohl er selbst als Sohn eines erfolgreichen Bauunternehmers, Milliardär und TV-Star sein ganzes Leben lang zur Elite gehörte, gab sich Trump als Außenseiter und Anwalt des «einfachen Mannes». Seine gesamte Rhetorik richtete sich gegen Eliten, etablierte Politiker, liberale Medien und Minderheiten. Und er war – genauso wie Jackson – davon überzeugt, «er allein» könne das «kaputte System» richten.[25]

Ein weiterer Einfluss sind die sogenannten Paläokonservativen – eine Strömung am rechten Rand der Republikanischen Partei, die bereits vor der Tea Party entstand, aber lange Zeit relativ wenig Einfluss hatte. Neben Jacksons Populismus vertraten sie einen aggressiven, aber gleichzeitig isolationistischen Nationalismus in der Außenpolitik. Amerika sollte sich demnach aus ausländischen Konflikten heraushalten, brauchte aber ein starkes Militär, um sich – wenn notwendig – mit überwältigender Macht gegen Feinde zur Wehr zu setzen. Paläokonservative hielten nichts von internationalen Institutionen, verneinten die Gültigkeit von internationalem Recht und lehnten den Freihandel ab.[26] Dies entsprach den Positionen, die Trump bereits viele Jahre vor seinem Einstieg in die Politik vertrat. Schon in den achtziger Jahren hatte er sich darüber beklagt, dass Ausländer Amerika «ausnützten»; in den neunziger Jahren bekämpfte er das nordamerikanische Freihandelsabkommen; und in den 2000er Jahren wurde er zum Gegner der vermeintlich «ewigen Kriege» im Irak und in Afghanistan. Genauso wie die Paläokonservativen wollte er ein militärisch starkes Amerika, das die Welt dominierte («America First»), aber so wenig Verpflichtungen ihr gegenüber hatte wie möglich.[27]

Die dritte Quelle für Trumps Programm ist die europäische «Neue Rechte», deren Ideen Trumps Chefberater und Wahlkampfmanager Steve Bannon intensiv studiert hatte. Bannon war ein Fan von europäischen «Traditionalisten» wie René Guénon und dem Italiener Julius Evola, die in der liberalen Moderne – und besonders in Werten wie Fortschritt und Gleichheit – die Wurzel allen Übels sahen. Ebenso schätzte er deren «neurechte» Erben, etwa die französischen Intellektuellen Alain de Benoist, Renaud Camus und Guillaume Faye, die solche Ideen auf die Herausforderungen moderner Einwanderungsgesellschaften übertrugen.[28] Im Gegensatz zu Amerikas Ethos als «Schmelztiegel» und «Nation von Einwanderern» argumentierten sie, dass ethnische und religiöse Vielfalt keine Stärke, sondern eine Schwäche sei, Konflikte verursache und zum Niedergang nationaler Identitäten führe. Für Trump waren dies zentrale Überzeugungen, die seine gesamte Innen-, Gesellschafts- und Einwanderungspolitik definierten. Laut Green erkannte «jeder, der mit diesen Ideen vertraut ist, das Schreckensgespenst, das Trump aus marodierenden Einwanderern, muslimischen Terroristen und dem Zusammenbruch nationaler Souveränität [...] konstruierte».[29] Mexikaner, so erklärte Trump bereits am ersten Tag seines Wahlkampfs, seien «Vergewaltiger»; Muslime waren «Terroristen»;[30] und Chinesen hätten das Coronavirus nach Amerika gebracht.[31] Einfach ausgedrückt: Aus dem Ausland kam nur Unheil, und die Lösung war kein weltoffenes, vielfältiges Amerika, sondern eines, das illegale Einwanderer «nach Hause» schickte, eine Mauer baute und sich seine ethnische und religiöse Zusammensetzung bewahrte.

So gesehen bestand Trumps Programm aus mehr oder weniger denselben Ideen, die Orbán in Ungarn und die AfD in Deutschland artikulierten und mit denen rechtspopulistische Politiker überall in der westlichen Welt ihre Gegnerschaft zur liberalen Moderne begründeten. Der Unterschied war, dass Trump nicht irgendein Oppositionspolitiker oder Regierungschef eines kleinen europäischen Landes war, sondern Anführer des Westens und Präsident des mächtigsten Staates der Welt.

Radikalisierung

Dennoch gelang es Trump größtenteils nicht, seine antiliberale Vision durchzusetzen. Zwar reduzierte seine Regierung die Zahl der Flüchtlinge, die Amerika jährlich aufnahm, auf den niedrigsten Stand seit Jahrzehnten, sabotierte internationale Institutionen, berief ultrakonservative Verfassungsrichter und untergrub, wo es nur ging, demokratische Prozesse. Aber seine gesetzgeberische Bilanz war mager, und abgesehen von einer Steuerreform, von der vor allem Unternehmen und Großverdiener profitierten, konnte Trump keines seiner im Wahlkampf angekündigten Projekte verwirklichen.

Dies lag vor allem daran, dass er kein ausreichend großes – und politisch erfahrenes – Team hatte, um die zahlreichen Positionen zu besetzen, mit der ein amerikanischer Präsident einer neuen Regierung seinen Stempel aufdrückt. Notgedrungen gingen deshalb viele Posten an altgediente Republikaner wie den Verteidigungsminister James Mattis oder den Geheimdienstchef Dan Coats, die Trump skeptisch gegenüberstanden.[32] Ein weiterer Grund war, dass die Gewaltenteilung nach wie vor funktionierte und die Justiz Trumps radikalste Ideen so stark verwässerte, dass wenig von ihnen übrig blieb.[33] Kurzum: Es stellte sich heraus, dass die amerikanische Demokratie robuster war als vermutet und selbst der mächtigste Mann der Welt – auf sich allein gestellt – das Land nicht über Nacht in ein autoritäres Regime verwandeln konnte.

Doch das bedeutet nicht, dass Trumps Präsidentschaft keine Spuren hinterlassen hätte. Trump zerstörte Vertrauen in Amerika und das (vom Westen dominierte) internationale System.[34] Und wichtiger noch: Obwohl er nur wenige legislative Erfolge hatte, gelang es ihm, die amerikanische Rechte zu radikalisieren. Statt sich der Führung seiner Partei unterzuordnen, wie ursprünglich gehofft, zwang Trump das Establishment der Partei, sich an ihn und seine Ideen anzupassen – ein Prozess, den der Journalist Tim Alberta als «feindliche Übernahme» beschrieb.[35] Gegen Ende seiner Amtszeit war es für republikanische Kandidaten unmöglich geworden, sich offen gegen Trump zu stellen. Seine Vorstellungen zu Themen wie Migration, Freihandel und militärischen Interventionen waren vom rechten Rand in den Mainstream gerückt. Und er schaffte es, die «Brandmauer» zwischen Republikanern und extremen Rechten einzureißen. Anstatt sich von Rassisten, Verschwörungstheoretikern und rechten Milizen abzugrenzen, signalisierte er, dass diese innerhalb der Republikanischen Partei akzeptiert, wenn nicht sogar willkommen waren. Laut Stephen Tankel, einem amerikanischen Politikwissenschaftler, schuf Trump «ein politisches Umfeld, in dem der Rechtsextremismus gedeihen konnte».[36]

Die Konsequenz war nicht nur ein Anstieg rechtsextrem motivierter Gewalt,[37] sondern auch der «Sturm aufs Kapitol» vom 6. Januar 2021, als mehrere tausend Trump-Unterstützer den Sitz des amerikanischen Kongresses erstürmten, um die Zertifizierung von Trumps Wahlniederlage zu verhindern. Dies war nichts weniger als ein vom amtierenden Präsidenten legitimierter Umsturzversuch, mit dem das verfassungsmäßige System außer Kraft gesetzt werden sollte. Doch Trump hatte den Diskurs innerhalb seiner Partei so erfolgreich manipuliert, dass viele Republikaner darin nichts Problematisches erkennen konnten. Laut Umfragen waren nur knapp 20 Prozent der republikanischen Wähler der Meinung, dass es sich um einen Umsturzversuch handelte; mehr als die Hälfte äußerten Verständnis für das Vorgehen der Demonstranten;[38] und über 70 Prozent bezweifeln bis heute, dass Joe Biden rechtmäßig zum Präsidenten gewählt wurde.[39] Aufgrund von Trumps Einfluss und seiner Weigerung, die Wahlniederlage zu akzeptieren, hält also etwa ein Drittel der amerikanischen Bevölkerung die aktuelle Regierung für illegitim.

Hinzu kam, dass Trumps Präsidentschaft nicht nur seine Anhänger radikalisierte, sondern auch viele seiner Gegner. Obwohl die Thematisierung rassistisch motivierter Ungleichbehandlung nicht wegen Trump anfing und nicht auf Amerika beschränkt war, bekamen linke Bewegungen, die bis dahin als radikal galten, durch seine Präsidentschaft zusätzlichen Auftrieb. Die Debatte über Themen wie Rasse und Identität wurde heftiger und die Gräben zwischen den politischen Lagern tiefer. Das Ergebnis von Trumps Präsidentschaft war also nicht unbedingt ein Politikwechsel, sondern Polarisierung:[40] Nach seinem Abtritt war Amerika politisch gespaltener denn je, und es gab praktisch kein Thema mehr, bei dem Republikaner und Demokraten einer Meinung waren.

Viele der Bruchlinien – zwischen Schwarz und Weiß, Arm und Reich, Links und Rechts, Liberalen und Konservativen – existierten natürlich lange vor Trump. Aber Trump war der erste Präsident seit Jahrzehnten, der nicht versuchte, sie zu überwinden, sondern sie zu verstärken. Sein «Geschäftsmodell» war nicht Versöhnung, sondern Spaltung, und es gelang ihm innerhalb weniger Jahre, sein Land so sehr auseinanderzudividieren, dass ein Großteil der Bevölkerung am Ende nicht einmal mehr bereit war, den Ausgang einer demokratischen Wahl zu akzeptieren. Kurzum: Trump hatte sein Land und seine Institutionen von innen her geschwächt. Auf die globalen Herausforderungen, die dem Westen bevorstanden, ganz besonders den sich abzeichnenden Systemwettbewerb mit China, war Amerika deshalb schlechter vorbereitet als je zuvor.

KAPITEL 17

Chinas autoritäre Moderne

Zu Beginn der 2000er Jahre gab es in den Augen westlicher Politikeliten nur zwei realistische Szenarien für die Entwicklung Chinas. Beide beruhten auf Martin Lipsets Modernisierungstheorie (siehe Kapitel 1) und der Idee, dass Wachstum, Wohlstand und Integration in die Weltwirtschaft zum Entstehen einer Mittelklasse und damit zu Liberalisierung und Demokratie führen würden. Im ersten Szenario war sich die Führung der Kommunistischen Partei dieser Dynamik bewusst und versuchte, die Ansprüche einer reicheren und selbstbewussteren Bevölkerung immer stärker in die eigenen Prozesse und Institutionen zu integrieren. Im zweiten Szenario sträubte sie sich gegen Veränderung und provozierte damit einen Konflikt mit der Bevölkerung. Während das Ergebnis des ersten Szenarios eine schrittweise Liberalisierung war, kam es im zweiten zur demokratischen Revolution. In beiden Fällen stand am Ende der wirtschaftlichen Öffnung ein demokratisches China.[1] Die Frage war nur, wie lange dieser Prozess dauern würde und ob die kommunistische Parteiführung klug genug war, ihn selbst zu initiieren. Dies bestätigt auch Reinhard Bütikofer, der die China-Delegation im Europäischen Parlament anführt: «Lange Zeit konnten sich nur wenige vorstellen, dass China die Ambition entwickeln würde, nicht nur eigenen Ordnungsvorstellungen zu folgen, sondern diese auch hegemonial zu machen. Und noch weniger, dass China die Kraft entwickeln könnte, um diese global durchzusetzen.»[2]

Was die wirtschaftliche Entwicklung anging, übertraf China die kühnsten Erwartungen. In den zwanzig Jahren seit Chinas Beitritt zur Welthandelsorganisation (WTO) im Jahr 2001 verneunfachte sich die Wirtschaftsleistung. Im Jahr 2008 wurde das Land zur zweitgrößten Volkswirtschaft der Welt; und im Jahr 2030 könnte es laut Prognosen Amerika vom ersten Platz verdrängen.[3] «Extreme Armut» (laut Weltbank-Definition weniger als 1,90 Dollar am Tag) ist in China seit der Jahrtausendwende praktisch verschwunden;[4] und obwohl die Einkommensunterschiede größer geworden sind, wuchs die «Mittelklasse» von etwa 3 Prozent der Bevölkerung im Jahr 2000 auf über 50 Prozent im Jahr 2020 an.[5] Zu keinem Zeitpunkt in der Menschheitsgeschichte haben sich die Lebenschancen für so viele Menschen so schnell so positiv entwickelt wie in den letzten zwei Jahrzehnten in China.

Doch obwohl wirtschaftlich kein Stein auf dem anderen blieb, änderte sich politisch wenig. Die Hypothese der Modernisierungstheoretiker, der zufolge Handel und wirtschaftliche Verflechtung früher oder später zu politischer Öffnung führen würden, erwies sich als falsch. Der amerikanische Journalist James Mann, einer der frühesten Kritiker westlicher Chinapolitik, ahnte dies bereits im Jahr 2007:

> Handel ist Handel. Er ist kein Zaubertrank für die Demokratie [...]. Er hat der politischen Unterdrückung oder dem Machtmonopol der Kommunistischen Partei Chinas kein Ende gesetzt, und es gibt nicht das geringste Anzeichen dafür, dass dies in Zukunft der Fall sein wird.[6]

Die staatliche Repression nahm zur Zeit der wirtschaftlichen Öffnung eher noch zu. Während es in den ersten Jahren Signale der Liberalisierung gab,[7] ist das Land seit der Machtübernahme von Xi Jinping im Jahr 2012 immer totalitärer geworden. Dies zeigt sich nicht nur in der brutalen Unterdrückung von Minderheiten wie den muslimischen Uiguren oder der immer härteren Bestrafung von Regierungskritikern, sondern vor allem auch in dem Versuch, die eigene Bevölkerung ständig und allumfassend zu überwachen. Während Xis Amtszeit erhöhte sich die Zahl der eingesetzten Überwachungskameras von hundert auf sechshundert Millionen;[8] und mithilfe eines elektronischen Kreditsystems kontrolliert die Regierung an vielen Orten mittlerweile jede Handlung ihrer Bürger. Experten beschreiben das chinesische System heute nicht mehr als «werdende Demokratie», sondern als «adaptiven Autoritarismus», «Markt-Leninismus» – oder gar als «Techno-Diktatur».[9]

Mit dem ökonomischen Erfolg verstärkte sich auch das ideologische Sendungsbewusstsein. Im Gegensatz zu seinen Vorgängern sprach Xi immer häufiger von einem eigenen Entwicklungs- und Gesellschaftsmodell, das in direkter Konkurrenz zur liberalen Moderne des Westens stand. Westlichen Politikeliten wurde erst in der zweiten Hälfte der 2010er Jahre klar, dass der vom Westen geförderte Aufstieg Chinas die Ausbreitung der Demokratie nicht beförderte, wie Fukuyama hoffte,[10] sondern sie behinderte; und dass sich China nicht in die vom Westen geschaffene Weltordnung integrierte, wie von John Ikenberry prophezeit (siehe Kapitel 3), sondern sie nach eigenen Vorstellungen umgestaltete. Bis heute existiert keine realistische Strategie, die dem Aufstieg Chinas Rechnung trägt und gleichzeitig seinen Einfluss als autoritäre Weltmacht begrenzt. Die «autoritäre Moderne» befindet sich – nicht zuletzt dank Chinas Aufstieg – weiter auf dem Vormarsch.

Der chinesische Traum

Chinas Weltmachtambitionen und seine politische Konkurrenz mit dem Westen waren nicht, wie manchmal behauptet, Teil einer von langer Hand geplanten Strategie,[11] sondern ergaben sich aus seiner Größe und seinem enormen Wirtschaftswachstum. Als Deng Xiaoping das Land ab Ende der siebziger Jahre wirtschaftlich öffnete, ahnte selbst in China noch niemand, wie erfolgreich seine Politik sein würde. Das Land war bitterarm, und Deng wollte marktwirtschaftliche Instrumente nutzen, um Wohlstand zu schaffen und das kommunistische System – an das er genauso fest glaubte wie sein Vorgänger Mao Zedong – zu stabilisieren. Aus westlicher Sicht war dies kein Grund zur Sorge: Politisch galt China als zweitrangig, und wirtschaftlich war die Öffnung des chinesischen Marktes mehr als willkommen. Die Erwartung war, dass sich China in ein «moderat wohlhabendes» Land entwickeln würde.[12]

Hieran änderte sich zur Jahrtausendwende zunächst wenig. Auch wenn sich die chinesische Regierung viel stärker in Asien, dem Nahen Osten und Afrika engagierte, war der Zweck dieses Engagements in erster Linie ökonomisch, denn der Bedarf an Rohstoffen und Energie war so groß geworden, dass er nicht mehr aus bestehenden Quellen gedeckt werden konnte. Schritt für Schritt entstand hieraus jedoch eine geopolitische Rivalität. Nicht nur konkurrierte China jetzt mit dem Westen auf der ganzen Welt um Rohstoffe; es schuf zudem eine Alternative zum «universalistischen» Ansatz, bei dem Geld und Investitionen in der Regel mit der Forderung nach Transparenz und der Einhaltung von Menschenrechten verbunden waren. Anders als westliche Länder verlangte China von seinen Partnern keine politischen Reformen, es hatte keinerlei Interesse an Menschenrechten und wollte noch nicht einmal wissen, in welchen Taschen seine Gelder landeten. In wenigen Jahren entwickelte die chinesische Regierung auf diese Weise gute Beziehungen zu autoritär regierten Ländern wie Simbabwe oder Myanmar, die vom Westen wegen ihrer korrupten und unterdrückerischen Politik sanktioniert wurden.[13]

Im Laufe der 2010er Jahre wurde aus dieser Rivalität ein offener Konflikt. Der Wendepunkt war die globale Finanzkrise im Jahr 2008, die aus chinesischer Sicht den Niedergang Amerikas als Weltmacht signalisierte.[14] Zum ersten Mal sprachen chinesische Regierungsvertreter von ihrem Land als globaler «Führungsmacht» mit einer einzigartigen Erfolgsgeschichte, großem Ehrgeiz und einem eigenen «Entwicklungsmodell». Ab Mitte der 2010er Jahre war immer häufiger auch von «chinesischer Weisheit», einem «chinesischen Ansatz zur Problemlösung» und sogar von einem «chinesischen Traum» die Rede, den das Land mit anderen teilen wolle.[15]

Im Zentrum dieses «Traums» stand ökonomische Modernisierung – speziell in Regionen wie Afrika, die vom Westen vernachlässigt wurden. Sein Ziel war Stabilität, auch wenn dies bedeutete, dass politische Freiheiten unterdrückt wurden. Und die Betonung lag auf «Nichteinmischung» und nationaler Souveränität – nicht auf universellen Rechten. Es war genau das System, das China mit Erfolg im eigenen Land etabliert hatte. Wie der Chinaexperte Raffaello Pantucci erklärt:

> Was sie sagen, ist: «Schaut, wie erfolgreich wir sind! Schaut auf unser Modell: Der Aufbau von Infrastruktur und die kontrollierte Öffnung von Märkten, das funktioniert. Das sollten alle nachahmen.» Und sie sagen: «Wir sind bereit, euch dabei zu helfen. Wenn ihr es so macht wie wir, dann könnt ihr so werden wie wir.» Das ist kein Export einer Ideologie, zumindest nicht direkt, sondern viel subtiler: Es ist Entwicklungshilfe zusammen mit einem «Best-Practice»-Modell.[16]

Bestes Beispiel war die sogenannte Neue Seidenstraße – ein globales Entwicklungsprojekt, das Xi im Jahr 2013 initiiert hatte. Die ursprüngliche Absicht war, neue Handelswege in Zentral- und Südostasien zu schaffen. Doch die Länder, die sich der Neuen Seidenstraße anschließen wollten, waren so zahlreich, dass sich das Projekt innerhalb kurzer Zeit auf alle Kontinente ausdehnte.[17] Je größer es wurde, desto deutlicher traten auch politische Motive in den Vordergrund. Zwei Jahre nach seiner Ankündigung war das Ziel nicht mehr nur der Aufbau von Handelswegen, sondern eine komplette Neuausrichtung des globalen Wirtschaftssystems – mit China im Zentrum. Und statt um rein physische Infrastruktur wie zum Beispiel Eisenbahnen oder Häfen ging es immer stärker auch um Bereiche wie digitale Netzwerke, Gesundheit und sogar Kultur.[18]

Was als Wirtschaftsprojekt begann, wurde zur allumfassenden politischen Vision, mit der China seinen globalen Führungsanspruch vorantrieb.

Auch in anderen Bereichen ließen sich wachsende Ambitionen erkennen. So initiierte China ein Freihandelsabkommen in Asien und gründete eine Investitionsbank, die der westlich dominierten Weltbank Konkurrenz machte. Es baute militärische Fähigkeiten auf, errichtete Militärbasen und agierte im Südchinesischen Meer zunehmend aggressiv.[19] Und mit der Shanghaier Organisation für Zusammenarbeit förderte das Land eine diplomatische Initiative, die sich als Alternative zur westlichen G7 verstand und große, vornehmlich autoritäre Staaten – neben China selbst vor allem Putins Russland – in einem Bündnis vereinte.[20] «Die Ideologie hat sich in all den Jahren nicht geändert», so der Chinaexperte Moritz Rudolf: «Was sich geändert hat, ist Chinas Selbstbewusstsein und die Möglichkeit, die Welt nach den eigenen Vorstellungen zu gestalten.»[21]

Abhängigkeiten

Entgegen der Erwartung westlicher Politikeliten schufen Chinas Erfolg und sein wachsendes Selbstbewusstsein eine Situation, in der sich der Westen für chinesischen Einfluss öffnen musste – nicht umgekehrt.

Dies galt besonders für international agierende Unternehmen, deren Verhalten sich immer stärker an Chinas politischer Agenda orientierte. Der «Preis» für den Markteintritt war von Anfang an, dass westliche Unternehmen die dort bestehenden Regeln befolgen mussten. Davon betroffen waren auch westliche Technologiefirmen wie Microsoft, Google oder Amazon, die sich in ihrer amerikanischen Heimat als Champions westlicher Werte gaben, aber in China ihre Produkte bereitwillig gemäß chinesischen Vorgaben zensierten.[22] Ein Großteil dieser Zensur erfolgte im vorauseilenden Gehorsam – wie im Fall von Facebook, das Mitte der 2010er Jahre weitreichende Tools und Algorithmen entwickelte, um die kommunistische Parteiführung von der ideologischen Unbedenklichkeit seiner Plattform zu überzeugen.[23] In einigen Fällen veränderten westliche Firmen sogar ihre *im Westen* erhältlichen Produkte, um chinesischen Wünschen zu entsprechen.[24] Laut Duncan Clark, einem in China lebenden Autor und Technologie-Entrepreneur, hatte dieses unterwürfige Verhalten einen einfachen Grund: «Jeder möchte unbedingt Teil dieses massiven Marktes sein.»[25]

Immer häufiger bediente sich China auch ökonomischer Sanktionen. Zum ersten Mal geschah dies im Jahr 2010, als das Land den Import von norwegischem Lachs verbot, nachdem das norwegische Friedensnobelpreiskomitee den Preis an den chinesischen Dissidenten Liu Xiaobo vergeben hatte. Ähnliche Maßnahmen richteten sich in den darauffolgenden Jahren unter anderem gegen Japan, die Philippinen, Taiwan, die Mongolei, Südkorea, Kanada, Frankreich und Australien.[26] Aktuellstes Beispiel ist Litauen, das von China seit Dezember 2021 umfassend boykottiert wird. Die litauische Regierung hatte wenige Monate zuvor die Eröffnung einer offiziellen Repräsentanz von Taiwan bekannt gegeben, das China als Teil seines Staatsterritoriums betrachtet. Unter anderem wurde Litauen daraufhin komplett aus dem chinesischen Zollregister gelöscht, wovon auch Produkte betroffen waren, die in Litauen hergestellte Teile enthielten, wie zum Beispiel Autos und Maschinen.[27] Statt sich mit dem kleinen Land zu solidarisieren, blieben viele europäische Regierungen stumm oder sendeten, wie im Falle Deutschlands, «gemischte Signale».[28] Die deutsch-baltische Handelskammer drohte sogar damit, dass deutsche Firmen ihre Produktion in Litauen einstellen würden, wenn es nicht zu einem Einlenken der Regierung käme.[29]

Am deutlichsten zeigte sich der wachsende Einfluss Chinas am Konflikt in der chinesischen Provinz Xinjiang, wo es seit den neunziger Jahren immer wieder zu Terrorismus und separatistischen Unruhen gekommen war. Nach erneuten Auseinandersetzungen in den Jahren 2013 bis 2016 entschied sich die chinesische

Führung, ein gigantisches Straf- und Umerziehungssystem zu errichten. Den muslimischen Uiguren wurde de facto die Ausübung ihrer Religion verboten, und bis zu anderthalb Millionen Menschen wurden in Lagern interniert.[30] Doch der Aufschrei der internationalen Gemeinschaft blieb weitgehend aus. Einem Brief an den UN-Menschenrechtsrat der die chinesische Politik kritisierte, schlossen sich im Juli 2019 gerade mal zweiundzwanzig Staaten an, allesamt aus dem Westen. Ein «Gegenbrief», der Chinas Politik verteidigte, fand mehr als fünfzig Unterzeichner, darunter zahlreiche mehrheitlich muslimische Staaten wie Saudi-Arabien, Ägypten, Pakistan, Bahrain, die Vereinigten Arabischen Emirate und Katar, die von chinesischen Investitionen profitiert hatten.[31] Sogar der türkische Präsident Recep Tayyip Erdoğan, der normalerweise keine Gelegenheit auslässt, Islamfeindlichkeit im Westen anzuprangern, fand lobende Worte für Chinas Politik und betonte sein Recht auf Nichteinmischung.[32]

Auch die Europäische Union war spätestens seit der Eurokrise vor chinesischen Einflussversuchen nicht mehr sicher. Als sich mehrere EU-Staaten einer strengen Sparpolitik unterwerfen mussten, war es vor allem China, das den betroffenen Ländern zu Hilfe kam. In Portugal kaufte China das nationale Stromnetz und die größte Versicherung des Landes, während es in Griechenland in die Telekommunikationsinfrastruktur investierte und den größten Hafen des Landes übernahm.[33] Für sechzehn zentral- und osteuropäische Staaten schuf China eine eigene Initiative, um diese in das Neue-Seidenstraßen-Projekt zu integrieren. Ihr enthusiastischster Unterstützer war Ungarns Viktor Orbán, der im Frühjahr 2021 eine EU-Menschenrechts-Resolution blockierte, um die «freundlichen Beziehungen zu China» nicht zu gefährden.[34]

Auch wenn China nicht mit allen Bemühungen Erfolg hatte und sich die Europäische Union bei den wichtigsten Entscheidungen bislang nicht spalten ließ, ist die Absicht klar. Wie Janka Oertel vom European Council on Foreign Relations erklärt: «Xi hat nie ein Geheimnis daraus gemacht, dass er Chinas Marktmacht nutzen will, um die Welt abhängiger von China zu machen. Und dass es dabei hilfreich ist, wenn Europa gespalten ist, denn das verhindert eine Frontbildung.»[35]

Handlungsoptionen

Bis Mitte der 2010er Jahre war Chinas wachsender politischer Einfluss für die große Mehrheit der westlichen Politikeliten kein Thema. Und auch in den darauffolgenden Jahren entstand keine überzeugende politische Vision dafür, wie der Westen weiterhin vom wirtschaftlichen Aufstieg Chinas profitieren konnte, ohne gleichzeitig die Verbreitung seines autoritär-technokratischen Gesellschaftsmodells zu fördern. Der am häufigsten bemühte Vergleich war der mit dem Kalten Krieg, der China in der Rolle der Sowjetunion sah.[36] Doch die Unterschiede waren viel zu groß, um daraus Lektionen für die Auseinandersetzung abzuleiten. Anders als die Sowjetunion war China wirtschaftlich erfolgreich; es hatte sich in den Weltmarkt integriert, und viele westliche Volkswirtschaften hingen mittlerweile – wenn auch unterschiedlich stark – von China ab. Hinzu kam, dass Xi und seine Partei viel fester im Sattel saßen als die sowjetische Führung. Durch eine Kombination aus wirtschaftlichem Erfolg, nationalistischer Indoktrination und technologischer Kontrolle hatten sie ein System geschaffen, das weitflächige Rebellion weder wahrscheinlich noch überhaupt möglich machte. Die Aussichten auf einen demokratischen «Regimewechsel» waren zu Beginn der 2020er Jahre deshalb verschwindend gering.[37] Und selbst eine Politik des «Containment» – also der Eindämmung – ließ sich wegen der starken wirtschaftlichen Verflechtung nicht mehr so einfach durchsetzen.

Die erste Handlungsoption war deshalb «Business as usual». Besonders Unternehmen und Industrieverbände, die von der Öffnung Chinas profitiert hatten, plädierten für die Fortsetzung einer vor allem auf engere wirtschaftliche Verflechtung abzielenden Industriepolitik. Sie forderten mehr, nicht weniger Handel und Investitionen[38] – oftmals mit der Begründung, dass sich das Land irgendwann vielleicht doch noch politisch wandeln würde.[39] Selbst wenn dies nicht geschehen sollte, seien die wirtschaftlichen Vorteile, die aus der Beziehung entstünden, viel bedeutender als irgendwelche politischen Bedenken. Europa dürfe sich nicht «in einen neuen Kalten Krieg mit Peking hineinziehen lassen», warnte etwa Altkanzler Gerhard Schröder: «China ist dafür einfach zu wichtig für uns».[40]

Doch in Wahrheit hatte sich China von dem für westliche Firmen so profitablen «Geschäftsmodell» längst selbst entfernt. Seit Mitte der 2010er Jahre versuchte die chinesische Regierung, ihre Volkwirtschaft vom Handel mit dem Westen unabhängiger zu machen und Schlüsseltechnologien verstärkt im eigenen Land zu produzieren.[41] Hierzu dienten nicht nur der strategische Aufbau eigener Fähigkeiten, massive Investitionen in Forschung und Entwicklung und der gezielte Ankauf ausländischer Firmen,[42] sondern auch systematische Industriespionage und großflächige, staatlich gesteuerte Hacker-Angriffe.[43] Die Idee, dass sich die «Arbeitsteilung» zwischen dem Westen und China einfach so fortschreiben ließ, war deswegen eine Illusion. China sah sich längst nicht mehr nur als Absatzmarkt und billige «Werkbank der Welt», wie während der 1990er und 2000er Jahre. Vielmehr setzte es alles daran, dem Westen zunehmend – und auf allen Feldern – Konkurrenz zu machen. Selbst wenn man bereit war, Chinas politische Ambitionen völlig auszublenden, hatte sich eine rein ökonomisch orientierte «Weiter-so»-Politik überholt.

Die entgegengesetzte Handlungsoption hieß «Entkopplung». Damit war gemeint, dass sich der Westen aus Abhängigkeitsverhältnissen befreien oder, wo notwendig, Beziehungen mit China kappen sollte – also das Gegenteil von stärkerer Integration und Verflechtung. Fast alle, die sich für diese Option aussprachen, betonten stets, dass es ihnen nicht um einen vollständigen Abbruch der Handelsbeziehungen mit China gehe, sondern bestenfalls um einen «teilweisen Rückzug» oder eine «Umorientierung» in strategisch relevanten Bereichen wie Finanzströmen, Lieferketten, nationaler Sicherheit, Forschung oder Telekommunikation.[44] So auch Reinhard Bütikofer: «Generelle Entkopplung sollte nicht unser Ziel sein. Aber es gibt offenkundig Bereiche, in denen wir uns ausliefern würden, wenn wir keine Grenze ziehen.»[45] Selbst die amerikanische Denkfabrik National Bureau of Asian Research, die sich zum Sammelbecken für Chinaskeptiker entwickelt hatte, sprach nicht von einem «neuen Kalten Krieg» oder gar einer Isolation Chinas, sondern wollte lediglich mehr Wettbewerb, Diversifizierung und eine «härtere Politik».[46]

In der Praxis ergaben sich jedoch auch bei punktueller Entflechtung Widersprüche. Die wirtschaftliche Integration war in vielen Bereichen bereits so weit fortgeschritten, dass sie nicht mehr rückgängig gemacht werden konnte. Wie sich herausstellte, gab es bei vielen Produkten, speziell im Technologiebereich, kaum noch Lieferketten, die China nicht irgendwo berührten. Eine vollständige «Entflechtung» war deshalb unmöglich.[47] Hiermit verbunden war, dass China seine eigene Entkopplungspolitik betrieb und die Bereiche, in denen der Westen die wirtschaftliche Verflechtung reduzieren wollte, typischerweise diejenigen waren, in denen China weiter kooperieren wollte – und umgekehrt. Was blieb also übrig, wenn sich beide Seiten entsprechend ihren eigenen Vorstellungen und Interessen «entkoppelt» hatten?

Entscheidend war letztlich, dass der Westen in Politikbereichen wie der Bekämpfung des Klimawandels (siehe Kapitel 18) und globaler Pandemien weiterhin auf Zusammenarbeit setzte und es sich gar nicht leisten konnte, den Kooperationswillen Chinas mit offener Feindseligkeit und einer übermäßig harten Politik zu verspielen. Kurzum: Als Slogan klang «Entkopplung» oder «Verminderung der Abhängigkeit» gut, aber in der Umsetzung gab es so viele Schwierigkeiten und Hindernisse, dass seine praktische Bedeutung unklar blieb.

Gemeinsame Front?

Immerhin: Gegen Ende der 2010er Jahre begriff ein großer Teil der westlichen Politikeliten China nicht mehr nur als Mitbewerber oder Partner, sondern auch – und vor allem – als «systemischen Rivalen».[48] Noch im Jahr 2015, als Biden Vizepräsident war, hieß es in der amerikanischen Nationalen Sicherheitsstrategie: «Die Vereinigten Staaten begrüßen den Aufstieg eines stabilen, friedlichen und wohlhabenden China.»[49] Sechs Jahre später beschrieb das gleiche Dokument China als größte Bedrohung «für die Stabilität und die Offenheit des internationalen Systems».[50] Das bedeutet: Innerhalb weniger Jahre hatte sich die amerikanische Position um hundertachtzig Grad gedreht. Statt Kooperation war das vorrangige Ziel nun die Einhegung Chinas mithilfe einer globalen Koalition. Der Versuch, diese zu schmieden, offenbarte jedoch viele der Schwächen und Nachteile des Westens gegenüber einem autoritär regierten China.

Den bisher wichtigsten Beitrag zur Formulierung einer «gemeinsamen Agenda» leistete im Jahr 2021 die Münchner Sicherheitskonferenz in Zusammenarbeit mit den Denkfabriken Aspen Institute und Mercator Institute for China Studies. Unter der Leitung von Wolfgang Ischinger und Joseph Nye brachten die drei Organisationen zwanzig prominente Experten von beiden Seiten des Atlantiks zusammen, um Problemfelder zu identifizieren und konkrete Handlungsvorschläge zu formulieren. Der sechzigseitige Abschlussbericht trug den Titel «Die Lücke schließen. Prioritäten für eine transatlantische Chinapolitik» und beschäftigte sich mit sieben Bereichen, in denen ein gemeinsames Vorgehen des Westens dringend notwendig war. Hieraus ergaben sich knapp dreißig Prioritäten, die nach Ansicht der Autoren das Potenzial für «schnelle Erfolge» («quick wins») bargen.[51]

Auf den ersten Blick las sich der Bericht wie eine Art «Gebrauchsanleitung» für den Systemwettbewerb mit China. Bei genauerem Hinsehen zeigte sich jedoch, dass viele der Ziele weder schnell noch einfach zu erreichen sein würden. Bei Themen wie Zöllen, technischen Standards oder dem Digitalmarkt gab es schwerwiegende, teils seit Jahren andauernde Differenzen *innerhalb* des Westens. Andere Bereiche, wie zum Beispiel die Besetzung internationaler Positionen, setzten ein Ausmaß an Koordination voraus, das selbst zu Zeiten des Kalten Krieges ungewöhnlich gewesen wäre. Und Herausforderungen wie die Errichtung transnationaler Infrastrukturen und die gemeinsame Abwehr von Wirtschaftssanktionen erforderten die Schaffung völlig neuer Mechanismen und Institutionen. Das Problem war, dass der Westen – im Gegensatz zu China – nicht ein einziger, hierarchisch geordneter Staat war, der in jedem Bereich eine klar definierte Politik verfolgte, sondern aus Dutzenden großer, mittlerer und kleiner Staaten bestand, die verschiedene Interessen hatten, sich unterschiedlich gut miteinander verstanden und in vielen Bereichen sogar miteinander konkurrierten. Bevor sich der Westen China widmen konnte, musste zunächst große Energie darauf verwendet werden, die eigenen Probleme zu lösen.

Noch komplexer wurde die Aufgabe dadurch, dass das Problem der Abhängigkeit in erster Linie durch den Handel und die Investitionen privater Firmen entstanden war. Industriestaaten wie Deutschland hatten Chinapolitik jahrzehntelang als eine Form nationaler Industriepolitik betrieben, und es waren die in China investierenden Unternehmen, vor allem im Automobil- und Maschinenbereich, die lange Zeit das Tempo und die Richtung des Engagements vorgaben. Wie Jan Weidenfeld vom Mercator Institute erklärt: «Nicht die gesamte deutsche Industrie ist von China abhängig. Aber die Abhängigkeit von einzelnen, sehr gewichtigen Unternehmen ist riesig. Und diese Unternehmen hatten in der Vergangenheit einen besonderen Zugang zur Politik.»[52] Es reichte deshalb nicht aus, dass sich Regierungen untereinander einigten. Vielmehr mussten sie gleichzeitig Industrieverbände und Unternehmen davon überzeugen, gegen den eigenen Instinkt zu handeln und «kurzfristige Gewinne für langfristige wirtschaftliche Sicherheit und geringere Abhängigkeit von China zu opfern».[53] Auf chinesischer Seite gab es dieses Problem nicht, denn die Kommunistische Partei kontrollierte nach wie vor die Volkswirtschaft, und selbst scheinbar private Unternehmen hatten in der Praxis keine andere Wahl, als sich nach den Vorgaben der Parteiführung zu richten.[54]

Ein dritter Nachteil war der enge zeitliche Horizont westlicher Planungen. Während die chinesische Parteiführung spätestens seit der Machtübernahme von Xi Jinping in Jahrzehnten dachte und alle langfristigen Planungen auf das Jahr 2049 – den hundertsten Jahrestag von Maos Revolution – ausgerichtet hatte, galten die Zusagen westlicher Regierungen bestenfalls für wenige Jahre, bevor eine neue Regierung mit anderen Prioritäten und politischen Vorstellungen ins Amt kommen würde. Im Falle von Donald Trump, der zahlreiche Konflikte mit europäischen Staaten ausgelöst hatte, war dies aus europäischer Sicht von Vorteil. Doch die Tatsache, dass er – oder ein ähnlich orientierter Kandidat – bereits in wenigen Jahren wieder zurück im Weißen Haus sein könnte, hing bereits im Jahr 2021 wie ein Damoklesschwert über allen Gesprächen mit Amerika.[55]

Die Aussichten auf eine «gemeinsame Front» – oder gar «schnelle Erfolge» – waren also gering. Die chinesische Parteiführung hatte geschafft, wozu die Sowjetunion niemals in der Lage war, nämlich ein autoritäres Gesellschaftsmodell zu entwickeln, das wirtschaftlich erfolgreich war, Wachstum und Innovationen hervorbrachte und dem Land dazu verhalf, die Weltordnung nach eigenen Vorstellungen zu gestalten. Westliche Politikeliten haben darauf zu spät reagiert, und ihre Antworten waren bislang widersprüchlich und zaghaft. Es gibt deshalb nach wie vor keine westliche Vision für eine globale Ordnung, die dem Aufstieg Chinas und seiner wachsenden Bedeutung im internationalen System Rechnung trägt, ohne gleichzeitig seine autoritären Tendenzen zu fördern. Wenn die Modernisierungstheoretiker nicht doch noch recht behalten und China aufgrund interner Spannungen kollabiert, könnte es die autoritäre – und nicht die liberale – Moderne sein, die den Kampf der Systeme im 21. Jahrhundert dominiert.

KAPITEL 18

Klima-Notstand

Anders als der Wettbewerb zwischen Großmächten, der sich so – oder ähnlich – seit Jahrhunderten abgespielt hat, ist der menschengemachte Klimawandel eine neuartige und existenzielle Bedrohung, die nicht nur den Westen, sondern den gesamten Planeten betrifft. Wie die Politikökonomin Maja Göpel zeigt, liegen die intellektuellen Wurzeln der ökologischen Krise im Westen und in den Ideen der Aufklärung. Forscher und Philosophen wie Galileo Galilei, René Descartes und Isaac Newton schufen im Laufe des 17. Jahrhunderts ein neues Weltbild, in dessen Zentrum der Mensch – oder besser gesagt: das Individuum – stand. Weil Menschen Vernunft besitzen, so die zentrale Botschaft, können sie ihre Geschicke in die eigene Hand nehmen: «Gottes Wille» oder das Schicksal sind nicht mehr absolut. Aus diesen Ideen entsprangen Menschenrechte, die Demokratie und andere Errungenschaften der liberalen Moderne, aber auch – und zur selben Zeit – der Kapitalismus und die Vorstellung, dass der Mensch die Natur zähmen und sich untertan machen sollte. Das Ergebnis, so Göpel, war eine auf Nutzen ausgerichtete Welt, in der wirtschaftliches Wachstum gleichbedeutend mit Fortschritt war und die Natur ausgebeutet werden konnte, solange Menschen davon profitierten.[1]

Der Wohlstand, der daraus entstand, beruhte auf dem Verbrauch natürlicher Ressourcen und dem Einsatz fossiler Brennstoffe wie Kohle, Gas und Öl. Spätestens in den siebziger Jahren wurde offensichtlich, dass diese Wirtschaftsweise nicht «nachhaltig» war, weil sie mehr Ressourcen verschlang, als sie der Natur zurückgab, und dadurch die Lebensgrundlagen zukünftiger Generationen schädigte. Nach Ansicht praktisch aller Klimawissenschaftler war das Kohlendioxid, das durch die Verbrennung fossiler Brennstoffe entstand, der Hauptgrund für die Erderwärmung, die bereits in der ersten Hälfte des 20. Jahrhunderts messbar wurde und sich in seiner zweiten Hälfte dramatisch beschleunigte.[2]

Trotz dieser Erkenntnis änderte sich wenig. Seitdem der Club of Rome, eine Vereinigung führender Politiker und Wissenschaftler, im Jahr 1972 seinen bahnbrechenden Bericht über «Die Grenzen des Wachstums» veröffentlichte,[3] nahm die Weltbevölkerung von vier auf knapp acht Milliarden Menschen zu; der Westen behielt seine Wirtschaftsweise bei; und sowohl China als auch Indien – die zwei bevölkerungsreichsten Länder der Welt – entschieden sich für ein ähnlich «schmutziges» Wachstumsmodell wie der Westen. Statt zurückzugehen, haben sich die vom Menschen verursachten Kohlendioxid-Emissionen dadurch im Laufe der letzten fünfzig Jahre mehr als verdoppelt.[4]

Das Intergovernmental Panel on Climate Change (IPCC), ein UN-Gremium, das die wissenschaftliche Literatur zum Klimawandel auswertet und daraus Prognosen ableitet, kam in seinem fünften Bericht aus dem Jahr 2014 zu dem Schluss, dass die zurückliegenden vierzig Jahre die heißeste Periode seit dem frühen Mittelalter waren und dass sich die Erde bis zum Jahr 2100 um bis zu 4,8 Grad Celsius gegenüber der vorindustriellen Zeit erwärmen könnte, wenn die Weltgemeinschaft den Ausstoß von Kohlendioxid nicht sofort stark reduzierte. Selbst bei einer geringeren Erhöhung von zwei oder drei Grad Celsius drohten katastrophale Konsequenzen, von denen einige bereits im Gange seien, so etwa das Abschmelzen der polaren Eiskappen, das zu steigenden Meeresspiegeln führe, und häufiger werdende «extreme Wetterereignisse» wie zum Beispiel Hitzewellen, Dürren, Stürme und Fluten. Die Folge seien Hunger, Wasserknappheit, Verwüstung, die Ausbreitung ansteckender Krankheiten, Migration und gewaltsame Konflikte.[5]

Menschliches Leben würde in vielen Ländern schwieriger – und in einigen unmöglich.

Mit dem Fortschreiten des Klimawandels zerstört sich der Westen deshalb nicht nur selbst, sondern den gesamten Planeten. Und obwohl ein Großteil der westlichen Politikeliten dies mittlerweile verstanden hat, macht es die Logik des eigenen Wirtschafts- und Politikmodells unmöglich, wirkungsvolle Maßnahmen zu ergreifen. Für das Erreichen der Klimaziele ist es wahrscheinlich bereits zu spät, und in jedem realistischen Szenario drohen massive ökologische, soziale und politische Konsequenzen. Selbst die angebliche Fähigkeit der liberalen Moderne zur Selbstkorrektur stößt hier an ihre Grenzen, denn die durch den Klimawandel verursachten Veränderungen sind größtenteils irreversibel.

Widersprüche

Dass es dem Westen so schwerfällt, mit adäquaten Maßnahmen auf den Klimawandel zu reagieren, ist kein Zufall. Das Wirtschafts- und Politikmodell, das sich im Zuge der liberalen Moderne entwickelt hat, widerspricht ganz fundamental und in gleich mehrfacher Hinsicht den Notwendigkeiten, die sich aus dem Klima-Notstand ergeben.

Der erste Widerspruch liegt in einem Wirtschaftssystem, das selbst in seinen sozialsten und ökologischsten Ausprägungen auf stetigem Wachstum, Konsum und der Ausbeutung natürlicher Ressourcen beruht. Trotz Recycling und Ökosteuern verbrauchen westliche Länder jedes Jahr das Doppelte bis Dreifache an Umwelt, das ihnen entsprechend ihrer Größe und Einwohnerzahl zusteht.[6] In Deutschland war 2022 bereits am 3. Mai der «Übernutzungstag» («Overshoot Day») erreicht, an dem das Land mehr Umwelt in Anspruch zu nehmen begann, als ihm zustand – was bedeutete, dass von diesem Tag an der Wohlstand in Deutschland auf Kosten zukünftiger Generationen verdient wurde.[7] Es ist offensichtlich, dass sich die Wirtschaftsweise, die in westlichen Industriestaaten großen Wohlstand geschaffen hat, nicht problemlos mit Ideen wie Nachhaltigkeit und Klimaneutralität vereinbaren lässt. Alle Maßnahmen, die in der Lage wären, den Klimawandel rückgängig zu machen oder ihn so stark zu verlangsamen, dass er keine existenzielle Bedrohung mehr darstellte, würden deshalb die Abkehr von einer rein wachstums- und konsumorientierten Logik erfordern.

Das zweite Problem sind demokratische Zyklen. Für westliche Politiker war es bislang relativ einfach, weitreichende Verpflichtungen einzugehen, weil deren Umsetzung nicht ihnen selbst, sondern ihren Nachfolgern oblag. So verabschiedete die damalige britische Premierministerin Theresa May noch in den letzten Wochen ihrer Amtszeit im Sommer 2019 ein Gesetz, das Großbritannien dazu verpflichtete, bis zum Jahr 2050 klimaneutral zu werden. Von Umweltverbänden bekam sie dafür Applaus, doch Kritiker monierten, dass es keinen realistischen Plan für die Umsetzung gab.[8] Dies galt auch außerhalb von Großbritannien: Wann immer es um konkrete Maßnahmen ging, die Geld kosteten und Bürgern oder der Wirtschaft zusätzliche Lasten aufbürdeten, nahm der Enthusiasmus für den Klimaschutz rapide ab – nicht zuletzt, weil es neben Naturkatastrophen stets vermeintlich drängendere Probleme gab, deren negative Auswirkungen für die Menschen greifbarer waren. Die Tatsache, dass der Klimawandel zwar schreckliche Folgen hat, diese aber nicht innerhalb der jeweils aktuellen Wahlperiode eintreten, sondern erst viele Wahlperioden später, macht es demokratischen Politikern schwer, ihre Bevölkerungen von finanziellen Opfern und der Notwendigkeit unmittelbaren Handelns zu überzeugen.

Noch komplizierter wird dies dadurch, dass der Klimawandel eine globale Bedrohung ist. Während westliche Staaten noch im Jahr 1990 für mehr als die Hälfte aller Kohlendioxid-Emissionen verantwortlich waren, verringerte sich ihr Anteil im darauffolgenden Jahrzehnt auf weniger als ein Drittel. Dieser Trend wird sich fortsetzen, da westliche Emissionen zwar seit etwa zwanzig Jahren leicht rückläufig sind, aber die Emissionen von China, Indien und anderen asiatischen Staaten kontinuierlich ansteigen.[9] Das heißt: Selbst wenn der Westen dramatische Maßnahmen ergreifen würde, um den eigenen Verbrauch zu senken, hätte dies nicht zwangsläufig eine Reduktion des globalen Kohlendioxid-Ausstoßes zur Folge. China und Indien (mit zusammengerechnet 2,8 Milliarden Einwohnern) haben klargemacht, dass sie mindestens zehn (China) beziehungsweise zwanzig (Indien) Jahre mehr benötigen werden, um den «Entwicklungsrückstand» gegenüber dem Westen aufzuholen. Obwohl der Westen das Problem des menschengemachten Klimawandels verursacht hat, ist er also nicht (mehr) in der Lage, es allein zu lösen.

Strategien

Auf internationaler Ebene ist der Klimawandel seit 1992 ein Thema, als sich mehr als hundertfünfzig Staaten in Rio de Janeiro zur ersten globalen Klimakonferenz trafen. Weitere Konferenzen – etwa 1997 in Kyoto und 2009 in Kopenhagen – setzten den Prozess fort, doch zum Durchbruch kam es erst in Paris im Jahr 2015, als sich praktisch alle Länder dazu verpflichteten, den Anstieg der Erderwärmung bis zum Ende des Jahrhunderts auf maximal zwei, idealerweise 1,5 Grad Celsius gegenüber der vorindustriellen Zeit zu beschränken. Dies war ein ehrgeiziges Ziel, denn nach Berechnungen des IPCC betrug die Erderwärmung zu diesem Zeitpunkt bereits 1,1 Grad, was bedeutete, dass die Zunahme der Kohlendioxid-Emissionen sofort – und auf dramatische Weise – zurückgefahren werden musste.[10] Angespornt von der schwedischen Aktivistin Greta Thunberg und der durch sie begründeten Fridays-for-Future-Bewegung, wurde das Erreichen des Pariser Klimaziels in den darauffolgenden Jahren zur politischen Priorität. Doch obwohl praktisch alle von der Notwendigkeit drastischer Maßnahmen überzeugt waren, sind die bisher diskutierten Strategien entweder unzureichend oder nicht durchsetzbar.

Die radikalsten Vorschläge kommen von den Wachstumskritikern der sogenannten «Degrowth»-Bewegung. Einer ihrer Wortführer ist der Anthropologe Jason Hickel, der in seinem Buch *Weniger ist mehr* argumentiert, dass Wirtschaftswachstum niemals vollständig von der Ausbeutung natürlicher Ressourcen «abgekoppelt» werden könne und die einzige Lösung deshalb darin bestehe, Wachstum so sehr zu beschränken, dass kein Schaden mehr für die Umwelt entstehe.[11] Während Entwicklungsländer bis zu einem gewissen Level weiter wachsen dürften, müssten Industriestaaten ihre Volkswirtschaften deshalb Jahr für Jahr verkleinern. Dadurch, so Hickel, würde nicht nur das Problem des Klimawandels gelöst, sondern auch das der ungerechten Verteilung des Wohlstands zwischen «Nord» und «Süd»: «Wir leben auf einem Planeten des Überflusses, und wir können alle gemeinsam auf ihm gedeihen, aber [...] wir müssen ihn gerechter teilen.»[12]

Das Problem ist, dass Hickel und seine Mitstreiter keine konkrete Vorstellung davon haben, wie diese Vision umgesetzt werden soll. Obwohl Wachstumskritiker stets behaupten, dass Konsum nicht glücklich mache und dass westliche Lebensstandards auch bei massiv reduzierter Wirtschaftsleistung aufrechterhalten werden könnten, ist offensichtlich, dass es für einen systematischen Rückbau des Wohlstands in westlichen Gesellschaften keine Zustimmung gibt. In der Praxis würde die Umsetzung deshalb eine Art «Öko-Diktatur» erfordern, in der viele Menschen zu einer radikalen Veränderung ihrer Lebensweise gezwungen würden.[13] Selbst in Ländern wie China, denen Hickel ein gewisses Maß an Wachstum zugesteht, würde eine Begrenzung der Wirtschaftsleistung auf Widerstand stoßen – nicht zuletzt, weil die Legitimität der dortigen Regierung auf dem Wohlstandsversprechen beruht. Anders ausgedrückt: Große Teile der Welt stecken bereits zu tief in der liberal-modernen «Wachstumsfalle», um den von Hickel geforderten Systemwechsel zu akzeptieren.

Eine zweite Denkschule setzt nicht auf ein Ende des Wachstums, sondern auf seine Beschleunigung. Besonders im techno-optimistischen Amerika ist oft zu hören, dass sich der Klimawandel nur durch «Innovation» in den Griff bekommen lasse und dass kein System besser dazu geeignet sei, entsprechende Technologien zu entwickeln, als der Kapitalismus. Die Wachstumskritikerin Maja Göpel beschreibt den Ansatz sarkastisch als «so weitermachen wie bisher, nur krasser».[14] Und tatsächlich: Mithilfe von Milliarden an Risikokapital und staatlichen Anreizen ist innerhalb kurzer Zeit ein boomender Wirtschaftszweig entstanden, der nach technologischen Lösungen für den Klimawandel sucht. Viele konzentrieren sich dabei auf erneuerbare Energien, Batterien und elektrische Fahrzeuge. Andere beschäftigen sich mit der Möglichkeit, Kohlendioxid zu speichern oder zu recyceln. Am abenteuerlichsten sind Bemühungen, das Klima mithilfe des sogenannten Geo-Engineerings auf direktem Wege zu verändern, zum Beispiel durch gigantische Spiegel, die Sonnenstrahlen zurück in die Atmosphäre reflektierten, oder künstliche Wolken, die das Abschmelzen der Polarkappen verhindern sollen.[15]

Gerade bei der Entwicklung erneuerbarer Energien und elektrischer Fahrzeuge gelangen in den letzten Jahren zahlreiche Durchbrüche. Die Kosten für Solarmodule fielen dramatisch, und Fahrzeugbatterien wurden immer leistungsfähiger.[16] Im Jahr 2020 kam bereits über 20 Prozent der in der Europäischen Union verbrauchten Energie aus erneuerbaren Quellen; knapp 10 Prozent aller neu registrierten Fahrzeuge waren elektrisch.[17] Doch in anderen Bereichen gab es kaum Fortschritte, und trotz aller Erfolge ging es bislang auch beim Ausbau der erneuerbaren Energien viel zu langsam voran, um ein globales Energiesystem, das zu 80 Prozent auf fossilen Brennstoffen basiert, innerhalb einer Generation komplett zu transformieren. Selbst optimistische Schätzungen sagen voraus, dass fossile Brennstoffe auch im Jahr 2040 noch für 60 bis 70 Prozent des globalen Energieverbrauchs verantwortlich sein werden. Und weil es in Asien immer mehr Menschen gibt, die Energie verbrauchen und Autos fahren wollen, ist es wahrscheinlich, dass Kohlendioxid-Emissionen und die Anzahl von

Fahrzeugen mit Verbrennungsmotoren weiter steigen werden.[18] Mit anderen Worten: Wenngleich schnell, verläuft die technologische Entwicklung doch nicht schnell genug, um mit dem globalen Wirtschaftswachstum und der steigenden Nachfrage nach Energie Schritt zu halten.

Ein dritter, besonders bei westlichen Regierungen populärer Ansatz sind gemischte Strategien, die staatliche Eingriffe – wie etwa strengere Umweltgesetze, die (meist relativ moderate) Bepreisung von Kohlenstoff-Emissionen oder Investitionen in «grüne» Technologie – mit marktwirtschaftlichen Instrumenten – zum Beispiel dem Handel mit Emissionszertifikaten oder neuartigen Finanz- und Anleihemechanismen – kombinieren.[19] Eine zentrale Rolle spielt hierbei die internationale Klimadiplomatie, bei der es darum geht, immer mehr Staaten zu immer konkreteren Maßnahmen zu verpflichten. Ein gutes Beispiel ist die Glasgower Klimakonferenz im November 2021, die eine ganze Reihe neuer Vereinbarungen hervorbrachte, so etwa ein Auslaufen der Kohle; das Ende der Abholzung; Klimaneutralität bis zum Jahr 2050; und eine 45-prozentige Verringerung der globalen Emissionen bis zum Jahr 2030.[20]

Ob diese Verpflichtungen jemals umgesetzt werden, steht jedoch in den Sternen – nicht zuletzt, weil es keine Strafen oder Sanktionen gibt, wenn Staaten ihre Ziele nicht einhalten. Laut einer unabhängigen Studie der Denkfabrik Climate Analytics hat bisher keiner der wichtigsten Teilnehmerstaaten von Glasgow einen realistischen Plan dafür vorgelegt, wie die Klimaneutralität bis zum Jahr 2050 zu erreichen wäre; die Reduktionsziele für das Jahr 2030 werden nach aktuellem Stand deutlich verfehlt; und von einem «Auslaufen» der Kohle kann keine Rede sein.[21] In Ländern wie China, Indien, Indonesien und Vietnam gehen sogar reihenweise neue Kohlekraftwerke ans Netz; und wo sie abgeschaltet werden, besteht die Alternative meist nicht aus erneuerbaren Energien, sondern aus Gas – einem weiteren fossilen Brennstoff.[22] Auch in Amerika, das sich nach der Abwahl von Donald Trump wieder zum Pariser Klimaziel verpflichtet hat, ließen sich bislang nur wenige der vorgeschlagenen Maßnahmen durchsetzen, da es für einschneidende Änderungen keine Mehrheit im Kongress gibt. Wie selbst John Kerry, der amerikanische Klimabeauftragte, zugab, gilt in den zwei Dutzend Ländern, die für einen Großteil der globalen Emissionen verantwortlich sind, weiterhin «business as usual».[23]

Szenario 1: Klimakonflikte

Ganz unabhängig davon, ob es gelingt, die Pariser Klimaziele zu erreichen, wird der menschengemachte Klimawandel in den nächsten Jahrzehnten einschneidende wirtschaftliche und politische Folgen haben, die selten diskutiert werden – und auf die westliche Regierungen völlig unvorbereitet sind.

Im wahrscheinlichsten Szenario wird das Klimaziel von maximal 1,5 beziehungsweise zwei Grad Erwärmung verfehlt – auch wenn noch unklar ist, um wie viel. Die unmittelbaren Konsequenzen sind weiterhin stark steigende Meeresspiegel und eine sich fortsetzende Häufung «extremer Wetterereignisse». Diese Entwicklung ist bereits im Gange und wird seit vielen Jahren dokumentiert. Laut der Weltorganisation für Meteorologie und anderen Regierungsorganisationen sind die Meeresspiegel seit dem Jahr 1880 um durchschnittlich dreiundzwanzig Zentimeter angestiegen – neun davon seit Mitte der 1990er Jahre; Hitzewellen, Stürme und Fluten haben sich nicht nur gehäuft, sondern sind länger und heftiger geworden.[24]

Kaum ein Experte bezweifelt, dass dies zu mehr Kriegen führen wird. Bereits im Jahr 2005 begannen Denkfabriken damit, den Klimawandel als Sicherheitsthema zu begreifen und warnten davor, dass Umweltfaktoren noch stärker als bisher eine Ursache von Konflikten sein würden. Besonders gefährdet seien Staaten in Afrika und Asien, die wegen Armut, interner Spannungen oder schwacher Regierungssysteme ohnehin als «fragil» galten.[25] Sowohl die UN als auch die Europäische Union beschrieben den

Klimawandel deshalb als «Bedrohungsmultiplikator», der Kriege wahrscheinlicher gemacht oder verschärft habe, auch wenn er meist nicht ihr einziger – oder direkter – Verursacher war. Der damalige UN-Generalsekretär Ban Ki-moon bezeichnete den Konflikt in der sudanesischen Region Darfur, der Anfang der 2000er Jahre mit Auseinandersetzungen um Wasser und Weiderechte begonnen hatte, dreihunderttausend Todesopfer forderte und zur Vertreibung von geschätzt drei Millionen Menschen führte, sogar als «ersten modernen Klimakrieg».[26]

Selbst Soldaten haben inzwischen damit begonnen, sich für den Klimawandel zu interessieren. Prominentes Beispiel ist der ehemalige Generalinspekteur der niederländischen Armee, Tom Middendorp, dem die Konsequenzen des Klimawandels während seiner Auslandseinsätze bewusst wurden:

> In Afghanistan haben wir die Auswirkungen des Klimas jeden Tag gespürt. Im Sommer gab es so starke Hitze, dass wir schwerere Hubschrauber einfliegen mussten, weil die leichteren nicht mehr funktionierten. Und wir hatten mit Dörfern zu tun, wo die Wurzel des Konflikts die Wasserverteilung war [...]. Ganz ähnlich war es in Somalia, wo wir die Piraterie bekämpft haben. Diese Piraten waren in Wirklichkeit Bauern oder Fischer, die ihr Geld nicht mehr verdienen konnten, weil die Erwärmung des Wassers ihren Fang vertrieben hatte. Aber wenn du verzweifelt bist, weil du deine Familie nicht mehr ernähren kannst, dann ist der Schritt in Richtung organisierte Kriminalität oder Extremismus ganz klein.[27]

Als Middendorp im Jahr 2016 zum ersten Mal öffentlich über die sicherheitspolitischen Konsequenzen des Klimawandels sprach, war dies für viele seiner Kameraden eine Überraschung:

> Klimawandel galt als «linkes» Thema, mit dem Leute aus der sicherheitspolitischen Community nichts zu tun haben wollten [...]. Doch das ist ein Fehler. Der Klimawandel ist zwar nicht *nur* ein

Sicherheitsproblem, aber er hat schwerwiegende Auswirkungen auf die Sicherheit.[28]

Auch innerhalb westlicher Gesellschaften könnte der Klima-Notstand zu Polarisierung und Konflikt führen. Eine ganze Generation junger Aktivisten begreift die menschengemachte Erderwärmung als existenzielle Bedrohung, die von älteren Generationen nicht ernst genug genommen wurde und nun das Überleben des gesamten Planeten infrage stellt. Neben Fridays for Future sind in jüngster Zeit noch radikalere Organisationen wie zum Beispiel Extinction Rebellion oder Die letzte Generation entstanden, die den Wachstumskritikern nahestehen und von westlichen Regierungen eine sofortige Kehrtwende fordern. Anhänger von Extinction Rebellion haben vielerorts bereits spektakuläre und oftmals illegale Aktionen durchgeführt, um auf ihr Anliegen aufmerksam zu machen. Und obwohl die Gruppe dem Prinzip der Gewaltfreiheit verpflichtet ist, gibt es immer wieder Äußerungen, die Zweifel daran aufkommen lassen. So erklärte eine der Gründerinnen: «Ich bin bereit, verhaftet zu werden. Ich bin bereit, eingesperrt zu werden. Und ich […] bin bereit, für diese Bewegung zu sterben.»[29] In eine ähnliche Richtung geht auch das Buch des schwedischen Humanökologen Andreas Malm, eines Vordenkers der Bewegung. Sein Titel lautet: «Wie man eine Pipeline in die Luft jagt».[30]

Szenario 2: Energiewende(n)

Doch selbst im positiveren Szenario – das heißt, wenn es irgendwie gelingen würde, die Pariser Klimaziele zu erreichen – drohen dramatische Veränderungen.[31] Nach Schätzungen der Internationalen Energiebehörde wird die Nachfrage nach Rohstoffen, die für die Batterieherstellung notwendig sind, in den nächsten zwei Jahrzehnten steil ansteigen – im Falle von Kobalt und Nickel um 2500 Prozent; bei Lithium sogar um 4300 Prozent.[32] Länder, die über solche

Rohstoffe verfügen, haben hierdurch die Chance, innerhalb kurzer Zeit sehr reich zu werden. Doch genauso wie im Nahen Osten kann Rohstoffreichtum auch ein «Fluch» sein, zu Konflikten führen und autokratische, korrupte Herrschaftsformen befördern.[33] Hinzu kommt, dass der Westen im Wettbewerb um diese Rohstoffe bereits hinter China zurückgefallen ist,[34] sodass China seinen Zugang zu bestimmten Mineralien als politisches Druckmittel einsetzen könnte.[35]

Was eine globale «Energiewende» für die Produzenten fossiler Brennstoffe bedeutet, ist nach wie vor umstritten. Selbst wenn es zu einer radikalen Umstellung auf erneuerbare Energien käme, ist davon auszugehen, dass die Nachfrage nach Öl und Gas wegen des steigenden Energieverbrauchs in Asien zumindest ein oder zwei Jahrzehnte lang relativ stabil bleiben würde und dass vergleichsweise teure Produktionsländer wie Amerika und Kanada stärker von einer Reduktion betroffen wären als beispielsweise Russland oder Saudi-Arabien.[36] Doch früher oder später würde sich die Abwendung von fossilen Brennstoffen auch dort bemerkbar machen, und Länder, deren Wohlstand fast ausschließlich auf Öl und Gas beruht, hätten plötzlich ein existenzielles Problem. Es ist deshalb kein Zufall, dass gerade Russland und Saudi-Arabien in vergangenen Jahren oftmals versucht haben, internationale Anstrengungen zum Klimaschutz zu verlangsamen oder zu blockieren.[37]

Wie politisch komplex der Ausstieg aus der fossilen Energieproduktion ist, zeigt sich nicht zuletzt im Westen. Als Obama in den frühen 2010er Jahren den Ausstieg aus der Kohle vorantrieb, war dies eine Art Kriegserklärung an traditionelle «Kohlestaaten» wie West Virginia, wo reihenweise Bergwerke schlossen und einst blühende Städte verwaisten. Viele der vormaligen Kohle-Communitys fanden ihren Heilsbringer in Donald Trump, der sich gegen Maßnahmen zum Klimaschutz sträubte und eine Rückkehr zu fossilen Brennstoffen versprach.[38] Ähnliches spielt sich aktuell in der ostdeutschen Lausitz ab, wo die Zahl der Beschäftigten im Kohleabbau seit der Wiedervereinigung auf ein Zehntel geschrumpft ist, was zu einem Exodus aus der Region führte. Der Kohleausstieg, der für das Jahr 2038 beschlossen wurde und nach dem Regierungswechsel auf das Jahr 2030 vorgezogen werden soll, wirft nicht nur Fragen über die wirtschaftliche Zukunft der Region auf, sondern hat auch zu politischer Entfremdung geführt. Wie der Soziologe Klaus Dörre erklärt: «Zu DDR-Zeiten waren wir die Helden der Nation. Jetzt sind wir die Narren oder Übeltäter der Nation und müssen uns als Nazis oder Mörder oder Verschmutzer beschimpfen lassen. Das tut weh.»[39]

Das realistischste – und gleichzeitig gefährlichste – Szenario ist weder das erste noch das zweite, sondern eine Kombination aus beiden: ein halbherziges und viel zu spätes Gegensteuern, das zu sozialen, wirtschaftlichen und politischen Verwerfungen führt, ohne dass damit das Ansteigen der Meeresspiegel und die Häufigkeit «extremer Wetterereignisse» auf ein handhabbares Maß reduziert werden. In gewissem Sinne hätte sich die liberale Moderne in diesem Fall selbst besiegt: stark genug, um sich die Erde untertan zu machen, aber in letzter Konsequenz zu schwach, um die hieraus entstandenen Konsequenzen zu bewältigen.

Zeitenwende? Worauf es jetzt ankommt

Kaum hatte der Krieg in der Ukraine begonnen, meldete sich Francis Fukuyama mit einer selbstbewussten Einschätzung zu Wort. Weil der russische Vormarsch langsamer vorankam als erwartet, erklärte er den Angriff und Wladimir Putins gesamte Präsidentschaft kurzerhand für gescheitert. Laut Fukuyama beruhte Putins Attraktivität auf Stärke, und sobald er diese nicht mehr demonstrieren könne, stehe sein gesamtes «Projekt» zur Disposition. Nicht nur Putin werde fallen, so Fukuyama, sondern mit ihm das gesamte Netzwerk rechter Populisten, die den russischen Präsidenten zu ihrer Leitfigur erkoren hatten. Mit seinem Angriff habe Putin genau das Gegenteil dessen erreicht, was er beabsichtigt hatte: Nach Jahren der Spaltung sei der Westen geeint, und sogar das traditionell zurückhaltende Deutschland habe sich dazu durchgerungen, dem Aggressor entgegenzutreten. Wenn auch tragisch, so stehe am Ende des Konflikts eine «Wiedergeburt der Freiheit».[1]

Was war von dieser Prognose zu halten? Wie schon nach dem Ende des Kalten Krieges («Das Ende der Geschichte?») und dem Arabischen Frühling («Kommt China als Nächstes?») hatte Fukuyama einen hochgradig komplexen Konflikt auf den Widerstreit zwischen liberaler Moderne und ihren Feinden reduziert und damit alle anderen Triebkräfte – wie etwa Nationalismus, Religion, ethnische Identität sowie das Streben nach Macht und materiellem Vorteil – ausgeblendet.[2] Die hieraus resultierenden Voraussagen waren stets optimistisch, aber fast immer falsch. Osteuropa wurde zwar demokratisch, aber die meisten Nachfolgestaaten der Sowjetunion, inklusive Russland, kehrten nach ein oder zwei freien Wahlen zu autokratischen Herrschaftsformen zurück (siehe Kapitel 13). Der Versuch, den Nahen Osten mit militärischer Gewalt zu demokratisieren, scheiterte auf ganzer Linie (siehe Kapitel 7, 8 und 11). Und der Arabische Frühling führte nicht zu mehr Demokratie, sondern zu einem Revival von Diktatoren und Dschihadisten (siehe Kapitel 10 und 12). Auch China wurde trotz Handel und Dialog nicht freier und demokratischer, sondern festigte sein autoritäres Herrschaftsmodell (siehe Kapitel 17). Und innerhalb des Westens war es zu einer Erosion demokratischer Werte und dem Aufstieg reaktionärer, antiliberaler Kräfte gekommen, die nicht selten – und nicht zufällig – mit Putins Russland sympathisierten (siehe Kapitel 14, 15 und 16). Der «Demokratieindex» des britischen Magazins *The Economist* verzeichnete im Jahr 2021 den schlechtesten Wert seit fünfzehn Jahren: Nur 6,4 Prozent der Weltbevölkerung lebten in «vollständigen Demokratien», während sich über die Hälfte – 54,3 Prozent – in Ländern befanden, die als «autoritär» oder «hybrid» klassifiziert wurden.[3]

Ganz unabhängig vom Ausgang des Krieges in der Ukraine gibt es also keinen Anlass, von einer baldigen «Wiedergeburt der Freiheit» zu träumen. Und überhaupt wäre hier Vorsicht geboten: Wie dieses Buch gezeigt hat, trugen die naiven, oftmals völlig unrealistischen Ideen westlicher Politikeliten in den letzten drei Jahrzehnten ganz erheblich dazu bei, dass die quasi-hegemoniale Stellung, die der Westen nach Ende des Kalten Krieges innehatte, Schritt für Schritt verloren ging und dass antiliberale Kräfte – sowohl innerhalb als auch außerhalb des Westens – immer stärker wurden. Die Schlussfolgerung ist, dass ein «Weiter so» unter diesen Bedingungen gefährlich, wenn nicht sogar fatal wäre. Wenn der Westen sich und seine Errungenschaften erhalten möchte, muss er sich dringend neu erfinden, und zwar als nachhaltige Moderne.

Die neue Welt(un)ordnung

Aus heutiger Sicht ist kaum mehr nachzuvollziehen, wie optimistisch westliche Eliten noch vor einer Generation die Zukunft ihres Politik- und Gesellschaftsmodells einschätzten. Fast niemand konnte sich vorstellen, dass ein System, das konsequent auf Freiheit und menschliche Selbstverwirklichung setzte, jemals unter existenziellen Druck geraten würde. Hatte der Westen nicht gerade den mächtigsten, gefährlichsten und ideologisch entschlossensten Gegner aller Zeiten – die Sowjetunion – besiegt? Verglichen damit waren alle anderen Bedrohungen unbedeutend, und es gab keinen Grund, sich ernsthaft über die Vormachtstellung des Westens zu sorgen. Noch im Jahr 1997 machte sich der heutige US-Präsident Biden über die Idee lustig, dass sich Russland vom Westen ab- und einem autokratischen China zuwenden könnte: «Viel Glück damit», so die Antwort auf die entsprechende Frage eines russischen Journalisten.[4]

Die Terroranschläge vom 11. September 2001 waren ein Weckruf, aber statt die eigenen, ideologisch begründeten Annahmen auf den Prüfstand zu stellen, verdoppelte der Westen den Eifer, mit dem er diese zu verbreiten versuchte. Amerika reagierte mit einem «Krieg gegen den Terror», der nicht nur das Problem nicht löste, sondern den Westen in einen zwanzigjährigen Konflikt im Nahen Osten hineinzog und die Glaubwürdigkeit westlicher Ideen wie Demokratie und Freiheit in der ganzen Welt infrage stellte. Hinzu kam ein Prozess der inneren Erosion, der – beginnend mit der globalen Finanzkrise – die Fragilität des westlichen Wirtschafts- und Finanzmodells offenbarte und politische Bruchlinien innerhalb westlicher Gesellschaften vertiefte. Aus Fukuyamas Sicht waren dies «Auswüchse», die nichts mit dem «guten» Liberalismus zu tun hatten, den er im Sinn hatte.[5] In Wirklichkeit aber waren diese Entwicklungen eine direkte Konsequenz des übertriebenen Glaubens an die Überlegenheit des eigenen Systems, die er mit seiner These vom «Ende der Geschichte» selbst befeuert hatte.

Bereits im Jahr 2010 war die Krise der liberalen Moderne offensichtlich, doch die westliche Reaktion bestand nicht in einem entschiedenen Gegensteuern, sondern in einer langen Phase des Zweifels und der Verunsicherung, in der besonders Amerika kein klares Verständnis mehr davon zu haben schien, was die Vormachtstellung des Westens bedeutete und wie es seine Führungsrolle ausüben sollte. Am deutlichsten wurde dies während der Volksrevolutionen des Arabischen Frühlings. Der Westen begrüßte zwar den Wunsch der arabischen Bevölkerungen nach Modernisierung und ermutigte sie in ihrem Streben nach Freiheit, aber seine Unterstützung war so inkonsequent und ängstlich, dass er die darauffolgenden Konflikte durch sein Eingreifen verschlimmerte und die Gegner der liberalen Moderne stärkte. Zu den Nutznießern gehörte nicht nur der Islamische Staat, sondern auch Wladimir Putin, der den Westen überall und auf immer dreistere Weise herausforderte. Und selbst innerhalb des Westens kam es zu einem Erosionsprozess, ganz besonders in Europa, wo mit der Währungsunion und Schengen die zwei ehrgeizigsten liberalen Einigungsprojekte nahezu scheiterten und die liberal-moderne Idee von Europa massiven Schaden nahm.

Ab Mitte der 2010er Jahre war der Backlash in vollem Gange. Die Bedrohungen für die liberale Moderne kamen dabei aus drei Richtungen. Die erste war die Bedrohung von außen, wobei hauptsächlich China zu nennen ist. Natürlich war Russland ebenfalls eine Gefahr, doch ein Land, das zwar Atomwaffen besaß, aber weniger Einwohner hatte als Bangladesch und dessen stagnierende Volkswirtschaft kleiner war als die von Spanien, konnte zwar geopolitische Unruhe stiften, aber taugte nicht als Systemkonkurrent. China war das genaue Gegenteil: bevölkerungsreichstes Land der Welt und die am stärksten wachsende Volkswirtschaft, mit einem autoritären Gesellschaftssystem, das mit brutalen Methoden für Ruhe und «Stabilität» im Innern sorgte, sowie einem Entwicklungsmodell, das dem Westen in vielen Teilen der Welt Konkurrenz machte, ohne die direkte Konfrontation mit ihm zu suchen. Wenn auch kulturell und geografisch weiter entfernt als Russland, so war es die «autoritäre Moderne» Chinas, mit der sich der Westen im 21. Jahrhundert in einem Systemwettbewerb befand – ganz besonders in Afrika und Asien, den dynamischsten und wirtschaftlich am stärksten wachsenden Kontinenten.

Die zweite Bedrohung, jene im Innern, bestand in der immer tiefer werdenden Spaltung und Polarisierung westlicher Gesellschaften. In vielen Ländern bildeten sich lautstarke Minderheiten, die vom politischen und gesellschaftlichen Wandel verunsichert waren und dem liberalen Gesellschaftsmodell aktiv entgegentraten. Der Austritt Großbritanniens aus der EU und der Wahlsieg von Donald Trump bewiesen, dass solche Minderheiten unter bestimmten Bedingungen zu Mehrheiten werden konnten und alle Annahmen darüber, was eine liberale Demokratie ausmachte, plötzlich zur Disposition standen. Hinzu kam eine aktivistische Linke, die Forderungen nach Gleichheit auf die Spitze trieb und den Radikalisierungsprozess auf der rechten Seite des politischen Spektrums mit ihrem eigenen Radikalismus weiter beförderte. Selbst die liberale *New York Times* beklagte, dass politisch Linke und Rechte in einer «destruktiven Spirale» gefangen seien, die den demokratischen Diskurs zu zerstören drohe.[6]

Kurzum: Die Fliehkräfte wurden auch innerhalb westlicher Gesellschaften immer größer, und selbst wenn diese nicht so schwach und gespalten waren wie etwa von Putin erhofft, so etablierte sich mit der «reaktionären Moderne» ein Gegenentwurf, der die liberale Moderne verwundbar machte. Es war vor allem in dieser Hinsicht, dass Russland zur Gefahr für den Westen wurde, denn nicht nur verkörperte Putin dieselben antiliberalen, ultranationalistischen Ideen wie Trump, Orbán und die rechtspopulistischen Parteien, sondern er förderte auch aktiv deren Verbreitung.

Die dritte Bedrohung ging über die politischen Verhältnisse im Inneren wie im Äußeren hinaus. Der menschengemachte Klimawandel hat zwar im westlichen Wirtschafts- und Wachstumsmodell seinen Ursprung, gefährdet aber nun den gesamten Planeten. Auch wenn dies bereits in den achtziger Jahren bekannt war, wurden die Folgen erst eine Generation später so konkret, dass sofortiges Handeln unausweichlich erschien. Doch die westlichen Staaten konnten ihre Abhängigkeit von fossilen Brennstoffen nicht schnell genug reduzieren, und die neu industrialisierten Länder in Asien wollten dies nicht. Heute besteht ohne einen überraschenden technologischen Durchbruch kaum mehr eine Aussicht darauf, dass die Pariser Klimaziele erreicht werden können, und allen Gesellschaften stehen somit dramatische soziale, wirtschaftliche und politische Veränderungen bevor. Mehr noch als die Bedrohungen im Innern und von außen ist dies eine Gefahr, die nicht nur die Vormachtstellung, sondern die Existenz des Westens infrage stellt.

Leitideen für eine nachhaltige Moderne

Die Krise des Westens ist offensichtlich. Aber was ist die Lösung? Wie bereits am Anfang des Buchs gezeigt, gab es bislang drei Denkschulen: die Antiimperialisten, die den Westen «abschaffen» wollen; die Liberalen, die an die selbstheilenden Kräfte der liberalen Moderne glauben; und die (Neo-)Realisten, die sich für eine stärker interessengeleitete Politik einsetzen. Keine dieser Antworten ist überzeugend: Die Vision der Antiimperialisten missachtet die Errungenschaften des Westens; die Liberalen tun so, als sei alles in Ordnung; und die (Neo-)Realisten wollen den Westen zu einer Abkehr von den Werten zwingen, die ihn definieren.

Dieses Buch formuliert Leitideen für einen neuen Ansatz. Statt so weiterzumachen wie bisher, muss der Westen viel zielgerichteter aus seinen Fehlern lernen; und statt sich von seinen Werten abzuwenden, muss er sie neu interpretieren. Das Ergebnis wäre eine Moderne, die ihre liberalen und pluralistischen Werte beibehält, aber in ihrer Umsetzung ehrlicher, pragmatischer und inklusiver handelt. Es wäre das Gegenteil einer sich selbst zerstörenden Moderne: Es wäre eine nachhaltige Moderne.

Ehrlichkeit ist dabei am wichtigsten. Nach Jahrzehnten des gescheiterten «Demokratie-Exports» sollten westliche Eliten endlich akzeptieren, dass nicht alle Gesellschaften so denken oder sein wollen wie der Westen. Religion, Nationalismus und ethnische Identität bestimmen die politischen Präferenzen – und das Handeln – vieler Menschen mindestens genauso stark wie das Streben nach einem liberalen Regierungssystem. Dass es dem Westen schwerfällt, diese vermeintlich archaischen Kräfte zu verstehen, hat es seinen Gegnern leichter gemacht, sie für ihre eigenen Zwecke zu mobilisieren (siehe Kapitel 13 und 17).

Ein weiterer Faktor ist, dass der Westen im Rest der Welt meist nicht als so uneigennützig gesehen wird, wie es westliche Politikeliten tun. Besonders im Nahen Osten und in Afrika wurden westliche Interventionen oftmals nicht als Wohltat, sondern als Auslöser von Chaos und sogar Unterdrückung erlebt (siehe Kapitel 8 und 11). Und selbst innerhalb Europas gibt es nach wie vor zahlreiche Ressentiments gegenüber vermeintlicher Bevormundung und einem von reicheren, liberaleren Staaten ausgehenden «Werte-Imperialismus» (siehe Kapitel 1 und 14).[7] Die Lehre daraus ist nicht, dass die Förderung westlicher Werte immer falsch oder dass der Westen ein zutiefst unmoralisches Projekt wäre, sondern dass er sein Handeln und die ideologischen Annahmen, auf denen es beruht, häufiger – und schonungsloser – hinterfragen sollte. Einfach ausgedrückt: Es wäre kein Fehler, sich öfter mal in die Schuhe der anderen zu versetzen.[8]

Zu Ehrlichkeit gehört auch, sich eigener Defizite bewusst zu werden. Die liberale Demokratie ist ein starkes und gutes System, aber sie hat auch Schwächen, wie etwa die Kurzfristigkeit demokratischer Zyklen oder die Offenheit für Manipulation von außen. Vor allem aber neigen liberale Demokratien dazu, sich selbst für den Nabel der Welt zu halten: «Ewiger Friede» ist nicht erreicht, bloß weil sich westliche Gesellschaften dies wünschen (siehe Kapitel 2);

und wirtschaftliche Globalisierung führt nicht automatisch dazu, dass alle vom Westen abhängig werden, sondern kann auch das Gegenteil zur Folge haben (siehe Kapitel 13 und 17). Am unrealistischsten ist die Erwartung, dass sich westliche Vorstellungen – und das vom Westen geprägte Regelsystem – weiterhin durchsetzen lassen, obwohl der Anteil des Westens an der Weltbevölkerung und an der Weltwirtschaft immer kleiner wird. Ein Westen, der ehrlicher mit anderen und sich selbst ist, wäre bescheidener und gleichzeitig konsequenter, weil er verstehen würde, dass liberale Werte zwar universal sind, aber durch jeweils unterschiedliche politische, historische und kulturelle Erfahrungen gefiltert werden; und dass selbst die mächtigsten Länder des Westens die universalen Versprechen von Freiheit, Gerechtigkeit und Menschenrechten nicht überall – und nicht im gleichen Maße – durchsetzen können.

Ein nachhaltiger Westen wäre außerdem pragmatischer und würde sich bei jeder Entscheidung fragen, ob die verfolgten Absichten mit den vorhandenen Mitteln tatsächlich zu erreichen sind. Auf diese Weise wäre früher klar geworden, dass das Ziel eines sicheren, stabilen und – mehr oder weniger – demokratischen Afghanistan illusorisch war (siehe Kapitel 7); oder dass der Westen den Krieg in Syrien durch sein halbherziges Engagement noch verschlimmerte (siehe Kapitel 12). Ein pragmatischerer Westen hätte verstanden, dass eine turbo-kapitalistische «Schocktherapie» die Entstehung von Demokratie in Russland nicht förderte, sondern sie behinderte (siehe Kapitel 3); oder dass sich mit überhasteten Integrationsschritten kein «europäisches Bewusstsein» erzwingen ließ (siehe Kapitel 14). Er hätte auch viel früher eine viel ernsthaftere Debatte über die zukünftige Rolle Amerikas angestoßen – also darüber, was die richtige geopolitische Balance zwischen «Hybris» und «provokanter Schwäche» ist.

Nicht zuletzt wäre eine nachhaltige Moderne auch inklusiver. Westliche Politikeliten sind oftmals so sehr von den Segnungen liberal-moderner Ideen überzeugt, dass dabei in Vergessenheit gerät, dass politische Veränderungen in der Regel nicht nur Gewinner, sondern auch Verlierer produzieren. Dies zeigte sich bei der Intervention im Irak, die aus den einst privilegierten Sunniten über Nacht eine verbitterte Minderheit machte (siehe Kapitel 8); oder in den vom wirtschaftlichen Wandel und internationalen Freihandel zurückgelassenen Teilen Westeuropas und Nordamerikas, wo stolze «Malocher» plötzlich keine Zukunft mehr hatten und die Schuld dafür bei Minderheiten und liberalen Eliten suchten (siehe Kapitel 9). Eine nachhaltige Moderne nähme auch – und gerade – die Bedürfnisse derjenigen ernst, deren wirtschaftlicher, politischer und psychologischer Verlust die Grundlage für den nächsten «Backlash» sein könnte (siehe Kapitel 15 und 16). Dies wird besonders wichtig sein, wenn in den kommenden Jahrzehnten die gesamte Weltwirtschaft nach ökologischen Prinzipien umgebaut wird – ein gigantischer Prozess, der auf allen Kontinenten Gewinner, aber auch Verlierer hervorbringen wird (siehe Kapitel 18).

Eine nachhaltige Moderne würde die liberale Moderne deshalb nicht lähmen, sondern sie langfristig effektiver machen. Der Sinn und Zweck der liberalen Moderne – ihre Raison d'Être – sollte dabei niemals aus dem Blick geraten: die Förderung von Menschenrechten, Freiheit und Wohlstand, also jener Errungenschaften, die den Westen zum besten und erfolgreichsten Gesellschaftssystem in der Menschheitsgeschichte haben werden lassen. Auch eine ehrlichere, pragmatischere und inklusivere Moderne darf deshalb keine faulen Kompromisse mit ihren Feinden eingehen – egal, ob sie islamistisch, reaktionär oder autoritär sind. Wer das pluralistische Gesellschaftsmodell ablehnt, es bekämpft oder ein Gegenmodell zu ihm propagiert, kann kein permanenter Partner sein. Wer sich aber in Richtung Pluralismus bewegt, die eigene Gesellschaft öffnet und bereit ist, andere politische und gesellschaftliche Ideen zu tolerieren, sollte vom Westen mit offenen Armen willkommen geheißen werden. Nicht zuletzt würde es dadurch leichter, gemeinsame Interessen zu identifizieren und robuste Allianzen zu schmieden.

Kein Zweifel: Der Westen hat seit dem Ende des Kalten Krieges viel Kapital verspielt. Seine Ideen aber sind nach wie vor die richtigen und können auch im 21. Jahrhundert die weltweit attraktivste Ideologie sein – solange der Westen sie konsequent, glaubwürdig und auf nachhaltige Weise vertritt.

ANHANG

Anmerkungen

Einleitung

1 Siehe Volker Steenblock, *Geschichte der Philosophie*, Stuttgart 2019, S. 168–222; Franz J. Bauer, *Das ‹lange› 19. Jahrhundert*, Stuttgart 2010, S. 33–50.

2 Niall Ferguson, *Civilization. The West and the Rest*, London 2011, S. 1 ff. (dt. *Der Westen und der Rest der Welt. Die Geschichte vom Wettstreit der Kulturen*, Berlin 2011).

3 Siehe Jamal A. Nassar, *Globalization and Terrorism. The Migration of Dreams and Nightmares*, London 2009.

4 Siehe Zygmunt Bauman, *Liquid Modernity*, Cambridge 2000 (dt. *Flüchtige Moderne*, Frankfurt am Main 2003); ders., *Modernity and Ambivalence*, Cambridge 1993 (dt. *Moderne und Ambivalenz*, Hamburg 2005).

5 René Guénon, *The Crisis of the Modern World*, Hillsdale, NY 2001.

6 Siehe Daniel Deudney und G. John Ikenberry, «The Logic of the West», *World Policy Journal* 10(4) (1993), S. 17–25; Gunther Hellmann und Benjamin Hellborth (Hg.), *Uses of the West. Security and the Politics of Order*, Cambridge 2017; William H. McNeill, «What we mean by the West», *Orbis*, Herbst 1997, S. 513–524.

7 Siehe z. B. Noam Chomsky, *Wer beherrscht die Welt? Die globalen Verwerfungen der amerikanischen Politik*, Berlin 2017; Michael Lüders, *Wer den Wind sät. Was westliche Politik im Orient anrichtet*, München 2018.

8 Michael Lüders, *Die scheinheilige Supermacht. Warum wir aus dem Schatten der USA heraustreten müssen*, München 2021, S. 10.

9 Siehe Ferguson, *Civilization*; Heinrich August Winkler, *Geschichte des Westens. Die Zeit der Gegenwart*, München 2016.

10 Winkler, *Geschichte des Westens*, S. 610.

11 Siehe Carlo Masala, *Weltunordnung. Die globalen Krisen und das Versagen des Westens*, München 2018; John Mearsheimer, *The Tragedy of Great Power Politics*, New York 2014.

12 Masala, *Weltunordnung*, S. 154.
13 Dies sind die drei bevölkerungsreichsten westeuropäischen Staaten. Vor allem aber entspricht die Auswahl den linguistischen Fähigkeiten des Autors.

1. Die neue Weltordnung

1 Zitiert nach «September 11, 1990. Address Before a Joint Session of Congress», *UVA Miller Center*; https://millercenter.org/the-presidency/presidential-speeches/september-11-1990-address-joint-session-congress.
2 Don Oberdorfer, «Bush's Talk of a ‹New World Order›. Foreign Policy Tool or Mere Slogan?», *Washington Post*, 26. Mai 1991.
3 George Bush und Brent Scowcroft, *A World Transformed*, New York 1998.
4 Zitiert nach Oberdorfer, «Bush's Talk».
5 Vgl. Alisdair Spark, «Conjuring order. The new world order and conspiracy theories of globalization», *The Sociological Review* 48(2) (2000), S. 48 f.
6 Interview mit Klaus Naumann, Mai 2021.
7 Francis Fukuyama, «The End of History?», *The National Interest*, Sommer 1989, S. 3–18.
8 Ebd., S. 18.
9 James Atlas, «What Is Fukuyama Saying? And to Whom Is He Saying It?», *New York Times*, 22. Oktober 1989.
10 Henry R. Nau, «Why ‹The Rise and Fall of the Great Powers› was wrong», *Review of International Studies* 27(4) (2001), S. 590.
11 Vgl. Jeane J. Kirkpatrick, «A Normal Country in a Normal Time», *The National Interest*, Herbst 1991, S. 40–44.
12 Siehe Kenneth Waltz, «The Emerging Structure of International Politics», *International Security* 18(2) (1993), S. 44–79.
13 Joseph S. Nye, «What New World Order?», *Foreign Affairs*, Frühling 1992, S. 83–96.
14 Siehe Charles Krauthammer, «The Unipolar Moment», *Foreign Affairs*, Winter 1990, S. 23–33.
15 William Kristol und Robert Kagan, «Toward a Neo-Reaganite Foreign Policy», *Foreign Affairs*, Sommer 1996, S. 18–32.
16 Martin Seymour Lipset, «Some Social Requisites of Democracy. Economic Development and Political Legitimacy», *American Political Science Review* 53(1) (1959), S. 69–105.
17 Siehe Ronald Inglehart und Christian Welzel, «How Development Leads

to Democracy. What We Know about Modernization», *Foreign Affairs*, Frühling 2009, S. 33–48.

18 Siehe Samuel P. Huntington, *Political Order in Changing Societies*, New Haven, CO 1968.

19 Den Ausdruck «kreative Zerstörung» lieh sich Friedman von dem österreichischen Wirtschaftswissenschaftler Joseph Schumpeter. Siehe Thomas L. Friedman, *The Lexus and the Olive Tree*, New York 2000, S. 11 f.

20 Ebd., S. 69 f.

21 Ebd., S. 105, 169–193.

22 Zitiert nach Paul E. Peterson, «Is America Still the Hope of the Earth?», in Thomas W. Gilligan (Hg.), *American Exceptionalism in a New Era*, Stanford 2017, S. 10.

23 «A National Security Strategy of Engagement and Enlargement», *The White House*, Juli 1994, S. 6.

24 Madeleine Albright, *Madam Secretary. A Memoir*, New York 2003, S. 504 (dt. *Madam Secretary. Die Autobiographie*, München 2004).

25 Interview mit Ted Piccone, Februar 2021.

26 Ebd.

27 Zitiert nach Albright, *Madame Secretary*, S. 449.

28 Zitiert nach ebd., S. 449 f.

29 Interview mit Hansjörg Geiger, Februar 2021.

30 Interview mit Wolfgang Ischinger, Februar 2021.

31 Polen, Tschechien, die Slowakei, Ungarn, Slowenien, Litauen, Lettland und Estland wurden im Jahr 2004 Mitglieder der EU. Rumänien und Bulgarien traten im Jahr 2007 bei.

32 Zitiert nach «Erklärung der Bundesregierung – Aktuelle Fragen der Europapolitik», *Bundesregierung*, 11. Dezember 1995.

33 Siehe Michael Dauderstädt, «EU-Osterweiterung. Wirkungen, Erwartungen und Interessen in den Beitrittsländern», *Integration* 21(3) (1998), S. 149–167.

34 Carmen González Enriquez, «EU enlargement as seen from Eastern Europe. Expectations, experiences, disappointments, and Euro-enthusiasm», *Real Instituto Elcano*, Working Paper 15–2002, Dezember 2002.

35 Interview mit Bernd Mützelburg, Februar 2021.

36 Enriquez, «EU enlargement».

37 Interview mit Bernd Mützelburg, Februar 2021.

2. Ewiger Friede

1 Siehe Colin McInnes, «Labour's Strategic Defence Review», *International Affairs* 74(4) (1998), S. 823–845.
2 Theo Farrell, *Unwinnable. Britain's War in Afghanistan, 2001–2014*, London 2017, S. 120.
3 Siehe «Strategic Defence Review», *Ministry of Defence*, Juli 1998, Kapitel 2; https://web.archive.org/web/20060201093228/http://www.mod.uk/issues/sdr/wp_contents.htm.
4 Jack S. Levy, «Domestic Politics and War», *The Journal of Interdisciplinary History* 18(4) (1988), S. 662.
5 Immanuel Kant, *Zum ewigen Frieden. Ein philosophischer Entwurf*, Köln 2018, S. 14.
6 Montesquieu, zitiert nach Friedman, *The Lexus*, S. 249.
7 Zwischen 1987 und 1997 wurden in wissenschaftlichen Fachzeitschriften mindestens hundert Artikel zu diesem Thema veröffentlicht. Siehe William Thompson und Richard Tucker, «A Tale of Two Democratic Peace Critiques», *Journal of Conflict Resolution* 19(3) (1997), S. 51.
8 Siehe Dean V. Babst, «Elective Governments. A Force for Peace», *The Wisconsin Sociologist* 3(9) (1964), S. 1–14.
9 Zeev Maoz und Bruce Russett, «Normative and Structural Causes of Democratic Peace, 1946–86», *American Political Science Review* 92(1) (1998), S. 625.
10 Michael W. Doyle, «Kant, Liberal Legacies, and Foreign Affairs, Part 1», *Philosophy and Public Affairs* 12(3) (1983), S. 205–235.
11 Christopher Layne, «Kant or Cant. The Myth of the Democratic Peace», *International Security* 19(2) (1994), S. 5–49.
12 Edward Mansfield und Jack Snyder, «Democratization and War», *Foreign Affairs*, Sommer 1995, S. 80.
13 John M. Owen, «How Liberalism Produces Democratic Peace», *International Security* 19(2) (1994), S. 87–125.
14 Friedman, *The Lexus*, Kapitel 12.
15 Zitiert nach «Address before a Joint Session of the Congress on the State of the Union», *The White House*, 25. Januar 1994.
16 Samuel P. Huntington, *Kampf der Kulturen. Die Neugestaltung der Welt im 21. Jahrhundert*, München und Wien 1996, S. 524.
17 Samuel P. Huntington, «A Clash of Civilizations?», *Foreign Affairs*, Sommer 1993.
18 Siehe «Noam Chomsky on the Clash of Civlizations», *YouTube*, 2. März 2007; https://www.youtube.com/watch?v=qT64TNh059I.

19 Joschka Fischer, *Die Rückkehr der Geschichte. Die Welt nach dem 11. September und die Erneuerung des Westens*, Köln 2005, S. 20.
20 Robert Kaplan, «The Coming Anarchy», *The Atlantic*, Februar 1994.
21 Interview mit Robert Kaplan, Februar 2021.
22 Siehe Gareth Evans, «The Evolution of the Responsibility to Protect. From Concept and Principle to Actionable Norm», in Rameh Thakur und William Maley (Hg.), *Theorising the Responsibility to Protect*, Cambridge 2015, S. 16–37.
23 Farrell, *Unwinnable*, S. 118.
24 Siehe Jürgen Habermas, *Der gespaltene Westen*, Frankfurt am Main 2004, S. 86.
25 Siehe Mark Bowden, *Black Hawk Down. A Story of Modern War*, New York 1999.
26 Zitiert nach Bruce Hoffman, «Rethinking Terrorism and Counterterrorism Since 9/11», *Studies in Conflict and Terrorism* 25(5) (2002), S. 310 f.
27 Bill Clinton, *My Life*, London 2004, S. 593.
28 Albright, *Madam Secretary*, S. 152.
29 Lawrence Freedman, «Force and the international community. Tony Blair's Chicago speech and the criteria for intervention», *International Relations* 31(2) (2017), S. 107–124.
30 Interview mit Lawrence Freedman, February 2021.
31 Habermas, *Der gespaltene Westen*, S. 27.
32 Fukuyama, «The End», S. 18; Friedman, *The Lexus*, Kapitel 15 und 16.
33 Benjamin Barber, *Jihad vs. McWorld*, New York, S. 157 (dt. *Coca Cola und Heiliger Krieg. Wie Kapitalismus und Fundamentalismus die Demokratie abschaffen*, Bern 1996).
34 Interview mit Boris Ruge, Februar 2021.
35 Interview mit James Gow, März 2021.
36 Albright, *Madam Secretary*, S. 414; vgl. Clinton, *My Life*, S. 509.
37 Albright, *Madam Secretary*, S. 404.
38 Hobart Rowen, «Making the ‹Peace Dividend› a Reality», *Washington Post*, 3. Oktober 1991.
39 In Italien und Griechenland zum Beispiel blieben die Verteidigungsetats mehr oder weniger konstant. Siehe Todd Sandler und Justin George, «Military Expenditure Trends for 1960–2014 and What They Reveal», *Global Policy* 7(2) (2016), S. 174–184.
40 Interview mit Hansjörg Geiger, Februar 2021.
41 Kristol, «Toward a Neo-Reaganite Foreign Policy», S. 24.

3. Keine Angst vor Russland und China

1 Zitiert nach Strobe Talbott, *The Russia Hand. A Memoir of Presidential Diplomacy*, New York 2002, S. 7 f.

2 Condoleezza Rice, «Promoting the National Interest», *Foreign Affairs*, Januar 2000.

3 Zitiert nach «Conversations with History. Yegor Gaydar», *University of California Television*, 1996; https://www.youtube.com/watch?v=fa_Yf52GCYk.

4 Andrei Shleifer und Daniel Treisman, *Without a Map. Political Tactics and Economic Reform in Russia*, Cambridge 2000, S. VII.

5 David Lipton und Jeffrey D. Sachs, «Prospects for Russia's Economic Reform», *Brookings Institution*, 1992, S. 213.

6 Ebd., S. 266–280.

7 Paul Klebnikov, *Godfather of the Kremlin. The Decline of Russia in the Age of Gangster Capitalism*, Orlando 2000, S. 80.

8 Celestine Bohlen, «Yeltsin Outlines Sale of Industry», *New York Times*, 20. August 1992.

9 Interview mit Mark Galeotti, März 2021.

10 Gazprom zum Beispiel erzielte bei seiner Versteigerung gerade mal 250 Millionen Dollar, obwohl allein die Gasvorkommen, die sich in seinem Besitz befanden, auf zwischen 300 und 700 Milliarden Dollar geschätzt wurden. Siehe Klebnikov, *Godfather of the Kremlin*, S. 135.

11 Einer ihrer berüchtigtsten Vertreter, Boris Beresowski, wurde sogar zum Nationalen Sicherheitsberater. Siehe Klebnikov, *Godfather of the Kremlin*, S. 257–264.

12 Ebd., S. 103–109.

13 Michael Mandelbaum, *The Dawn of Peace in Europe*, New York 1996, S. 143.

14 Klebnikov, *Godfather of the Kremlin*, S. 106 f.

15 Interview mit Mike Hurley, Februar 2021.

16 Federico Varese, *The Russian Mafia. Private Protection in a New Market Economy*, Oxford 2001, S. 56.

17 Interview mit John Scarlett, Februar 2021.

18 Interview mit Mark Galeotti, Februar 2021.

19 Siehe Strobe Talbott, *The Russia Hand. A Memoir of Presidential Diplomacy*, New York 2002.

20 Clinton, *My Life*, S. 571.

21 Ebd., S. 502.

22 Interview mit Moritz Rudolf, Februar 2021.

23 Zitiert nach James Baker, *The Politics of Diplomacy. Revolution, War and Peace, 1989–1992*, New York 1995, S. 591.

24 Siehe G. John Ikenberry, «Why Export Democracy?», *The Wilson Quarterly*, Frühjahr 1999.
25 G. John Ikenberry, «New Grand Strategy Uses Lofty and Material Desires», *Los Angeles Times*, 12. Juli 1998.
26 Friedman, *The Lexus*, S. 184–189.
27 Interview mit Jeffrey Bader, März 2021.
28 Die «asiatischen Tiger» waren viel kleiner als China und allesamt militärische Verbündete Amerikas. Die amerikanischen Regierungen hatten auf sie signifikanten Einfluss. Siehe James Mann, *The China Fantasy*, London 2007, S. 12 f.
29 Zitiert nach «Remarks at the Yale University Commencement Ceremony», *Public Papers of the Presidents of the United States. George H. W. Bush*, 27. Mai 1991.
30 Zitiert nach «President Clinton's Remarks on the Passage of the China Trade Bill», *Associated Press*, 25. Mai 2000.
31 Rice, «Promoting the National Interest», S. 55.
32 Ebd.
33 Friedman, *The Lexus*, S. 184–189, 260.
34 Siehe Gordon G. Chang, «The Coming Collapse of China», *New York Times*, 9. September 2001. Vgl. Gordon C. Chang, *The Coming Collapse of China*, New York 2001.
35 Zitiert nach «Clinton's Words on China. Trade Is the Smart Thing», *New York Times*, 9. März 2000. Siehe auch «Remarks by the President in Address on China and the National Interest», *The White House*, 24. Oktober 1997.
36 Siehe Evgeny Morozov, *The Net Delusion. How not to Liberate the World*, London 2011, S. 13, 25.
37 Siehe Jonathan Zittrain und Benjamin Edelman, «Internet Filtering in China», *Harvard Law School*, Research Paper No. 62, März/April 2003; Elizabeth C. Economy, *The Third Revolution. Xi Jinping and the New Chinese State*, Oxford 2018, S. 60–65.
38 Siehe James Fallows, *Looking at the Sun. The Rise of the New East Asian Economic and Political System*, New York 1994, S. 405 f.
39 Interview mit Kerry Brown, Februar 2021.
40 Ebd.
41 Interview mit Jeffrey Bader, März 2021.
42 Ebd.
43 Interview mit Moritz Rudolf, Februar 2021.

4. Techno-Optimismus

1 Robert Anderson u. a., *Universal Access to Email. Feasibility and Societal Implications*, Santa Monica, CA 1995, S. III.
2 John Gray, *Al Qaeda and What It Means to Be Modern*, London 2003, S. 27 (dt. *Die Geburt al-Qaidas aus dem Geist der Moderne*, München 2004).
3 Benjamin R. Barber, «Three Scenarios for the Future of Technology and Strong Democracy», *Political Science Quarterly*, 113(4) (1998), S. 573–589.
4 Gray, *Al Qaeda*, S. 42.
5 Cory Doctorow, «Techno-Optimism», *Locus Mag*, 2. Mai 2011; https://locusmag.com/2011/05/cory-doctorow-techno-optimism/.
6 Siehe Howard P. Segal, *Technological Utopianism in American Culture*, Syracuse, NY 2005, S. 173.
7 Ebd.
8 Siehe Howard Rheingold, *The Virtual Community. Homesteading on the Electronic Frontier*, New York 1993, Kapitel 3.
9 Siehe Dale Carrico, «Technoprogressivism beyond Technophilia and Technophobia», *Amor Mundi*, 30. Juni 2005; https://amormundi.blogspot.com/2005/06/technoprogressivism-beyond.html.
10 Siehe Paulina Borsook, «Cyber Selfish», *Prospect Magazine*, November 1996.
11 Siehe Larissa MacFarquhar, «The Gilder Effect», *The New Yorker*, Mai 2000.
12 Richard Barbrook, «The Californian Ideology», *Science as Culture*, Januar 1996.
13 Zitiert nach John Schwartz, «Court Upholds Free Speech on Internet, Blocks Decency Laws», *Washington Post*, 13. Juni 1996.
14 Jerry Berman und Daniel J. Weitzner, «Technology and Democracy», *Social Research* 64(3) (1997), S. 1313–1319. Siehe auch Ralf Lindner, «Wie verändert das Internet die Demokratie?», *Gesellschaft, Wirtschaft, Politik* 4(2012), S. 517–525.
15 Rheingold, *The Virtual Community*, S. 14.
16 Ebd., S. 26.
17 Zitiert nach Anderson, *Universal Access*, S. 131. Eine größer angelegte Studie aus dem Jahr 1997 kam zum selben Ergebnis: «Das Internet schafft nicht eine Nation von Fremden, sondern eine, die reicher an Freundschaften und sozialen Beziehungen ist.» Siehe James Katz und Philip Asden, «A Nation of Strangers?», *Communications of the ACM*, December 1997.
18 Barber, «Three Scenarios», S. 582–584.

19 Jeffrey M. Ayres, «From the Streets to the Internet. The Cyber-Diffusion of Contention», *The Annals of the American Academy of Political Science*, November 1999, S. 132–143.
20 Siehe Matthew Eagleton-Pierce, «The Internet and Seattle WTO Protests», *Peace Review* 13(3) (2001), S. 331–337.
21 John Arquilla und David Ronfeldt, *The Emergence of Noopolitik. Toward an American Information Strategy*, Santa Monica, CA 1999.
22 Joseph S. Nye, *Soft Power. The Means to Success in World Politics*, New York 2004, S. 91.
23 Ebd., S. 92 f.
24 Lawrence K. Grossman, *The Electronic Republic. Reshaping American Democracy for the Information Age*, New York 1996, S. 3.
25 Richard Wiggins, «Al Gore and the Creation of the Internet», *First Monday* 5(10) (2000); https://firstmonday.org/ojs/index.php/fm/article/download/799/708/.
26 Robert Kahn und Vinton Cerf, «Al Gore and the Internet», *The Register*, 2. Oktober 2000; https://www.theregister.com/2000/10/02/net_builders_kahn_cerf_recognise/.
27 «Inauguration of the First World Telecommunication Development Conference. Remarks prepared for delivery by Mr. Al Gore, U.S. Vice President», *International Communication Union*, 21. März 1994.
28 Siehe «Leader's Speech, Brighton 1995», *British Political Speeches*; http://www.britishpoliticalspeech.org/speech-archive.htm?speech=201.
29 Zitiert nach «Tony Blair's Full Speech», *The Guardian*, 7. März 2000.
30 Plenarprotokoll des Deutschen Bundestages 13/170, 28. April 1997.
31 Plenarprotokoll des Deutschen Bundestages 13/95, 14. März 1996.
32 Abel Reiberg, *Netzpolitik. Genese eines Politikfelds*, Baden-Baden 2018, S. 105.

5. Der neue Terrorismus

1 Friedman, *The Lexus*, S. 402.
2 Jytte Klausen, *Western Jihadism. A Thirty-Year History*, Oxford 2021, S. 74–104.
3 Ebd.
4 Natürlich gab es entsprechende Vorwürfe umgekehrt auch gegen Amerika und westliche Staaten.
5 Claire Sterling, *The Terror Network. The Secret War of International Terrorism*, New York 1981.

6 Interview mit Mark Stout, März 2021.

7 Auch hier gab es technische Probleme, und am Ende kamen «nur» dreizehn Menschen ums Leben.

8 Siehe Walter Laqueur, *The New Terrorism. Fanaticism and the Arms of Mass Destruction*, Oxford 1999.

9 Siehe Brian Michael Jenkins, «The New Age of Terrorism», in David G. Kamien (Hg.), *The McGraw-Hill Homeland Security Handbook*, Boston 2006, S. 118.

10 Siehe Peter R. Neumann, *Old and New Terrorism*, Cambridge 2008.

11 Vgl. Walter Laqueur, *No End to War. Terrorism in the Twenty-First Century*, London 2004, S. 9.

12 Fukuyama, «The End», S. 18.

13 Siehe John Arquilla, David Ronfeldt und Michele Zanini (Hg.), *Countering the New Terrorism*, Santa Monica, CA 1999; Peter L. Bergen, *Holy War Inc. Inside the Secret World of Osama bin Laden*, London 2001; Simon Reeve, *The New Jackals. Ramzi Yousef, Osama bin Laden and the Future of Terrorism*, Boston 1999.

14 Gilles Kepel, *Jihad. Expansion et déclin de l'islamisme*, Paris 2000; Olivier Roy, *The Failure of Political Islam*, Cambridge, MA 1996.

15 Interview mit Guido Steinberg, April 2021.

16 Siehe Charles Krauthammer, «The Unipolar Moment», *Foreign Affairs*, Winter 1990; Charles Krauthammer, «The Unipolar Moment Revisited», *The National Interest*, Winter 2002.

17 Stephen M. Walt, «Building Up New Bogeymen», *Foreign Policy*, Frühling 1997, S. 176–189.

18 Patrick E. Tyler, «Pentagon Imagines New Enemies to Fight in Post-Cold War Era», *New York Times*, 17. Februar 1992.

19 Thomas Barfield, *Afghanistan. A Cultural and Political History*, Princeton 2010, S. IX.

20 Siehe «Conversations with History. Michael Scheuer», *University of California Television*, 2008; https://www.youtube.com/watch?v=gxdb5nnRMrU.

21 Farrell, *Unwinnable*, S. 31 f.

22 Interview mit Mike Hurley, Februar 2021.

23 Interview mit David Omand, Februar 2021.

24 Interview mit Gerhard Conrad, Februar 2021.

25 Ebd.

26 Ebd.

27 Interview mit Ali Soufan, Februar 2021.

28 Clinton, *My Life*, S. 925.

29 Daniel P. Bolger, *Why We Lost. A General's Inside Account of the Iraq and Afghanistan Wars*, New York 2014, S. 23.
30 Interview mit Ali Soufan, Februar 2021.
31 *U.S. Foreign Policy Agenda* 6(1) (2001), S. 5–18.
32 Richard A. Clarke, *Against All Enemies. Inside America's War on Terror*, London 2004, S. 226.
33 Larry C. Johnson, «The Declining Terrorist Threat», *New York Times*, 10. Juli 2001.

6. Weckruf 9/11

1 Paul Auster, «Jetzt beginnt das 21. Jahrhundert», in *Dienstag, 11. September 2001*, Reinbek bei Hamburg 2001, S. 13.
2 Fast zeitgleich steuerten Terroristen ein weiteres Flugzeug in das amerikanische Verteidigungsministerium. Ein viertes Flugzeug, dessen Ziel wahrscheinlich das Kapitol oder das Weiße Haus war, wurde von Passagieren über einem Feld in Pennsylvania zum Absturz gebracht. Insgesamt starben bei den Anschlägen knapp dreitausend Menschen.
3 Bernard Lewis, «The Revolt of Islam», *The New Yorker*, 19. November 2001.
4 Die USA hielten damals Flugverbotszonen über dem Irak aufrecht, die vom UN-Sicherheitsrat mandatiert wurden. Ende 1998 führten die USA und Großbritannien Luftschläge durch, um den Irak zur Einhaltung der gegen ihn verhängten Sanktionen zu bringen.
5 Susan Sontag, «Feige waren die Mörder nicht», in *Dienstag, 11. September 2001*, S. 34.
6 Ralph Giordano, «Wie gut, dass es Amerika gibt!», in *Dienstag, 11. September 2001*, S. 144.
7 Michael Ehrke, «11. September 2001. Anschläge auf welche Zivilisation?», *Internationale Politik und Gesellschaft*, Januar 2002, S. 16 f.
8 Jean-Marie Colombani, «Nous sommes tous Américains», *Le Monde*, 13. September 2001.
9 Zitiert nach «Full Text of President Bush's Address to a Joint Session of Congress and the Nation», *The White House*, 20. September 2001.
10 Zitiert nach «Foreign Policy», *National Interest*, November 2001.
11 Zitiert nach Farrell, *Unwinnable*, S. 47.
12 Laut Raymond Kelly, siehe Michael Chandler und Rohan Gunaratna, *Countering Terrorism. Can We Meet the Threat of Global Violence*, London 2008.

13 Rohan Gunaratna, *Inside al-Qaeda. Global Network of Terror*, London 2002, S. 172.

14 Harvey Kushner, *Holy War on the Home Front. The Secret Islamic Terror Network in the United States*, New York 2004.

15 Paul L. Williams, *Al Qaeda. Brotherhood of Terror*, Boston 2002, S. 172.

16 Paul L. Williams, *Dunces of Doomsday. 10 Blunders that Gave Rise to Radical Islam, Terrorist Regimes, and an American Hiroshima*, Washington, D.C. 2008, Kapitel 6.

17 Interview mit Jonathan Evans, April 2021.

18 Interview mit Michael Hurley, April 2021.

19 Interview mit David Frum, April 2021.

20 Interview mit Peter Bergen, Mai 2021.

21 Siehe «Wolfwitz Interview with Vanity Fair's Tannenhaus», *US Department of Defense*, 30. Mai 2003.

22 Zitiert nach Ivo Daalder und James Lindsay, *America Unbound. The Bush Revolution in Foreign Policy*, Hoboken, NJ 2003, S. 82.

23 Zitiert nach Steve Coll, *Directorate S. The C.I.A. and America's Secret Wars in Afghanistan and Pakistan, 2001–2016*, New York 2018, S. 175.

24 «Naher Osten» meint in diesem Zusammenhang die zweiundzwanzig Staaten, die von den Vereinten Nationen als «arabische Region» definiert werden.

25 Gary Schmitt, «A Case of Continuity», *National Interest*, Herbst 2002.

26 Die Berichte finden sich auf der Webseite des *Arab Human Development Report*: https://arab-hdr.org/.

27 «Arab Human Development Report 2002. Creating Opportunities for Future Generations», *United Nations Development Programme*, August 2002; https://arab-hdr.org/report/opportunities-2002/.

28 Michael Mandelbaum, «The Inadequacy of American Power», *Foreign Affairs*, September 2002.

29 Robert I. Rotberg, «Failed States in a World of Terror», *Foreign Affairs*, Juli 2002.

30 Fouad Ajami, «Iraq and the Arabs› Future», *Foreign Affairs*, Januar 2003. Eine ähnliche Position vertrat der liberale Professor Charles Kupchan; siehe Charles A. Kupchan, «Misreading September 11th», *The National Interest*, Herbst 2002.

31 Michael Scott Doran, «Somebody Else's Civil War», *Foreign Affairs*, Januar 2002.

32 Fischer, *Die Rückkehr der Geschichte*, S. 20.

33 Ebd., S. 227.

34 Ebd.

35 Ebd., S. 209.
36 Ebd., S. 20.
37 Ebd., S. 224.
38 Zitiert nach «Defense Policy», *National Interest*, November 2001.
39 Zitiert nach «Full Text. Bush's Speech», *The Guardian*, 18. März 2003.

7. Der gute Krieg

1 Farrell, *Unwinnable*, S. 48.
2 Coll, *Directorate S*, S. 134.
3 Bush, zitiert nach Daalder/Lindsay, *America Unbound*, S. 103 f.
4 Ebd., S. 103.
5 Josef Joffe, «Of Hubs, Spokes and Public Goods», *The National Interest*, Herbst 2002.
6 Interview mit Michael Hurley, April 2021.
7 Farrell, *Unwinnable*, S. 104; siehe auch Coll, *Directorate S*, S. 127.
8 Bolger, *Why We Lost*, S. 94.
9 Ebd., S. 95.
10 Dov S. Zakheim, *A Vulcan's Tale. How the Bush Administration Mismanaged the Reconstruction of Afghanistan*, Washington D.C. 2011, S. 168–170.
11 Zitiert nach Egbert Jahn, «Die ‹Verteidigung Deutschlands am Hindukusch›. Die deutsche Rolle in Afghanistan», in Egbert Jahn (Hg.), *Politische Streitfragen. Deutsche Innen- und Außenpolitik*, Berlin 2012, S. 178.
12 Plenarprotokoll des Deutschen Bundestages 14/186, 12. September 2001.
13 Interview mit Christoph Heusgen, April 2021.
14 Interview mit Ulrich Schneckener, April 2021.
15 Dies war umstritten, denn wie beispielsweise Abgeordnete der Linken betonten, beruhte die «Trennung» lediglich auf einem Versprechen des britischen Außenministers und war in keinem Vertrag geregelt. Wenn es zum Konflikt kam, hatten die Amerikaner das letzte Wort. Siehe Plenarprotokoll des Deutschen Bundestages 14/210, 22. Dezember 2001.
16 Außenminister Fischer, zitiert nach ebd.
17 Ebd.
18 Interview mit Theo Farrell, April 2021.
19 Ebd.
20 Plenarprotokoll des Deutschen Bundestages 14/210, 22. Dezember 2001.
21 Fischer, *Die Rückkehr der Geschichte*, S. 211.

22 Zitiert nach Julian Borger, «Why we went into Helmand», *The Guardian*, 23. April 2012.
23 Ben Anderson, *No Worse Enemy. The Inside Story of the Chaotic Struggle for Afghanistan*, Oxford 2011, S. XIX.
24 Interview mit Theo Farrell, April 2021.
25 Thomas Barfield, *Afghanistan. A Cultural and Political History*, Princeton 2010, S. 316.
26 Ebd.; Hassan Abbas, *The Taliban Revival. Violence and Extremism on the Pakistan-Afghanistan Frontier*, New Haven, CO 2014, S. 92 f.
27 Interview mit August Hanning, April 2021.
28 Siehe Seth Johnston, «NATO's Lessons from Afghanistan», *Parameters*, Herbst 2019; https://www.belfercenter.org/publication/natos-lessons-afghanistan.
29 Seth G. Jones, *In the Graveyard of Empires. America's War in Afghanistan*, New York 2009, S. 165; Farrell, *Unwinnable*, S. 165.
30 Interview mit Bernd Mützelburg, April 2021.
31 Interview mit Stefan Kornelius, April 2021.
32 Interview mit Bernd Mützelburg, April 2021.
33 Interview mit Tim Wilsey, April 2021.
34 Jason Burke, *The 9/11 Wars*, London 2012, S. 81–84.
35 Zitiert nach Chris Johnson und Jolyon Leslie, *Afghanistan. The Mirage of Peace*, London 2004, S. 26.
36 Ebd., S. 31.
37 Barfield, *Afghanistan*, S. 317.
38 Johnson/Leslie, *Afghanistan*, S. 33.
39 Hassan, *The Taliban Revival*, S. 91.
40 Rory Stewart, «Are we failing in Afghanistan», *Prospect Magazine*, 20. Januar 2008.
41 Interview mit Hannah Neumann, April 2021.

8. Regimewechsel

1 Vgl. Habermas, *Der gespaltene Westen*, Kapitel 2.
2 Siehe The Iraq Inquiry, *The Chilcot Report. Executive Summary*, Kingston upon Thames 2016.
3 Siehe Bob Woodward, *Bush at War*, New York 2002; Daalder/Lindsay, *America Unbound*, S. 143.
4 James Mann, *Rise of the Vulcans. The History of Bush's War Cabinet*, New York 2004, S. 238.

5 Interview mit David Frum, April 2021.
6 Thomas E. Ricks, *Fiasco. The American Military Adventure in Iraq*, New York 2006, S. 31.
7 Wie der damalige BND-Chef August Hanning erklärt: «Es ging um Chemiewaffen, die nach dem Ersten Golfkrieg [1991] plötzlich verschwunden waren. Niemand wusste genau: Werden die noch gelagert? Werden sie genutzt? Oder sind sie vernichtet worden?»; Interview mit August Hanning, April 2021.
8 Ricks, *Fiasco*, S. 49.
9 Kenneth M. Pollack, *The Threatening Storm. The Case for Invading Iraq*, New York 2002, S. 158.
10 Lawrence F. Kaplan und William Kristol, *The War over Iraq. Saddam's Tyranny and America's Mission*, San Francisco, CA 2003, Kapitel 1–3.
11 «Wolfowitz Interview with Vanity Fair's Tannenhaus», *US Department of Defense*, 30. Mai 2003.
12 Ajami, «Iraq and the Arabs› Future», S. 2.
13 Wolfowitz, «Interview».
14 Ken Adelman, «Cakewalk in Iraq», *Washington Post*, 13. Februar 2002.
15 Ricks, *Fiasco*, S. 71 f.
16 Interview mit Michael Doran, April 2021.
17 Ricks, *Fiasco*, S. 109; Iraq Inquiry, *The Chilcot Report*, S. 120.
18 Interview mit Emma Sky, April 2021.
19 Zitiert nach Bing West, *The Strongest Tribe. War, Politics, and the Endgame in Iraq*, New York 2009, S. 24.
20 Ricks, *Fiasco*, S. 160. Siehe Ali A. Allawi, *The Occupation of Iraq. Winning the War, Losing the Peace*, New Haven, CO 2008, S. 148.
21 Ricks, *Fiasco*, S. 162.
22 Allawi, *The Occupation*, S. 158.
23 Interview mit Emma Sky, April 2021.
24 James A. Baker und Lee H. Hamilton, *The Iraq Study Group Report*, New York 2006, S. 35.
25 «Iraq. The Human Cost», *Massachusetts Institute of Technology*; http://web.mit.edu/humancostiraq/. Siehe Philip Bump, «15 years after the Iraq war began, the death toll is still murky», *Washington Post*, 20. März 2018.
26 Hierzu gehörten neben dem Irak auch Syrien, Libyen, der Libanon, der Iran, der Sudan und der Jemen. Siehe Perle, zitiert nach «Defense Policy», *National Interest*.
27 Peter R. Neumann, «Suspects into Collaborators», *London Review of Books*, 3. April 2014.

28 Interview mit Michael Doran, April 2021.
29 Peter R. Neumann, *Die neuen Dschihadisten. IS, Europa und die nächste Welle des Terrorismus*, Berlin 2015, S. 73–84.
30 Interview mit Jonathan Evans, April 2021.
31 Zitiert nach Richard Norton-Taylor, «Former MI5 chief delivers damning verdict on Iraq invasion», *The Guardian*, 20. Juli 2020.
32 Interview mit Guido Steinberg, April 2021.
33 «Annual Arab Public Opinion Survey 2010», *University of Maryland with Zogby International*, 5. August 2010; https://www.brookings.edu/wp-content/uploads/2016/06/0805_arabic_opinion_poll_telhami.pdf.
34 Amaney Ahmad Jama und Mark Tessler, «Attitudes in the Arab World», *Journal of Democracy* 19(1) (2008), S. 97–110.
35 Joseph Stiglitz, *The Three Trillion Dollar War. The True Cost of the Iraq Conflict*, New York 2008.
36 Siehe Joschka Fischer, «The Middle East's Lost Decade», *Project Syndicate*, 18. März 2013.

9. Exzess der Märkte

1 «Real GDP Forecast», *Organisation for Economic Cooperation and Development* (OECD); https://data.oecd.org/gdp/real-gdp-forecast.htm; Martin Wolf, *The Shifts and the Shocks. What We've Learned – and Have Still to Learn – from the Financial Crisis*, London 2014, S. 90.
2 Siehe Dani Rodrik, «Goodbye Washington Consensus, Hello Washington Confusion? A Review of the World Bank's Economic Growth in the 1990s. Learning from a Decade of Reform», *Journal of Economic Literature* 44(2006), S. 973–987.
3 Zitiert nach ebd., S. 138.
4 Zitiert nach Alan S. Blinder, *After the Music Stopped. The Financial Crisis and Response, and the Work Ahead*, New York 2008, S. 57.
5 «China GDP Growth Rate, 1961–2021, *Macrotrends*; https://www.macrotrends.net/countries/CHN/china/gdp-growth-rate. «China Exports, 1960–2021»; *Macrotrends*; https://www.macrotrends.net/countries/CHN/china/exports. «Ration of residents living below the poverty line in China from 2000 to 2020», *Statista*; https://www.statista.com/statistics/1086836/china-poverty-ratio/.
6 Thomas L. Friedman, *The World Is Flat. The Globalized World in the Twenty-First Century*, London 2005, S. 150.
7 Martin Wolf, *Why Globalization Works*, New Haven, CO 2005, S. 120.

8 Robert E. Lucas, «Macroeconomic Priorities», *The American Economic Review*, März 2003.
9 Zitiert nach Stephen King, «‹No more boom and bust› – an epitaph for Chancellor Brown», *The Independent*, 11. Dezember 2006.
10 «How China's Entry Led to Lower Prices in the U.S.», *National Bureau of Economic Research Digest*, 8. August 2017; https://www.nber.org/digest/aug17/how-chinas-wto-entry-led-lower-prices-us.
11 Siehe Susan Houseman, «Understanding the Decline in Manufacturing Employment», *W.E. Upjohn Institute for Employment Research*, undatiert; https://www.upjohn.org/research-highlights/understanding-decline-manufacturing-employment. Die Einführung neuer Technologien war allerdings nicht der einzige Grund für diese Entwicklung; verstärkend wirkten tiefgreifende Arbeitsmarktreformen, eine Verschlankung des Sozialstaats und die absurden Renditen an den Finanzmärkten. Siehe Michael Aklin, Andreas Kern und Mario Negre, «Does Central Bank Independence Increase Inequality?», *World Bank Policy Research Working Paper 9522*, Januar 2021.
12 Siehe Juliana Horowitz u.a., «Trends in Income and wealth inequality», *Pew Research Center*, 9. Januar 2020; https://www.pewresearch.org/social-trends/2020/01/09/trends-in-income-and-wealth-inequality/.
13 Siehe *OECD.stat*; https://stats.oecd.org/Index.aspx?DataSetCode=IDD#.
14 Thomas Piketty, *Capital in the Twenty-First Century*, Cambridge, MA 2014, S. 263 (dt. *Das Kapital im 21. Jahrhundert*, München 2014).
15 Siehe Christoph Lakner und Branko Milanović, «Global Income Distribution. From the Fall of the Berlin Wall to the Great Recession», *World Bank Policy Research Working Paper 6719*, Dezember 2013.
16 Siehe «Der letzte Macho», *Stuttgarter Nachrichten*, 5. April 2019.
17 Zitiert nach Oliver Moody, «Britons take a generous view of filthy rich», *The Times*, 11. Februar 2019.
18 Friedman, *The World*, S. 265–268.
19 Wolf, *Why Globalization Works*, S. 170 f.
20 Siehe Raghuram G. Rajan, *Fault Lines. How Hidden Fractures Still Threaten the World Economy*, Princeton, NJ 2011.
21 Blinder, *After the Music stopped*, S. 3–27.
22 Zitiert nach Chip Berlet, «Reframing Populist Resentments in the Tea Party Movement», in Lawrence Rosenthal und Christine Trost (Hg.), *Steep. The Precipitous Rise of the Tea Party*, Berkeley, CA 2012, S. 59.
23 Blinder, *After the Music stopped*, S. 68.
24 Ebd., S. 3–27.

25 Ebd., S. 6.

26 Wolf, *The Shifts*, S. 125.

27 Zitiert nach ebd., S. 21.

28 Christopher Sebastian Parker, «The Radical Right in the United States of America», in Jens Rydgren (Hg.), *The Oxford Handbook of the Radical Right*, Oxford 2018, S. 636.

29 Siehe David Kirby und Emily Ekins, «Libertarian Roots of the Tea Party», *Policy Analysis*, 6. August 2012.

30 Parker, «The Radical Right», S. 637.

31 Siehe Michael Cox und Martin Durham, «The politics of anger. The extreme right in the United States», in Paul Hainsworth (Hg.), *The Politics of the Extreme Right. From the Margins to the Mainstream*, London 2000, S. 287–311.

32 Richard Hofstadter, «The Paranoid Style in American Politics», *Harper's Magazine*, November 1964. Siehe Seymour Martin Lipset und Earl Raab, *The Politics of Unreason. Right-Wing Extremism in America, 1790–1970*, New York 1970, S. 13–17.

33 Christine Trost und Lawrence Rosenthal, «The Rise of the Tea Party», in Rosenthal, *Steep*, S. 9.

34 Siehe Peter R. Neumann, *Bluster. Donald Trump's War on Terror*, New York 2020, S. 143.

35 Zitiert nach Charles Postel, «The Tea Party in Historical Perspective. A Conservative Response to a Crisis of Political Economy», in Rosenthal, *Steep*, S. 42.

36 Ronald P. Formisano, *The Tea Party*, Baltimore, MD 2012, S. 114.

37 Lisa Disch, «The Tea Party. A ‹White Citizenship› Movement?», in Rosenthal, *Steep*, S. 143.

38 Formisano, *The Tea Party*, S. 106 f.

10. Arabischer Frühling?

1 In westlichen Ländern beträgt der Anteil weniger als 10 Prozent. James L. Gelvin, *The Arab Uprisings. What Everyone Needs to Know*, Oxford 2015, S. 21 f.

2 Christopher Phillips, *The Battle for Syria. International Rivalry in the Middle East*, New Haven, CO 2016, S. 46.

3 Gelvin, *The Arab Uprisings*, S. 50.

4 Siehe Juan Cole, *The New Arabs. How the Millennial Generation Is Changing the Middle East*, New York 2014, Kapitel 1.

5 Marc Lynch, *The Arab Uprising. The Unfinished Revolutions of the New Middle East*, New York 2012, S. 3.
6 Siehe Einleitung.
7 «Egypt's Moment», *New York Times*, 11. Februar 2011.
8 Siehe Philip N. Howard und Muzammil Hussain, *Democracy's Fourth Wave? Digital Media and the Arab Spring*, Oxford 2013.
9 Tariq Ali, zitiert nach Srecko Horvat, *Nach dem Ende der Geschichte. Vom Arabischen Frühling zur Occupy-Bewegung*, Hamburg 2013, S. 43.
10 Siehe «From Prague Spring to Arab Spring. Global and Comparative Perspectives on Protest and Revolution, 1968–2012», *Konferenz des Stanford University Center on Democracy, Development, and the Rule of Law*, 2. März 2012; https://cddrl.fsi.stanford.edu/events/from_prague_spring_to_arab_spring__global_and_comparative_perspectives_on_protest_and_revolution_19682012_3_2_2012.
11 Siehe Annette Jünemann, «Vor dem Scherbenhaufen einer verfehlten Regionalpolitik. Europa und der Arabische Frühling», in Thorsten Gerald Schneiders (Hg.), *Der Arabische Frühling. Hintergründe und Analysen*, Wiesbaden 2013, S. 95.
12 Interview mit Daniel Gerlach, November 2021.
13 Interview mit Bernard Rougier, November 2021.
14 Siehe Barack Obama, *A Promised Land*, New York und London 2020, S. 643; Ben Rhodes, *The World As It Is. Inside the Obama White House*, London 2018, S. 142; Fouad Ajami, «How the Arabs Turned Shame Into Liberty», *New York Times*, 26. Februar 2011; Ceyda Nurtsch, «The West is Terrified of Arab Democracies. Interview with Noam Chomsky», *Qantara*, 17. Juni 2011; https://en.qantara.de/content/interview-with-noam-chomsky-the-west-is-terrified-of-arab-democracies.
15 Francis Fukuyama, «Is China Next?», *Wall Street Journal*, 12. März 2011.
16 Emmanuel Todd, *Frei! Der arabische Frühling und was er für uns bedeutet*, München 2011, Klappentext.
17 Siehe Cole, *The New Arabs. How the Millennial Generation Is Changing the Middle East*, New York 2014; «Wael Ghonim and Egypt's New Age Revolution», *CBS News*, 16. Februar 2011; https://www.cbsnews.com/news/wael-ghonim-and-egypts-new-age-revolution/.
18 Zitiert nach Mark Landler, «Obama Seeks Reset in the Arab World», *New York Times*, 11. Mai 2011. Siehe auch Obama, *A Promised Land*, S. 643.
19 Lynch, *The Arab Uprising*, S. 16.
20 Jean-Pierre Filiu, *The Arab Revolution. Ten Lessons from the Democratic Uprising*, Oxford 2011, S. 25, 73.
21 Interview mit John Sawers, November 2021.

22 Ebd., S. 113.

23 Paul Cruickshank, «Why the Arab Spring Could Be Al-Qaeda's Fall», *CNN*, 21. Februar 2011.

24 Fawaz A. Gerges, «How the Arab Spring Beat al-Qaeda», *Daily Beast*, 13. Juli 2012.

25 Zitiert nach Shiraz Maher und Peter R. Neumann, *Al-Qaeda at the Crossroads. How the Terror Group Is Responding to the Loss of Its Leaders and the Arab Spring*, London 2012, S. 14; https://icsr.info/wp-content/uploads/2012/10/ICSR_Maher-Neumann-Paper_For-online-use-only.pdf.

26 Siehe Bruce Hoffman, «The Arab Spring and Its Influence on al-Qaida», *CTC Sentinel*, May 2012; https://www.ctc.usma.edu/the-arab-spring-and-its-influence-on-al-qaida/; Aron Zelin, *Your Sons Are at Your Service. Tunisia's Missionaries of Jihad*, New York 2020.

27 Jünemann, «Vor dem Scherbenhaufen», S. 95–114.

28 «Remarks by the President at Cairo University», *The White House*, 4. Juni 2009.

29 Obama nennt in diesem Zusammenhang nicht nur die Kriege in Afghanistan und dem Irak, sondern auch die Konsequenzen der Finanzkrise und den Nuklearunfall in Fukushima. Siehe Obama, *A Promised Land*, S. 655.

30 Zitiert nach Lara Marlowe, «Obama turns focus to nation-building at home», *Irish Times*, 24. Juni 2011.

31 Michael Lüders, *Wer den Wind sät. Was westliche Politik im Orient anrichtet*, München 2020, S. 176.

32 Interview mit Hussein Ibish, Oktober 2021.

33 Siehe David Rothkopf, «Obama's ‹Don't Do Stupid Shit› Foreign Policy›, *Foreign Policy*, 4. Juni 2014.

34 «Remarks by the President on the Middle East and North Africa», *The White House*, 19. Mai 2011. Siehe auch Lynch, *The Arab Uprising*, S. 193 f.

35 Interview mit Emile Hokayem, November 2021.

36 Volker Perthes, «Politische Perspektiven der arabischen Revolutionen», in Schneiders (Hg.), *Der Arabische Frühling*, S. 82.

37 Interview mit Daniel Gerlach, November 2021.

38 Morozov, *The Net Delusion*, S. XIII, 233.

39 Ebd., S. XII.

40 Interview mit Gerhard Schindler, November 2021.

41 Siehe Jytte Klausen, *Western Jihadism: A Thirty Year History* (Oxford: Oxford University Press, 2021), Kapitel 11.

42 Siehe Charlie Winter, *The Virtual ‹Caliphate›. Understanding Islamic State's Propaganda Strategy*, London 2015, S. 28–32.

43 Jon Greenberg, «Does the Islamic State Post 90,000 Messages a Day?», *Politifact*, 19. Februar 2015. Siehe auch J.M. Berger und Jonathon Morgan, *The ISIS Twitter Census. Defining and Describing the Population of ISIS Supporters on Twitter*, Washington D.C. 2015.

44 Mozorov, *The Net Delusion*, S. 10–25.

11. Frankreichs Abenteuer

1 Siehe Alison Pargeter, *Libya. The Rise and Fall of Qaddafi*, New Haven, CO 2012.

2 Ebd., Kapitel 3 und 6.

3 Ebd., Kapitel 5.

4 Zitiert nach «Libya's Gaddafi: ‹I will cleanse Libya house by house›», *Sky News*, 23. Februar 2011; https://www.youtube.com/watch?v=9WQ1gm30RxM.

5 Zitiert nach «Gaddafi's son: ‹There will be rivers of blood in Libya›», *Channel 4 News*, 21. Februar 2011; https://www.youtube.com/watch?v=Z9SJc1PcOfE.

6 Siehe Alex Crawford, *Colonel Gaddafi's Hat. A Tyrant Falls and a Nation Rises*, London 2012.

7 Später stellte sich heraus, dass Alliot-Marie geschäftliche Beziehungen zur tunesischen Regierung unterhielt und mehrfach einen Privatjet benutzt hatte, der einem Vertrauten Ben Alis gehörte. Siehe „Michèle Alliot-Marie critiquée pour ses relations amicales avec un proche de Ben Ali», *France 24*, 2. Februar 2011.

8 Zitiert nach «La voix de la France a disparu dans le monde», *Le Monde*, 22. Februar 2011.

9 See Samantha Power, *The Education of an Idealist*, London 2019, Kapitel 17.

10 Interview mit Mark Hecker, November 2021.

11 Interview mit Bernard Rougier, November 2021.

12 Zitiert nach Natalie Nougayrède, «La guerre de Nicolas Sarkozy», *Le Monde*, 23. August 2011.

13 Zitiert nach ebd.

14 Interview mit Bernard Rougier, November 2021.

15 Renaud Girard, «La campagne libyenne de Bernard-Henri Lévy», *Le Figaro*, 18. März 2011; Steven Erlanger, «By His Own Reckoning, One Man Made Libya a French Cause», *New York Times*, 1. April 2011.

16 Bernard-Henri Lévy, «Pourquoi la guerre de Libye est le contraire de

la guerre d'Irak», *La Règle du Jeu*, 7. August 2011. Vgl. Nougayrède, «La guerre de Nicolas Sarkozy».

17 Zitiert nach «Bernard-Henri Lévy raconte son conflict libyen», *Le Monde*, 7. November 2011.

18 Zitiert nach Jason W. Davidson, «France, Britain, and the Intervention in Libya. An Integrated Analysis», *Cambridge Review of International Affairs* 26(2) (2013), S. 324.

19 Siehe Samantha Power, *A Problem from Hell. America and the Age of Genocide*, London 2010.

20 Zitert in Rhodes, *The World*, S. 113.

21 Siehe Obama, *A Promised Land*, S. 667.

22 Frederic Wehrey, «NATO's Intervention», in Cole, *The Libyan Revolution*, S. 116.

23 «Obama: We should not be afraid to act», *CBS News*, 29. März 2011.

24 Zitiert nach Wehrey, «NATO's Intervention», S. 111.

25 Ebd., S. 116.

26 Ebd., S. 116 f.

27 Barack Obama, David Cameron und Nicolas Sarkozy, «Libya's Pathway to Peace», *New York Times*, 14. April 2011.

28 Interview mit John Sawers, November 2021.

29 Interview mit Bernard Rougier, November 2021.

30 «Libya: Examination of intervention and collapse, and the UK's future policy options. Third Report of Session 2016–17», *House of Commons, HC 119*, September 2016, S. 18–23.

31 Interview mit Bernard Rougier, November 2021.

32 Ebd.

33 «Libya: Examination of», *House of Commons*, S. 25 f.

34 Interview mit John Sawers, November 2021.

35 Zitiert nach «Libya: Examination of», *House of Commons*, S. 26.

36 Siehe Jean-Baptiste Jingène Vilmer, «Ten Myths about the 2011 Intervention in Libya», *The Washington Quarterly*, Sommer 2016, S. 32 f.

37 Großbritannien stellte innerhalb von fünf Jahren weniger als die Hälfte der Mittel, die für die Intervention aufgewandt wurden, für den Staatsaufbau zur Verfügung. Siehe «Libya: Examination of», *House of Commons*, S. 27.

38 Interview mit Emile Hokayem, November 2021.

39 Olivier Schmitt, «A war worth fighting? The Libyan intervention in retrospect», *International Politics Review* 3(1) (2015), S. 9.

40 Zitiert nach Jeffrey Goldberg, «The Obama Doctrine», *The Atlantic*, April 2016.

41 Interview mit Florence Gaub, November 2021.
42 «Sarkozy: Discours à Benghazi avec Cameron», *Public Sénat*, 15. September 2011; https://www.youtube.com/watch?v=obhtPbkbKCA.
43 Interview mit Daniel Gerlach, November 2021.
44 Interview mit Gerhard Schindler, November 2021.
45 «Country Reports: Middle East and North Africa Overview», *U.S. Department of State, Country Reports on Terrorism*, 2013.
46 Frederic Wehrey, *The Burning Shores. Inside the Battle for the New Libya*, New York 2018, S. 86.
47 Ebd., S. 147 f.
48 Nicolas Marsh, «Brothers Came Back with Weapons. The Effects of Arms Proliferation from Libya», *Prism* 6(4) (2017), S. 79 f.
49 Simon McMahon und Nando Sigona, «Boat Migration across the Central Mediterranean. Drivers, Experiences, and Responses», *MEDMIG Research Brief*, September 2016; Patrick Kingsley, *Die neue Odyssee. Eine Geschichte der europäischen Flüchtlingskrise*, München 2016, S. 120–156.
50 Siehe Mary Fitzgerald, «Finding Their Place. Libya's Islamists During and After the Revolution», in Cole, *The Libyan Revolution*, S. 177–204.
51 Die libysche Küstenstadt Sirte war zu dieser Zeit «der wichtigste urbane Stützpunkt der Gruppe außerhalb von Syrien und dem Irak». Interview mit US-Sicherheitsbeamten, November 2021.
52 Siehe Inga Trauthig, «Assessing the Islamic State in Libya», *Europol*, April 2019; https://www.europol.europa.eu/sites/default/files/documents/inga_trauthig_islamic_state_libya.pdf.
53 Interview mit Gilles de Kerchove, Dezember 2021.
54 Siehe Wehrey, *The Burning Shores*, S. 226 f.

12. Die syrische Katastrophe

1 Das syrische Wirtschaftswachstum betrug in den 2000er Jahren zwischen 4 und 6 Prozent: mehr als zuvor, aber bei Weitem nicht genug, um für die wachsende Bevölkerung Arbeitsplätze zu schaffen. Siehe John McHugo, *Syria. A Recent History*, London 2014, S. 216.
2 Zitiert nach «Interview with Syrian President Bashir al-Assad», *Wall Street Journal*, 31. Januar 2011.
3 Phillips, *The Battle*, S. 56 f.
4 McHugo, *Syria*, S. 228.
5 Siehe «Syria war: UN Calculates new death toll», *BBC News*, 24. Septem-

ber 2021; «Over 600,000 people killed in Syria since beginning of the ‹Syrian revolution›», *SOHR*, 1. Juni 2021.

6 Stefan Luft, *Die Flüchtlingskrise. Ursachen, Konflikte, Folgen*, München 2016, S. 27.

7 Sharmila Devadas, Ibrahim Elbadawi und Norman Loayza, «Growth after War in Syria», *World Bank Policy Research Working Paper*, August 2019; https://documents1.worldbank.org/curated/en/424551565105634645/pdf/Growth-after-War-in-Syria.pdf.

8 Michael Lüders, *Die den Sturm ernten. Wie der Westen Syrien ins Chaos stürzte*, München 2019, S. 11.

9 Ebd.

10 Ebd., S. 167.

11 Siehe Jane Mayer, «Outsourcing Torture», *The New Yorker*, 6. Februar 2005.

12 Siehe McHugo, *Syria*, S. 214; Phillips, *The Battle*, S. 49.

13 Phillips, *The Battle*, S. 65.

14 Hokayem, *Syria's Uprising*, S. 154.

15 Phillips, *The Battle*, S. 67.

16 «Syria's Ramadan Massacre», *Washington Post*, 1. August 2011.

17 Siehe Scott Wilson, «How the U.S. Message on Assad Shifted», *Washington Post*, 18. August 2011.

18 Interview mit Haid Haid, November 2021.

19 Phillips, *The Battle*, S. 82.

20 Interview mit Hussein Ibish, Oktober 2021.

21 Interview mit Gerhard Schindler, November 2021.

22 Phillips, *The Battle*, S. 74.

23 Ebd., S. 67.

24 Ebd., S. 77.

25 Zitiert nach Rhodes, *The World*, S. 198–200.

26 Abboud, *Syria*, S. 185–187.

27 Phillips, *The Battle*, S. 76.

28 Ebd., S. 160 f.

29 Ebd., S. 186, 204.

30 Ebd., S. 168, 177.

31 Interview mit Emile Hokayem, November 2021.

32 Interview mit John Sawers, November 2021.

33 Siehe «Syria Countrywide Conflict Report #1», *Carter Center*, August 2013.

34 Abboud, *Syria*, S. 102 f.

35 Ebd., S. 106 f.

36 Interview mit Haid Haid, November 2021.
37 Ebd.
38 Interview mit John Sawers, November 2021.
39 Zitiert nach Phillips, *The Battle*, S. 125.
40 Rhodes, *The World*, S. 197.
41 Siehe Philipps, *The Battle*, S. 141; McHugo, *Syria*, S. 252; Nikolaos van Dam, *Destroying a Nation. The Civil War in Syria*, London 2017, S. 71; Robert F. Worth, *A Rage for Order. The Middle East in Turmoil, from Tahrir Square to ISIS*, London 2017, Kapitel 3.
42 Peter R. Neumann, *Die neuen Dschihadisten. ISIS, Europa und die nächste Welle des Terrorismus*, Berlin 2015, S. 71–85.
43 Siehe Joana Cook und Gina Vale, *From Daesh to Diaspora. Tracing the Women and Minors of the Islamic State*, London 2018, S. 4.
44 Siehe Lorenzo Vidino, Francesco Marone und Eva Enternmann, *Fear Thy Neighbor. Radicalization and Jihadist Attacks in the West*, Mailand 2017.
45 Siehe Peter R. Neumann, *Bluster. Donald Trump's War on Terror*, Oxford und New York 2020, Kapitel 6.
46 Angela Stent, *Putin's World. Russia against the West and with the Rest*, New York 2020, S. 349 (dt. *Putins Russland*, Hamburg 2019). Siehe auch Hokayem, *Syria's Uprising*, S. 172.
47 Interview mit Hussein Ibish, Oktober 2021.
48 Siehe Abboud, *Syria*, S. 198.
49 Interview mit John Sawers, November 2021.

13. Deutsch-russische Illusionen

1 Interview mit Mark Galeotti, März 2021.
2 Zitiert nach «Wortprotokoll der Rede Wladimir Putins im Deutschen Bundestag am 25. 09. 2001», *Deutscher Bundestag*, 25. September 2001; https://www.bundestag.de/parlament/geschichte/gastredner/putin/putin_wort-244966.
3 Interview mit Wolfgang Ischinger, Februar 2021.
4 Zitiert nach «Putin's famous Munich speech 2007», *YouTube*; https://www.youtube.com/watch?v=hQ58Yv6kP44.
5 Interview mit Wolfgang Ischinger, Februar 2021.
6 Siehe Fyodor Lukyanov, «Putin Has Stumbled in Ukraine», *Russia in Global Affairs*, 11. August 2014; Aschot L. Manschurjan, «Russland Weg in die ‹postwestliche Welt›», *Aus Politik und Zeitgeschichte* 67(21) (2017), S. 14;

Kathryn Stoner und Michael McFaul, «Who Lost Russia (This Time)? Vladimir Putin», *The Washington Quarterly*, Sommer 2015, S. 178.

7 Jonathan Tepperman, «War of the Worlds. Michael McFaul on Russia and Ukraine», *The Octavian Report*, 24. Februar 2022.

8 John J. Mearsheimer, «Why the Ukraine Crisis Is the West's Fault», *Foreign Affairs*, September 2014.

9 Zitiert nach Charlie Rose, «All Eyes on Putin», CBS News, 27. September 2015; «Interview with Oliver Stone», *President of Russia*, 19. Juli 2019.

10 Interview mit Wolfgang Ischinger, Februar 2021.

11 Siehe Gavin Hall, «Ukraine: the history behind Russia's claim that Nato promised not to expand to the East», *The Conversation*, 14. Februar 2022.

12 Andreas Umland, «Die deutsche Russlandpolitik im Lichte des Ukraine-Konflikts. Schein und Sein des interdependenztheoretischen Ansatzes zur Friedenssicherung in Europa», *Forum für osteuropäische Ideen und Zeitgeschichte* 24(2) (2020), S. 94 f.

13 Stoner, «Who Lost Russia», S. 176.

14 Ebd., S. 173.

15 Siehe Marlene Laruelle, «Alexander Dugin and Eurasianism», in Mark Sedgwick (Hg.), *Key Thinkers of the Radical Right*, Oxford 2019, S. 155–169.

16 Stoner, «Who Lost Russia», S. 181.

17 Andreas Heinemann-Grüder, «Wandel statt Anbiederung. Deutsche Russlandpolitik auf dem Prüfstand», *Osteuropa* 63(7) (2013), S. 187.

18 Stoner, «Who Lost Russia», S. 182 f.

19 Siehe Heinrich August Winkler, *Geschichte des Westens. Vom Kalten Krieg zum Mauerfall*, München 2019, Teil 3.

20 Egon Bahr, «Verantwortungspartnerschaft mit Moskau und Washington-Rede anlässlich der Verleihung des Dr.-Friedrich-Joseph-Haass-Preises 2015», in Adelheid Bahr (Hg.), *Warum wir Frieden und Freundschaft mit Russland brauchen*, Frankfurt 2018, S. 13.

21 Siehe Thorsten Benner, «Olaf Scholz is Coming to American on a Salvage Mission», *Foreign Policy*, 4. Februar 2022; https://foreignpolicy.com/2022/02/04/olaf-scholz-germany-united-states-ukraine-credibility/.

22 Obwohl meist kollektiv Russland zugerechnet, stammten von den fünfundzwanzig Millionen Sowjets knapp die Hälfte aus der Ukraine, Weißrussland und dem Baltikum.

23 Matthias Platzeck, «Zurück zu politischer Vernunft. Deutschland muss endlich Initiative für ein sicheres Europa ergreifen», in Bahr (Hg.), *Warum wir Frieden*, S. 134.

24 Ebd., S. 136.

25 Peter Gauweiler, «Ein anderer Umgang mit Russland ist nötig», in ebd., S. 98.

26 Sigmar Gabriel, «Wandel durch Annäherung. Zur Aktualität der Rede Egon Bahrs vor 55 Jahren in Tutzing», in ebd., S. 95.
27 Siehe Matthias Dembinski und Hans-Joachim Spanger, «Pluraler Frieden. Leitideen für eine neue Russlandpolitik», *Osteuropa* 67(3) (2017), S. 87–96.
28 Zitiert nach «Kretschmer wirbt für Ende der Russland-Sanktionen», *Tagesspiegel*, 7. Juni 2019.
29 Ebd.
30 Siehe Hans Adomeit, «Bilanz der deutschen Russlandpolitik seit 1990», *Sirius* 4(3) (2020), S. 286.
31 Siehe zum Beispiel Frank-Walter Steinmeier, zitiert nach «Interview mit der Tageszeitung Rheinische Post», *Der Bundespräsident*, 6. Februar 2021; https://www.bundespraesident.de/SharedDocs/Reden/DE/Frank-Walter-Steinmeier/Interviews/2021/210206-Interview-Rheinische-Post.html.
32 Umland, «Die deutsche Russlandpolitik», S. 96.
33 Zitiert nach Angelika Hellemann, «Steinmeier gibt zum ersten Mal Fehler zu», *BILD*, 4. April 2022.
34 Umland, «Die deutsche Russlandpolitik», S. 104.
35 Siehe Jeffrey Mankoff, «Russia's Latest Land Grab. How Putin Won Crimea and Lost Ukraine», *Foreign Affairs*, Mai 2014.
36 Siehe «Hunting the Hunters. How We Identified Navalny's FSB Stalkers», *Bellingcat*, 14. Dezember 2020; https://www.bellingcat.com/resources/2020/12/14/navalny-fsb-methodology/.
37 Siehe Michael Schwirtz, «Top Secret Russian Unit Seeks to Detabilize Europe, Security Officials Say», *New York Times*, 8. Oktober 2019.
38 Siehe Andrew S. Bowen, «Coercive Diplomacy and the Donbas. Explaining Russian Strategy in Eastern Ukraine», *The Journal of Strategic Studies* 42(3) (2019), S. 312–343.
39 Sune Engel Rasmussen, «Russia accused of supplying Taliban as power shifts create strange bedfellows», *The Guardian*, 22. Oktober 2017.
40 Zitiert nach «Address by President of the Russian Federation», *President of Russia*, 18. März 2014.
41 Interview mit Gerhard Schindler, November 2021.
42 Siehe Lars Haferkamp, «Darum sind Putin und die AfD Verbündete», *Vorwärts*, 28. April 2016; Holger Roonemaa, Martin Lane und Michael Weiss, «Exclusive: Russia Backs Europe's Far Right», *Newlines Magazine*, 24. März 2022.
43 «‹I am the anti-Merkel›: Marine LePen on Brexit, EU, Putin, and Nato – BBC Newsnight», *YouTube*, 29. März 2017; https://www.youtube.com/watch?v=SeEHQhARESU.

14. Europa unter Druck

1 Fukuyama, «The End of History?», S. 5.
2 Ebd., S. 18.
3 Robert Kagan, *Macht und Ohnmacht. Amerika und Europa in der neuen Weltordnung*, München 2003.
4 Siehe Mark Franklin, Michael Marsch und Laren McLaren, «Uncorking the Bottle. Popular Opposition to European Unification in the Wake of Maastricht», *Journal of Common Market Studies* 32 (1994), S. 455–473.
5 Interview mit Nathalie Tocci, Dezember 2021.
6 Der erste Schritt war 1999 die Fixierung der Wechselkurse, der zweite 2002 die Abschaffung nationaler Währungen sowie die Ausgabe von Euroscheinen und -münzen.
7 Interview mit Charles Grant, November 2021.
8 Joseph Huber, *Der Euro. Grundlagen, Krise, Aussichten*, Wiesbaden 2018, S. 1f.
9 Zitiert nach Helmut Kohl und Kai-Alexander Schlevogt, «Supernational Visionary and Builder of Euroland», *The Academy of Management Executive* 16(1) (2002), S. 11.
10 Interview mit Ruprecht Polenz, November 2021.
11 Als Griechenland im Jahr 2001 aufgenommen wurde, akzeptierte man sogar Haushalts- und Wirtschaftsdaten, die ganz offensichtlich frisiert waren. Siehe «Griechenland räumt Betrug bei Euro-Beitritt ein», *Der Tagesspiegel*, 16. November 2004.
12 Interview mit Charles Grant, November 2021.
13 Zitiert nach Antje Wiener, Antje A. Börzel und Thomas Risse, *European Integration Theory*, Oxford 2019, S. 121.
14 Ebd.
15 Siehe Huber, *Der Euro*, S. 9.
16 Siehe Olli Rehn, *Die Rettung des Euro. Was wir aus der Krise lernen können*, Wiesbaden 2020, Kapitel 4.
17 Ebd., Kapitel 6. Siehe auch Huber, *Der Euro*, S. 17–27.
18 «Escaping the Stagnation Trap. Policy Options for the Euro Area and Japan», *OECD*, Januar 2015; https://www.oecd.org/eu/escaping-the-stagnation-trap-policy-options-for-the-euro-area-and-japan.pdf.
19 Eurobarometer, siehe Rosa Balfour und Lorenzo Robustelli, «Why did Italy Fall Out of Love with Europe?», *Istituto Affari Internazionali*, Juli 2019; https://www.iai.it/en/pubblicazioni/why-did-italy-fall-out-love-europe.
20 Ebd.
21 Siehe Michaeli Pantelouris, «Schulden und Schuld – die Euro-Krise aus der Perspektive der Medien», *Bundeszentrale für Politische Bildung*, 3. Februar

2014; https://www.bpb.de/geschichte/zeitgeschichte/griechenland/178337/euro-krise-aus-der-perspektive-der-medien.

22 Ulrike Guerot und Victoria Kupsch, «Deutschland kann auf sich allein gestellt sein», in Henning Meyer und Andrew Watt (Hg.), *Die 10 Mythen der Eurokrise*, Düsseldorf 2014, S. 134 f.

23 Siehe Hugo Brady, «Openness versus helplessness. Europe's 2015–2017 border crisis», *Group d'Etudes Géopolitiques*, Juni 2021; https://geopolitique.eu/en/2021/06/28/openness-versus-helplessness-europes-2015-2017-border-crisis/.

24 Zitiert nach «‹Es war mit das wichtigste Werk meines Lebens›», *Neue Westfälische Zeitung*, 14. Juni 2010.

25 Interview mit Charles Grant, November 2021.

26 Luft, *Die Flüchtlingskrise*, S. 47–64.

27 Robin Alexander, *Die Getriebenen. Merkel und die Flüchtlingspolitik: Report aus dem Inneren der Macht*, München 2017, S. 90.

28 Interview mit Ruprecht Polenz, November 2021.

29 Luft, *Die Flüchtlingskrise*, S. 27.

30 Siehe Gerald Knaus, *Welche Grenzen brauchen wir?*, München 2020, S. 287.

31 Brady, «Openness versus helplessness».

32 Alexander, *Die Getriebenen*, S. 7.

33 Interview mit Gerald Knaus, November 2021.

34 Interview mit Gerhard Schindler, November 2021.

35 Im Jahr 2014 sprachen sich beispielsweise in Tschechien und Ungarn mehr als 70 bzw. 80 Prozent der Bevölkerung gegen jegliche Einwanderung aus. Siehe Harold D. Clarke, Matthew Goodman und Paul Whiteley, *Brexit. Why Britain Voted to Leave the European Union*, Cambridge 2017, S. 224 f. Siehe auch Luft, *Die Flüchtlingkrise*, S. 82.

36 Alexander, *Die Getriebenen*, Kapitel 6.

37 Interview mit Herbert Reul, November 2021.

38 Interview mit Gerald Knaus, November 2021.

39 «Viktor Orban's speech at the 14th Kötcse civil picnic», 5. September 2015; http://2010-2015.miniszterelnok.hu/in_english_article/viktor_orban_s_speech_at_the_14th_kotcse_civil_picnic.

40 Ebd.

41 Schweden war noch im Jahr 2014 das «ausländerfreundlichste» Land in Europa. Siehe Clarke, *Brexit*, S. 224.

15. Die Brexit-Revolte

1 Zitiert nach Tim Shipman, *All Out War. The Full Story of Brexit*, London 2017, S. 432.
2 Zitiert nach Elisabeth Perlman, «Brexit: Boris Johnson Admits Defeat on the Tube», *Newsweek*, 23. Juni 2016.
3 Interview mit Nathalie Tocci, Dezember 2021.
4 Clarke, *Brexit*, S. 19.
5 Ebd., S. 3.
6 Siehe Rachel Ellehuus, «Did Russia Influence Brexit?», *Center for Strategic and International Studies*, 21. Juli 2020; https://www.csis.org/blogs/brexit-bits-bobs-and-blogs/did-russia-influence-brexit.
7 Interview mit David Goodhart, Dezember 2021.
8 Siehe Clarke, *Brexit*, S. 155.
9 Roger Eatwell und Matthew Goodwin, *National Populism. The Revolt against Liberal Democracy*, London 2018.
10 Siehe Sarah Poppleton u. a., «Social and Public Service Impacts of International Migration at the Local Level», *Home Office Research Report 72*, Juli 2013.
11 Interview mit Mark Leonard, Dezember 2021.
12 Ebd.
13 Shipman, *All-Out War*, S. 299–301.
14 Clarke, *Brexit*, S. 34.
15 Shipman, *All-Out War*, S. 583.
16 Zitiert nach ebd., S. 250.
17 Siehe Shipman, *All-Out War*, S. 303–306.
18 Zitiert nach ebd., S. 374.
19 Die Ausdrücke «harter» und «softer» Brexit nahmen im Laufe der Zeit unterschiedliche Bedeutungen an, meinten aber in aller Regel den entsprechend mehr oder weniger begrenzten Zugang zum EU-Binnenmarkt. Siehe Chris Grey, *Brexit Unfolded. How no one got what they wanted*, London 2021, S. 9.
20 Interview mit David Miliband, Januar 2022.
21 Grey, *Brexit Unfolded*, S. 15.
22 Timothy Oliver, «British people now define themselves as ‹Leavers› or ‹Remainers›», *The Conversation*, 31. Januar 2020.
23 Siehe David M. Andrews (Hg.), *The Atlantic Alliance under Stress. US-Europe Relations after Iraq*, Cambridge 2005.
24 Interview mit David Miliband, Januar 2021.
25 Joe Mayes, «Just a Year of Brexit Has Trumped UK's Economy and Busi-

nesses», *Bloomberg*, 22. Dezember 2021. Siehe auch John Springford, «The Cost of Brexit: October 2021», *Centre for European Reform*, 13. Dezember 2021; https://www.cer.eu/insights/cost-brexit-october-2021.

26 Robert Shrimsley, «Boris Johnson Cannot Escape the Costs of Brexit», *Financial Times*, 3. November 2021. Siehe auch Anand Menon, «The Never-Ending Brexit. The True and Mounting Costs of Leaving the EU», *Foreign Affairs*, 30. Dezember 2021; https://www.foreignaffairs.com/articles/united-kingdom/2021-12-30/never-ending-brexit.

27 Mayes, «Just a Year».

28 Siehe «UK to pay French border police €62.7 million in migrant clampdown», *France 24*, 21. Juli 2021; https://www.france24.com/en/europe/20210721-uk-to-pay-french-border-police-%E2%82%AC62-7-million-in-migrant-clampdown.

29 Zitiert nach «‹Two fingers to Brussels› is tangible Brexit benefit, Edwina Currie declares», *LBC*, 3. Januar 2022.

16. Populist im Weißen Haus

1 Tim Alberta, *American Carnage. On the Frontlines of the Republican Civil War*, New York 2019, S. 1.

2 Siehe Michael Kranish und Marc Fisher, *Trump Revealed. The definitive Biography of the 45th President*, London and New York 2016, S. 316.

3 Siehe Michael Wolff, «Donald Trump Didn't Want to Be President», *The Intelligencer*, 5. Januar 2018; https://nymag.com/intelligencer/2018/01/michael-wolff-fire-and-fury-book-donald-trump.html.

4 «Hillary Clinton has a 91 % chance to win», *New York Times*, 18. Oktober 2016; https://www.nytimes.com/newsgraphics/2016/10/18/presidential-forecast-updates/newsletter.html.

5 Dieses Kapitel enthält Passagen aus meinem Buch *Bluster. Donald Trump's War on Terror*, Oxford und New York 2019, insbesondere aus Kapitel 1 und 2.

6 Siehe Jennifer Rubin, «GOP autopsy report goes bold», *Washington Post*, 18. März 2013.

7 Salena Zito und Brad Todd, *The Great Revolt. Inside the Populist Coalition Reshaping American Politics*, New York 2018, S. 16 f.

8 Interview mit Hayes Brown, Januar 2022.

9 Zitiert nach Joshua Green, *Devil's Bargain. Steve Bannon, Donald Trump, and the Nationalist Uprising*, London 2017, S. 106.

10 Siehe Ed Pilkington, «How the Drudge Report Ushered in the Age of Trump», *The Guardian*, 24. Januar 2018.

11 Matt Grossmann, «Racial Attitudes and Political Correctness in the 2016 Presidential Election», *Niksanen Center*, 10. Mai 2018.
12 «Trump's Ailing Empire», *Bloomberg*, https://www.bloomberg.com/graphics/2021-donald-trump-net-worth-business/.
13 Victor Davis Hanson, *The Case for Trump*, New York 2019, S. 108 f.
14 Siehe Emily Stewart, «Donald Trump Rode $5 Billion in Free Media to the White House», *The Street*, 20. November 2016.
15 Sarah Lyall, «A Hundred Days without Trump on Twitter», *New York Times*, 17. April 2021.
16 Neumann, *Bluster*, S. 30.
17 Interview mit Nick Pickles, Januar 2022.
18 Siehe Kevin Quealy, «The Complete List of Trump's Twitter Insults (2015–2021)», *New York Times*, 19. Januar 2021; https://www.nytimes.com/interactive/2021/01/19/upshot/trump-complete-insult-list.html.
19 Bob Woodward, *Fear. Trump in the White House*, New York und London 2019, S. 207 (dt. *Furcht. Trump im Weißen Haus*, Reinbek bei Hamburg 2018).
20 Siehe «Report on the Investigation into Russian Interference in the 2016 Election» (Muller Report), *U.S. Department of Justice*, März 2019; https://www.justice.gov/archives/sco/file/1373816/download.
21 Interview mit Brian Fishman, Januar 2022.
22 Green, *Devil's Bargain*, S. 241.
23 Zur weiteren, spezifisch amerikanischen Tradition dieser Ideen siehe Edward Ashbee, *The Trump Revolt*, Manchester 2017, Kapitel 3.
24 Walter Russell Mead, «The Jacksonian Tradition and American Foreign Policy», *The National Interest* 58(3) (1999), S. 5–29.
25 Kurz nach seiner Amtsübernahme stellte sich Trump eine Büste von Jackson ins Oval Office. Siehe Susan B. Glasser, «The Man Who Put Andrew Jackson in Trump's Oval Office», *Politico*, 22. Januar 2018; Yoni Appelbaum, «I Alone Can Fix It», *The Atlantic*, 22. Juli 2016.
26 Siehe Seth Bartee, «Paul Gottfriend and Paleoconservatism», in Mark Sedgwick, *Key Thinkers of the Radical Right*, Oxford 2019, S. 102–120; Edward Ashbee, «Patrick J. Buchanan and the Death of the West», in ebd., S. 121–136.
27 Neumann, *Bluster*, S. 17–19.
28 Green, *Devil's Bargain*, S. 220–223. Siehe Jean-Yves Camus, «Alain de Benoist and the New Right», in Sedgwick, *Key Thinkers*, S. 73–90; Renaud Camus, *You Will Not Replace Us*, Plieux 2018; Guillaume Faye, *Why We Fight. Manifesto of the European Resistance*, London 2011.
29 Green, *Devil's Bargain*, S. 223.

30 Siehe Neumann, *Bluster*, S. 36–39.
31 Siehe Mishal Reja, «Trump's Chinese Virus helped lead to rise in racist anti-Asian Twitter content», *ABC News*, 18. März 2021; https://abcnews.go.com/Health/trumps-chinese-virus-tweet-helped-lead-rise-racist/story?id=76530148.
32 Neumann, *Bluster*, S. 48–55.
33 Beispiel hierfür ist der sogenannte Muslimen-Bann; siehe ebd., Kapitel 4.
34 Siehe David Frum, *Trumpocracy. The Corruption of the American Republic*, New York 2018, Kapitel 8.
35 Alberta, *American Carnage*, S. IX.
36 Stephen Tankel, «Riding the Tiger. How Trump Enables Right-Wing Extremism», *War on the Rocks*, 5. November 2018.
37 Neumann, *Bluster*, S. 148–150.
38 Siehe William Saletan, «Republican Still Sympathize with the Insurrection», *Slate*, 15. April 2021.
39 Siehe Max Greenwood, «Nearly three quarters of GOP voters doubt legitimacy of Biden's win: poll», *The Hill*, 30. Dezember 2021.
40 Interview mit Zack Beauchamp, Januar 2022.

17. Chinas autoritäre Moderne

1 James Mann, *The China Fantasy. Why Capitalism Will Not Bring Democracy to China*, London 2007, Kapitel 1.
2 Interview mit Reinhard Bütikofer, Februar 2022.
3 «Chosun Ilbo – China's Economy Could Overtake U.S. Economy by 2030», *Center for Economics and Business Research*, 5. Januar 2022.
4 Siehe Jack Goodman, «Has China Lifted 100 million People Out of Poverty?», *BBC News*, 28. Februar 2021; https://www.bbc.com/news/56213271.
5 «How Well-Off Is China's Middle-Class», *China Power Project, CSIS*, 30. September 2021; https://chinapower.csis.org/china-middle-class/.
6 Mann, *The China Fantasy*, S. 110.
7 Siehe Elizabeth Economy, *The Third Revolution. Xi Jinping and the New Chinese State*, Oxford 2018, S. 71.
8 Stefan Aust und Adrian Geiges, *Xi Jinping. Der mächtigste Mann der Welt*, München 2021, S. 151.
9 «Adaptiver Autoritarismus»: Andrew J. Nathan, «China at the Tipping Point? Foreseeing the Unforeseeable», *Journal of Democracy* 24(1) (2013), S. 20–25. «Markt-Leninismus»: Nicolas Kristof, zitiert nach Jeffrey N.

Wasserstrom, *China in the 21st Century*, Oxford 2013, S. 109. «Techno-Diktatur»: Victor Shih, «China's Techno-Dictatorship», *The Wire China*, 1. November 2020; https://www.thewirechina.com/2020/11/01/chinas-techno-dictatorship/.

10 Fukuyama, «Is China Next?».

11 Siehe Rush Dohi, *The Long Game. China's Grand Strategy to Dislodge American Power*, Oxford 2021; Robert Blackwell und Ashley Tellis, «Revising U.S. Grand Strategy toward China», *Council on Foreign Relations*, April 2015.

12 Siehe Wasserstrom, *China in the 21st*, S. 132.

13 Mann, *The China Fantasy*, S. 25.

14 Economy, *The Third Revolution*, S. 188.

15 Ebd., S. 10–12, 17 f.

16 Interview mit Raffaello Pantucci, Februar 2022.

17 Ebd., S. 190–193; Jacob J. Law und Gary Roughead, «China's Belt and Road. Implications for the United States», *Independent Task Force Report No. 79*, *Council on Foreign Relations*, 2021.

18 Interview mit Moritz Rudolf, Februar 2021.

19 Economy, *The Third Revolution*, S. 199–205, 213.

20 Ebd., S. 213.

21 Interview mit Moritz Rudolf, Februar 2022.

22 Siehe Jeremy Fuster, «Amazon Shuts Down Reviews of Xi Jinping's Book», *The Wrap*, 20. Dezember 2021.

23 Mike Isaac, «Facebook Said to Create Censorship Tool to Get Back into China», *New York Times*, 22. November 2016.

24 Siehe «U.S. Airlines Are Editing Their Websites to Remove Taiwan's Name», *Bloomberg*, 25. Juli 2018; Erich Schwartzel, «How China's Growing Clout Led Hollywood to Look for a New Villain», *Wall Street Journal*, 5. Februar 2022.

25 Zitiert nach Hannah Beech, «A Brief History of Facebook's Courtship in China», *Time*, 21. März 2016.

26 Siehe Gary Clyde Hufbauer und Euijin Jung, «China plays the sanctions game, anticipating a bad US habit», *China Economic Watch*, 14. Dezember 2020; Bonnie S. Glaser, «Time for Pushback against China's Economic Coercion», *CSIS Global Forecast*, 13. Januar 2021.

27 Eva Lamby-Schmitt, «Litauen bringt die EU ins China-Dilemma», *Tagesschau*, 22. Januar 2022.

28 Interview mit Janka Oertel, Februar 2022.

29 «Deutsche Unternehmen üben in China-Streit Druck auf Litauen aus», *Handelsblatt*, 21. Januar 2022.

30 Stephanie Nebehay, «1.5 million Muslims could be detained in China's Xinjiang: academic», *Reuters*, 13. März 2019.

31 Katar zog seine Unterschrift später zurück. Siehe Roe Yellinek und Elizabeth Chen, «The ‹22 vs. 50› Diplomatic Split between China and the West over Xinjiang and Human Rights», *Jamestown Foundation China Brief*, 31. Dezember 2019; https://jamestown.org/program/the-22-vs-50-diplomatic-split-between-the-west-and-china-over-xinjiang-and-human-rights/.

32 Siehe ebd.

33 Siehe «Portugal: A China-friendly EU nation driven by need», *Deutsche Welle*, 12. März 2019; Elena Varvitsioti, «Piraeus port deal intensifies Greece's unease over China links», *Financial Times*, 19. Oktober 2021.

34 Zitiert nach Hans von der Burchard und Jacopo Barigazzi, «Germany slams Hungary for blocking EU criticism of China on Hong Kong», *Politico*, 10. Mai 2021.

35 Interview mit Janka Oertel, Februar 2022.

36 Siehe David E. Sanger, «Washington Hears Echoes of the 50's and Worries: Is this a Cold War with China?», *New York Times*, 17. Oktober 2021.

37 Interview mit Jan Weidenfeld, Februar 2022.

38 Siehe Li Fusheng, «VW CEO calls for more cooperation with China», *China Daily*, 21. Dezember 2021.

39 Interview mit Jan Weidenfeld, Februar 2022.

40 Gerhard Schröder, «Wer das glaubt, hat China nicht verstanden», *T-Online*, 3. Februar 2022; https://www.t-online.de/nachrichten/deutschland/id_91579212/china-und-olympia-gerhard-schroeder-warnt-vor-neuem-kalten-krieg.html.

41 J. Stewart Black und Allen J. Morrison, «The Strategic Challenges of Decoupling», *Harvard Business Review*, Mai 2021.

42 Siehe Max J. Zenglein und Anna Holzmann, «Evolving Made in China 2025: China's industrial policy in the quest for global tech leadership», *MERICS Papers on China*, Juli 2019.

43 Interview mit Sandro Gaycken, Februar 2022.

44 Siehe «Decoupling. Severed Ties and Patchwork of Globalisation», *European Union Chamber of Commerce in China*, Januar 2021; Interview mit Thorsten Benner, Februar 2022.

45 Interview mit Reinhard Bütikofer, Februar 2022.

46 Siehe Charles W. Boustany und Aron L. Friedberg, «Partial Disengagement. A New U.S. Strategy for Economic Competition with China», *NBR Special Report #82*, November 2019.

47 Interview mit Raffaello Pantucci, Februar 2022.
48 Siehe Heiko Maas, zitiert nach «China is a partner, competitor and rival», *Auswärtiges Amt*, 12. Juli 2020; https://www.auswaertiges-amt.de/en/newsroom/news/maas-rnd/2367552.
49 Zitiert nach Daniel Yergin, *The New Map. Energy, Climate, and the Clash of Nations*, London 2022, S. 445.
50 Zitiert nach ebd., S. 446.
51 «Mind the Gap. Priorities for Transatlantic China Policy», *MSC, Aspen und MERICS*, Juli 2021.
52 Interview mit Jan Weidenfeld, Februar 2022.
53 Ebd., S. 26.
54 Siehe Economy, *The Third Revolution*, S. 211 f.; Aust/Geiges, *Xi Jinping*, S. 135.
55 Interview mit Jan Weidenfeld, Februar 2022.

18. Klima-Notstand

1 Maja Göpel, *Unsere Welt neu denken. Eine Einladung*, Berlin 2021, S. 39.
2 Siehe Jeffrey Mazo, *Climate Conflict. How global warming threatens security and what to do about it*, Abingdon 2010, S. 19.
3 Dennis Meadows und Donella Meadows, *Die Grenzen des Wachstums. Bericht des Club of Rome zur Lage der Menschheit*, Berlin 2000.
4 «Global Carbon Atlas 2021», *Global Carbon Project*; http://www.globalcarbonatlas.org/en/content/welcome-carbon-atlas.
5 Tony Juniper, *The Science of Our Changing Planet. From Global Warming to Sustainable Development*, London 2021, S. 122 f.
6 Ebd., S. 198 f.
7 Göpel, *Unsere Welt*, S. 28.
8 Siehe Peter Walker, Rowena Mason und Damian Carrington, «Theresa May commits to net zero UK carbon emissions by 2050», *The Guardian*, 11. Juni 2019.
9 «Global Carbon Atlas», *Global Carbon Project*.
10 «AR5 Synthesis Report. Global Climate Change 2014», *Intergovernmental Panel on Climate Change*; https://www.ipcc.ch/report/ar5/syr/.
11 Jason Hickel, *Weniger ist mehr. Warum der Kapitalismus den Planeten zerstört und wir ohne Wachstum glücklicher sind*, München 2022.
12 Zitiert nach Kelsey Piper, «Can We Save the Planet by Shrinking the Economy», *Vox*, 3. August 2021.
13 Ebd.

14 Göpel, *Unsere Welt*, S. 49.

15 Yergin, *The New Map*, S. 403–405.

16 Ebd., S. 398.

17 «New registrations of electric vehicles in Europe», *European Environment Agency*, 18. November 2021; https://www.eea.europa.eu/ims/new-registrations-of-electric-vehicles; «Renewable Energy 2020», *Eurostat*, 18. Januar 2022; https://ec.europa.eu/eurostat/statistics-explained/index.php?title=File:Renewable_energy_2020_infographic_18-01-2022.jpg.

18 Yergin, *The New Map*, S. 412.

19 Die deutsche Außenministerin Annalena Baerbock sprach in diesem Zusammenhang von einer «Toolbox», also einer Art Werkzeugkasten. Siehe «Good COPS. Aligning International Climate Diplomacy», *Munich Security Conference*, 19. Februar 2022, https://securityconference.org/en/msc-2022/.

20 Der Bezugspunkt für die Reduktion war das Jahr 2010. Siehe «Cop 26 Outcomes», *UN Climate Change Conference UK 2021*; https://ukcop26.org/the-conference/cop26-outcomes/.

21 «Warming Projections Global Update», *Climate Action Tracker*, November 2021; https://climateactiontracker.org/documents/997/CAT_2021-11-09_Briefing_Global-Update_Glasgow2030CredibilityGap.pdf.

22 Yergin, *The New Map*, S. 436.

23 Zitiert nach ebd.

24 Siehe «Weather-related disasters increase over past 50 years, but cause fewer deaths», *World Meteorological Organisation*, 31. August 2021; https://public.wmo.int/en/media/press-release/weather-related-disasters-increase-over-past-50-years-causing-more-damage-fewer; «Climate Change Indicators. Weather and Climate», *Environmental Protection Agency*; https://www.epa.gov/climate-indicators/weather-climate; Christina Nunez, «Sea Level Rise, explained», *National Geographic*, 15. Februar 2022; https://www.nationalgeographic.com/environment/article/sea-level-rise-1.

25 Mazo, *Climate Conflict*, S. 32.

26 Ebd., S. 35.

27 Interview mit Tom Middendorp, Februar 2022.

28 Ebd.

29 Zitiert nach Tim Wilson und Richard Walton, «Extinction Rebellion. A review of ideology and tactics», *Policy Exchange*, 2019; https://policyexchange.org.uk/wp-content/uploads/2019/07/Extremism-Rebellion.pdf.

30 Andreas Malm, *Wie man eine Pipeline in die Luft jagt. Kämpfen lernen in einer Welt in Flammen*, Berlin 2022.

31 Jason Bordoff und Meghan O'Sullivan, «Green Upheaval», *Foreign Affairs*, Januar 2022.

32 Zitiert nach Yergin, *The New Map*, S. 344.
33 Siehe Jeffrey Sachs und Andrew Warner, «Natural Resource Abundance and Economic Growth», *NBER Working Paper Series*, No. 5398, December 1995; Thomas Havranek, Roman Horvath und Ayaz Zeynalov, «Natural resources and economic growth. A meta-analysis», *IOS Working Papers*, No. 350, Oktober 2015.
34 Yergin, *The New Map*, S. 340–344.
35 Bordoff, *Green Upheaval.*
36 Ebd.
37 Siehe Ellen Knickmeyer und Helena Alves, «Saudi Arabia denies playing climate saboteur at Glasgow», *Associated Press*, 11. November 2021; Dmitri Trening, «After COP26. Russia's Path to the Global Green Future», *Carnegie Moscow Centre*, 16. November 2021; https://carnegiemoscow.org/commentary/85789.
38 Alec MacGillis, «Brown Out», *The New Yorker*, 7. Februar 2022.
39 Zitiert nach ebd.

Zeitenwende? Worauf es jetzt ankommt

1 Francis Fukuyama, «Preparing for Defeat», *American Purpose*, 10. März 2022; https://www.americanpurpose.com/articles/preparing-for-defeat/; Francis Fukuyama, «Putin's War on the Liberal Order», *Financial Times*, 3. März 2022.
2 Für andere Interpretationen des Ukraine-Konflikts siehe Elliott Abrams, «The New Cold War», *National Review*, 4. März 2022; Steven Erlanger, «Putin's War on Ukraine is about Ethnicity and Empire», *New York Times*, 16. März 2022; Ivan Krastev, «We Are All Living in Putin's World Now», *New York Times*, 27. Februar 2022; William S. Smith, «Ukraine and the Clash of Civilizations», *The National Interest*, 12. Mai 2020.
3 «Democracy Index 2021: less than half the world lives in a democracy», *The Economist Intelligence Unit*, 10. Februar 2022; https://www.eiu.com/n/democracy-index-2021-less-than-half-the-world-lives-in-a-demo cracy/.
4 Zitiert nach «When Russians told Biden», *Insider Paper*; https://twitter.com/TheInsiderPaper/status/1501028978785763329.
5 Fukuyama, «Putin's War».
6 «America Has a Free Speech Problem», *New York Times*, 18. März 2022.
7 Siehe Alan Posener, «Europas sanfter Imperialismus», *Internationale Politik*, September 2007, S. 70–79.

8 In der wissenschaftlichen Debatte nennt man dies Reflexivität. Siehe Inanna Hamati-Ataya, «Reflectivity, Reflexivity, Reflexvism. IR's ‹Reflexive Turn› – and beyond», *European Journal of International Relations* 19(4) (2012), S. 669–694.

Personen und Orte

Dank

Beim Schreiben dieses Buchs haben mich viele Freunde und Kollegen unterstützt, denen ich zu Dank verpflichtet bin. An erster Stelle steht dabei Evelyn Shi, die die Interviews oftmals innerhalb weniger Stunden und aus drei Sprachen transkribiert hat. Benedikt Franke, Hans Beth und Benjamin Rohé halfen, Kontakte zu Interviewpartnern herzustellen. Andreas Kern, Moritz Rudolf, Behnam Said, Olivier Schmitt, Domitilla Sagramoso, John Holland-McCowan und Rafaello Pantucci gaben Literaturtipps, beantworteten geduldig meine Fragen oder waren bereit, bestimmte Kapitel gegenzulesen. Besonderer Dank gebührt Walid Nakschbandi und Günter Berg, die mich von der Idee für dieses Buch überzeugt haben, sowie Frank Pöhlmann, meinem Lektor bei Rowohlt Berlin, der dafür sorgte, dass aus der Idee tatsächlich ein (halbwegs lesbares) Buch wurde. Am meisten bin ich jedoch – wie immer – meiner Partnerin Zora Hauser verpflichtet, die mich während des gesamten Prozesses ertragen und unterstützt hat und mir als «erste Leserin» wertvolles Feedback gegeben hat.

Interviewpartner

Die Interviews für dieses Buch wurden zwischen Februar 2021 und März 2022 geführt.

Für ihre Zeit und Kooperationsbereitschaft danke ich: Jeffrey Bader, Zack Beauchamp, Thorsten Benner, Peter Bergen, Crispin Blunt, Hayes Brown, Jason Burke, Reinhard Bütikofer, Peter Clarke, Gerhard Conrad, Michael Doran, Steven Erlanger, John Esposito, Jonathan Evans, Brian Fishman, Lawrence Freedman, David Frum, Mark Galeotti, Florence Gaub, Sandro Gaycken, Hansjörg Geiger, Daniel Gerlach, David Goodhart, Thomas Gomart, Charles Grant, Haid Haid, August Hanning, Marc Hecker, Hisham Hellyer, Christoph Heusgen, einem hochrangigen Sicherheitsbeamten der USA, Emile Hokayem, Mike Hurley (2 Interviews), Hussein Ibish, Nigel Inkster, Wolfgang Ischinger, Bob Kerry, Robert Kaplan, Gilles de Kerchove, Gerald Knaus, Jan Knoerich, Stefan Kornelius, Mark Leonard, David Miliband, Bernd Mützelburg (2 Interviews), Klaus Naumann, Hannah Neumann, Janka Oertel, David Omand, Farah Pandith, Raffaello Pantucci, Ted Piccone, Nick Pickles, Ruprecht Polenz, Herbert Reul, Bernard Rougier, Moritz Rudolf (2 Interviews), Boris Ruge, Domitilla Sagramoso (2 Interviews), John Sawers, John Scarlett, Gerhard Schindler, Ulrich Schneckener, Emma Sky, Ali Soufan, Guido Steinberg, Mark Stout, Natalie Tocci, Federico Varese, Tim Walsey und Jan Weidenfeld.

Natürlich gilt, dass der Autor allein für den Inhalt des Buchs und seine Schlussfolgerungen verantwortlich ist.